商用车营销红宝书
营销实务篇

主　编　赵旭日
副主编　刘春迎
参　编　王术海　崔士朋　王玉刚
　　　　张振华

机械工业出版社

商用车营销红宝书分为营销基础篇、营销管理篇、营销实务篇和专用车篇。本书为商用车营销实务篇，主要介绍了商用车经销商采购业务管理、商用车营销业务管理、商用车销售服务业务管理、车辆保险业务管理、商用车金融服务业务管理、商用车保养业务管理、车辆维修业务管理、商用车配件营销业务管理、商用车物流运输业务管理及二手商用车业务管理。

适合阅读本书的读者主要包括商用车行业的市场营销以及衍生业务的从业人员、企业管理人员，商用车服务企业的市场营销及企业管理人员，运输企业及相关衍生业务的管理人员，有志于在商用车行业就业的大中专院校学生等。

图书在版编目（CIP）数据

商用车营销红宝书. 营销实务篇 / 赵旭日主编；刘春迎
副主编. —北京：机械工业出版社，2022.6
ISBN 978-7-111-70825-4

Ⅰ. ①商… Ⅱ. ①赵…②刘… Ⅲ. ①商用车辆 – 市
场营销学 Ⅳ. ①F766

中国版本图书馆CIP数据核字（2022）第086252号

机械工业出版社（北京市百万庄大街22号 邮政编码100037）
策划编辑：母云红 责任编辑：母云红 刘 煊
责任校对：陈 越 李 婷 封面设计：马精明
责任印制：张 博
北京建宏印刷有限公司印刷
2022 年 8 月第 1 版第 1 次印刷
184mm × 260mm · 18.5印张 · 481千字
标准书号：ISBN 978-7-111-70825-4
定价：150.00元

电话服务 网络服务
客服电话：010-88361066 机 工 官 网：www.cmpbook.com
010-88379833 机 工 官 博：weibo.com/cmp1952
010-68326294 金 书 网：www.golden-book.com
封底无防伪标均为盗版 机工教育服务网：www.cmpedu.com

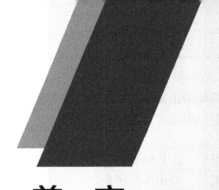

前　言

我国国民经济的高速发展带动了物流业的发展，使物流业成为国民经济的支柱产业之一。物流业的发展对运输工具提出了更多要求：快速、经济、安全、可靠、环保。通常，高附加值的物品多采用航空运输；量大且集中的物品则多采用铁路运输；而对于量少、非集中、快速、便捷、门到门、应急的物流需求，以及没有航空、铁路、管道运输条件的地区就会采用公路运输。

编写背景

随着我国综合国力的增强，公路运输条件和基础设施日益完善，公路运输需求也越来越大。2021 年，我国货运量合计达到 521 亿 t，其中，公路货运量 391.4 亿 t，占比 75%；铁路货运量 47.2 亿 t，占比 9%；水路货运量 82.4 亿 t，占比 16%。公路运输离不开商用车，商用车营销服务业是物流业的基础。要建立现代化的公路物流运输业，商用车营销服务业必须率先实现现代化。这对商用车及其营销服务业提出了更高的要求：车辆如何满足物流运输业的要求？商用车经销商如何在公路物流运输业的快速发展中做大做强？如何为客户推荐、提供最合适的车辆？如何做好车辆后市场（衍生业务）的服务？如何提高物流效率、降低物流成本？如何提高安全性、减少事故、确保货物安全？等等。这些问题成为商用车营销服务业最为关注的问题。

这些问题总是令我们备感压力，深感有责任为我国商用车行业的发展贡献自己的微薄之力，于是在 2009 年出版的《商用车营销红宝书》的内容基础上，在 2020 年出版的《商用车基础与营销实务》广泛的读者调研的基础上，更新了法规、技术、产品等内容，结合十余年商用车新技术应用及营销市场的变化，并根据不同细分读者群体的需要，重新组织编写了"商用车营销红宝书"系列图书。本系列图书包括 4 册，分别为《商用车营销红宝书：营销基础篇》《商用车营销红宝书：营销管理篇》《商用车营销红宝书：营销实务篇》《商用车营销红宝书：专用车篇》。

编写宗旨

希望通过本系列图书的出版，一是帮助从业人员进行知识更新，提高商用车从业人员的知识水平与业务能力，从而提高整个商用车营销服务业的服务水平；二是拓展专用车知识，希望能为商用车经销商拓展业务提供知识支持；三是希望能帮助商用车经销商提高管理能力，为建立品牌营销打下基础；四是希望帮助商用车经销商建立业务管理的组织、制度、流程、模板、工具，迅速提高业务管理水平；五是希望帮助商用车经销商建立主动营销模式，改变被动销售的局面，提高竞争能力、增加行业话语权。

同时，希望商用车营销服务业的经销商及从业人员通过对本系列图书的学习，能够提高自身的服务意识、服务能力和管理水平；能从了解客户的期望出发，建章立制，改善服务条件和硬件设施，使服务能够满足客户的期望，从而提高客户满意度、增加客户黏性。

主要内容

《商用车营销红宝书：营销基础篇》主要介绍了商用车产品基础知识、国六排放标准与关键技术、商用车的使用功能与性能、商用车的结构与配置、商用车经销商产品组合、商用车推荐方法、新能源与智能商用车简介。本书的主要内容是商用车从业人员必知必会的基础知识，以提高商用车从业人员的专业知识水平。

《商用车营销红宝书：营销管理篇》主要介绍了商用车服务营销、客户营销、PPP市场营销、商用车经销商的转型、商用车经销商的企业管理、商用车经销商的组织管理、商用车经销商的综合管理、商用车经销商的品牌管理、商用车经销商的财务管理、商用车经销商的市场管理。通过学习本书，希望商用车经销商及从业人员掌握客户营销的流程、技巧、方法，及掌握提高客户满意度的方法；希望商用车经销商站在战略的高度进行企业文化管理、企业管理、组织管理、岗位管理，用稳定领先的战术进行人力资源管理，用先进的制度和理念进行业务管理。

《商用车营销红宝书：营销实务篇》主要讲述了覆盖所有商用车经销商的业务管理，包括产品采购、车辆营销及衍生业务。希望通过本书的介绍，帮助商用车经销商和从业人员掌握：①相关业务的组织与岗位管理；②业务流程设计、主要节点把控与操作要点；③业务组织、岗位建设方法；④产品明细表、价格表、客户明细表管理的方法与技巧；⑤客户开发流程与方法，最终实现商用车经销商的转型和品牌营销目标。

《商用车营销红宝书：专用车篇》主要介绍了混凝土搅拌运输车、混凝土泵车，各类环卫车，救护车和医疗废物运输车，冷藏、保温车，汽车起重机和随车起重运输车，洒水车和道路隔离装置清洗车，流动售货车和展示车等专用车。本书尝试解决商用车营销服务人员普遍存在的对专用车产品知识缺乏了解的问题，以提高商用车从业人员的专用车产品知识、营销服务能力。

适合阅读本书的读者

1. 商用车行业从业人员：商用车企业的市场营销、服务人员及商用车经销商的营销、服务人员。

2. 大中专院校学生：有志于在商用车行业就业的大中专院校学生。

3. 商用车服务行业的从业人员：商用车服务相关行业企业的市场营销及企业管理人员，包括车辆保养业务、维修业务、配件营销业务、保险业务和金融服务等业务的从业人员。

4. 物流运输企业的车辆管理相关业务从业人员。

5. 二手商用车业务的相关从业人员。

本系列图书是众多编写人员多年实践经验的总结，内容偏重实践操作，涉及的知识面较广。由于车辆使用地区、行驶道路、客户、货物不同，对车辆的要求也千差万别。本系列图书对有关产品的推荐及物流设计方法，以及书中相关的统计数据、表格及产品配置仅为举例说明，供读者参考。

将本书的相关知识落地

为了将《商用车营销红宝书：营销管理篇》和《商用车营销红宝书：营销实务篇》中的相关知识落地，助力商用车经销商稳步、快速地提高管理与营销能力，我们与北京佐卡科技有限公司合作，由该公司编写了一套与本系列图书配套的、适用于广大商用车经销商的管理制度和数据、表格模板。

本系列图书提及的制度、表格、附表等除特指外，均可登录北京佐卡科技有限公司网站（www.zuokakache.com）免费浏览学习，亦可扫描下面的二维码进入。

北京佐卡科技有限公司

　　在编写本系列图书的过程中，得到了中国物流与采购联合会、中国汽车流通协会、福田汽车集团、一汽解放、陕汽集团、徐工汽车等单位的大力支持，在此一并表示感谢。由于编者水平有限，书中错漏之处在所难免，诚恳地希望广大读者提出批评和指正，以便修订时更正，共同推动行业发展。

赵旭日

目　录

第一章

商用车经销商采购业务管理[一]

第一节 采购业务管理的范围、要点及库存管理

一、概述

采购业务管理，是指对采购业务进行计划、实施、调度、控制的管理过程。

1. 采购业务管理的重要性

1）节约成本。

2）提高资金周转率。

3）减少库存，甚至消灭库存。在企业经营管理工作中，"库存是万恶之源"。所有的经营不善，都源于库存。一个能做到没有库存而完成销售任务的经销商，才是真正有管理水平的经销商。

4）促进公司创新。主动营销模式就是一个没有库存也能满足目标客户需求、完成销售任务的模式。要对这个模式进行充分的理解，促进公司创新。

2. 采购业务的管理内容

（1）采购管理

1）车辆产品采购管理。

2）精品采购管理。

3）保险产品采购管理。

4）金融服务产品采购管理。

5）保养产品采购管理。

6）维修产品采购管理。

7）配件采购管理。

㊀ 本章作者：崔士朋、赵旭日。

8）运输公司产品采购管理（推荐由运输公司独立采购）。

9）二手车收购管理（推荐由二手车业务部独立收购）。

（2）有形产品的仓储管理

1）车辆产品仓储管理。

2）精品仓储管理。

3）配件仓储管理。

4）二手车仓储管理。

（3）无形产品的仓储管理

1）销售服务部分（无形）产品的仓储管理。

2）保险产品的仓储管理。

3）金融服务产品的仓储管理。

4）保养产品的仓储管理。

5）维修产品的仓储管理。

6）运输公司部分（无形）产品的仓储管理。

无形产品的仓储管理实际上就是进行额度管理，由采购管理部计划员负责建立额度台账进行管理即可。

二、采购业务管理的范围

1. 建立采购明细表

1）采购明细表就是能够采购到的产品的列表。其作用是为各业务部门提供可以满足不同客户需求的产品。它也体现了一个企业的实力。

2）不同区域、相同行业客户的需求可能不同，明细表内的产品不一定在所有区域、面对所有目标客户都能销售。也就是说，每一个目标客户所需求的产品可能都是不同的；相反，有可能同一群（运输的货物、运量、行驶的道路、装卸方式等运输条件基本一致）目标客户需求的产品是一致的，这就为批量采购奠定了基础。产品采购应该是面对目标客户的采购，而不是面对意向客户的采购。

3）有些客户可能有需求，但由于不知道有没有这样的产品而没有提出需求。有了采购明细表，就可以根据客户的实际应用场景，为客户推荐最合适的产品。

4）有些客户可能提出了需求，但由于销售人员不知道有没有这样的产品而错过了销售机会。有了采购明细表，就不会错过机会。

2. 编制采购计划

（1）已有销售的产品的采购计划　已有销售的产品，根据上一计划期的销售量、下一计划期的增长率，编制下一计划期的销售计划

$$采购计划 = 销售计划 - 已有库存 + 下一计划期库存当量$$

（2）新产品的采购计划　以车辆新产品采购计划的编制为例：按照客户开发计划、已有目标客户数量、目标客户预计购买的数量制定销售计划。当没有目标客户购买意向时，可以制定目标客户试用计划（试用一辆），这时试用计划就是销售计划。采购计划的制定方法如下：

$$采购计划 = 销售计划 - 已有库存 + 下一计划期库存当量$$

3. 确定采购供应商

同一产品可能有几家生产商，按照产品的功能、性能、配置、质量、品牌知名度、公告、政策（包括销售、"三包"服务、配件、二手车置换政策等）、价格、服务能力、交货期、

付款条件等进行比较，找到最合适的供应商。

4. 制定采购政策

根据供应商（包括厂家）的销售政策，制定最合适的采购政策，包括付款政策、服务政策、配件政策、交货期政策、运输政策、质量政策、批量政策及置换政策等。

5. 制定采购价格表

1）在制定采购价格表前，应努力做好以下工作，以获取供应商最大的政策支持。

① 与供应商建立战略伙伴关系。

② 与供应商共同研发产品以实现差异化。

③ 建立经销商自己的品牌，开发新技术、利用新材料，实现贴牌生产（Original Equipment Manufacturer，OEM）方式。

④ 联合起来，集中采购。争取供应商的最优销售政策支持，实现采购政策最优化（或者说实现采购成本最低）。

2）编制《采购价格表》：

① 在确认获取供应商最大政策支持的基础上编制采购价格表。

② 《采购价格表》是实际"采购的产品"的采购价格表。

③ 采购明细表中的产品不一定都能实现销售，也就不一定采购，也就不一定都要编制采购价格。

6. 签订采购合同

所有能够实现销售的、需要采购的产品必须签订采购合同。采购合同包括但不限于以下内容：合同双方、采购产品名称、功能、主要性能、配置、公告、政策、数量（一次订单最低数量）、订单格式、生产周期、运输周期、运输方式、验收标准及方法、质量索赔方式、付款方式、发货地点、交货地点、运输承运人、运费及结算方式、三包服务规定、其他约定等。

7. 下达采购订单

在签订采购合同后，不一定一次完成采购，可以分多次进行采购。当进行多次采购时，采购订单就是一种必需的形式，且成为合同执行的一种方式。

8. 建立采购过程（流程）管理

明确采购流程、节点和各节点作业要点。强化流程节点的时间管理，确保按时采购。

9. 建立质量管理

建立产品采购入库质量检验标准，明确检验的标准、方法、流程等，把住产品入库质量关，满足客户需求。绝不能因为产品生产质量，特别是外观质量、合格证质量、标牌质量、车辆识别代码（VIN）质量不合格造成客户抱怨。

10. 建立入库管理

建立产品入库管理制度，完善入库流程、手续、记账、对账管理。

11. 建立库存管理

建立产品库存管理制度，建立库存当量、库存时间、库存质量管理。确保产品的完整性、完好性。

12. 建立发票管理

按照发票管理制度（见《商用车营销红宝书：营销管理篇》第九章商用车经销商的财务管理），严格发票管理。

13. 建立付款管理

建立付款管理制度，严格付款流程，没有合同不能付款（或没有发票不能付款）。

14. 建立政策兑现管理

1）建立采购政策兑现管理制度，确保供应商的所有销售政策都有采购政策相对应。

2）确保所有的采购政策都能按时兑现到账。

15. 建立对账管理

建立对账管理制度，实行对账管理。

三、经销商采购管理要点

1. 信息输入管理

采购部门要及时、准确地输入营销部门的销售信息，这些营销信息是采购部门编制采购计划的基础。下面以车辆产品采购信息输入为例进行说明。

1）产品销售信息：包括产品的功能、性能、配置、公告、销售政策、价格、服务政策、产品名称、产品编号、产品品牌、生产厂家等。销售信息是采购管理的基础。没有销售就没有采购，采购的所有商品都必须是能够销售的。

2）客户信息：包括运输的货物、实际装载质量、货箱实际装载体积、行驶道路、行驶速度、行驶路线等。采购管理的核心是一定要了解、掌握客户的需求，确保采购的产品满足客户需求。

2. 采购渠道（生产厂家）是采购质量的保证

不同生产厂家的产品质量千差万别，服务质量更是如此。因此，要想确保采购产品的质量，必须要首先选择好生产厂家。采购质量包括商品本身的质量（功能、性能、配置、整备重量、公告等）、时间质量、运输质量、付款（政策兑付）质量、价格（稳定）质量、服务质量、配件质量、二手车置换质量等。

3. 采购保证管理

采购保证是确保采购质量的前提，包括客户需求时间确定、资金保证等。

4. 采购政策管理 / 供应商（或厂家）的销售政策

确定采购政策是确定采购价格的重要因素。在采购管理中，做好以下两项工作十分重要：

1）明确而不模糊的采购政策：包括付款政策、月度批量政策、季度批量政策、年度批量政策、批量价格政策等。

2）明确退货政策：按照采购信息输入，供应商应确保提供的产品是满足目标客户需求的；如果不能满足客户需求，应可以退货。

四、建立库存管理

1. 建立库存管理制度

仓储管理与采购管理一样，也是现代物流管理的一个重要环节。做好仓储管理工作，对于保证及时供应市场需要的、合理储备的商品，加速周转以降低成本，以及提高企业的经济效益都具有重要作用。因此，仓储管理制度已成为现代公司管理制度中的重要组成部分。

仓储管理制度主要包括：公司仓库规划管理制度、库存量管理制度、物资储存保管制度、公司商品编号制度、仓库（保管）管理制度、产品领用制度、发货管理制度、退货管理制度、入库管理制度、调货管理制度、出库管理制度及仓库安全管理制度等。这些管理制度网上都有标准的模板，可下载后结合自己的实际情况进行完善。

2. 加强库存管理

在建立库存管理制度的基础上，强化以下方面的库存管理。

1）库存明细表管理：不在明细表内的物品不能入库。

2）库存数量、资金当量管理：超出当量范围报警。

3）入库管理：确保入库物品都经过检验且合格。

4）库存时间管理：确保库存物品都不超过规定的库存时间和质保期。

5）库存预警管理：对于即将超过库存当量、库存规定时间的物品进行预警管理。

6）出库管理：符合出库管理制度，符合先入先出原则。

7）记账、对账管理：日清、月结、月对账。

8）超期与报废库存物品管理：

① 1个月内处理完毕。

② 追究责任人的责任，对责任人处以不低于10%损失额的罚款。

第二节　部门职责与采购员岗位素质

一、采购管理部的职责

采购管理部的职责包括：①保证企业的正常经营；②保证销售部门对商品销售数量、质量的需求；③保证库存没有损失；④不断提高采购商品的质量；⑤发展有竞争力的供应商；⑥做好采购管理、仓储管理；⑦执行采购政策、采购价格，确保采购商品质量、价格有竞争力；⑧协调企业内部各职能部门之间的合作；⑨以最低的管理费用完成采购计划；⑩完成领导安排的其他工作。

二、采购经理（员）岗位素质要求

1. 采购员应具备的能力

（1）基本能力　成本意识与价值分析能力、预测能力、表达能力、良好的人际沟通与协调能力、所采购产品的专业知识。

（2）专业采购能力　策划能力（完成采购计划所必须进行的工作，包括公关活动），选择、推荐供应商的能力，自我管理、自我提高的能力，在不影响企业正常销售的情况下，降低采购成本的能力。

2. 采购员应承担的责任

采购员应承担的责任包括采购计划与需求确认、供应商管理、采购数量控制、采购品质控制、采购价格控制、交货期控制、采购成本控制、采购合同管理、采购记录管理。

3. 执行采购流程

采购流程如下：确定采购明细表→确定采购渠道→确定采购政策、价格、生产周期、到货周期等采购要素→签订采购合同→制定库存当量→确定库存位置→收集销售计划→确认客户需求→生成采购订单→供应商确认→**申请定金并支付**→**供应商发货**（生产→入库→发货→**到货时间确认**）→**进货验收**→**入库**→付款→**政策兑现**→**对账**→结账（加粗的部分为采购员执行的流程）。

4. 采购员的基本素质要求

商用车经销商的采购是一项相当复杂且要求很高的工作。采购员应具备的基本工作能力也相当多样化，包括分析能力、预测能力、表达能力、专业知识水平和良好的品行与形象。

（1）分析能力

1）对供应商的整体分析、判断能力：能够准确分析供应商的生产能力、工艺水平、质量保证能力、资金实力、信誉保障、政策兑现能力等。避免和不良供应商打交道。

2）产品质量分析能力：包括配置质量、装配质量、性能质量、功能质量、服务质量等的分析能力，做到"只买好的"。

3）在质量保证满足目标客户需求的前提下，对供应商制造成本的分析能力：如果制造成本很低而销售价格很高，说明供应商的生产能力没有发挥出来，这时可以商谈采购政策。通常，采购批量越大，价格越低。因此，可采用经销商联合采购的方式，以提高采购数量，降低采购成本。

4）必须具备成本效益分析能力，能够用最低的成本（资金成本、人员成本、采购费用、运输成本等）完成采购。

（2）预测能力　采购员应能依据供应商的种种表现（库存、价格、政策、产量、资金等），判断供应是否充裕；通过与供应商的接触，从其态度，揣摩商品供应的情况（供应紧张还是宽松）。采购员必须开阔视野，具备察言观色的能力，以对采购的趋势进行预判并采取对策。

（3）表达能力　采购员无论是用口头语言还是用文字与供应商沟通，都必须能正确、清晰地表达采购的各种条件，例如使用场景、客户要求、产品规格、产品数量、采购价格、产品交货期限、付款方式等；必须避免语意含混，滋生误解。采购工作十分忙碌，要求采购人员必须既具备"长话短说，言简意赅"的表达能力，以免浪费时间，又能"晓之以理，动之以情"来争取有利的采购条件。

（4）具有一定的专业知识水平　采购员必须具有所采购产品的基础知识。

（5）良好的品行与形象　采购员还要有良好的品行，注重形象。采购员的形象代表了企业的形象，采购员的品行和形象会直接影响公司的形象、信誉和利益。

第三节　经销商的采购业务管理

一、确定采购业务管理的范围与内容

1. 管理范围

采购业务管理的范围包括但不限于以下内容：采购业务规划管理、采购产品明细表管理、采购产品价格表管理、采购业务计划管理、供应商管理、采购管理、库存管理及采购资金管理等。

2. 管理内容

1）采购业务规划管理：包括车辆产品采购、销售服务产品采购等的规划管理。

2）采购产品明细表管理：包括车辆产品、销售服务产品等所有产品的采购产品明细表管理。

3）采购产品价格表管理：包括车辆产品、销售服务产品等所有产品的采购产品价格表管理。

4）采购业务计划管理：包括车辆产品、销售服务产品等所有产品的采购产品计划管理。

5）供应商管理：包括车辆产品、销售服务产品等所有产品的采购供应商管理。

6）采购管理：包括车辆产品、销售服务产品等所有产品的采购管理。

7）库存管理：包括车辆产品、销售服务产品等所有产品的库存管理。

8）采购资金管理：包括车辆产品、销售服务产品等所有产品的采购资金管理。

二、建立组织

1. 建立组织

按照集中管理的原则，设立采购管理部。

2. 设置岗位

采购管理部的岗位设置见表1-1。

3. 明确管理目标

明确本部门的经营方针、经营指标、经营目标、经营计划、管理制度、作业制度等。

4. 聘任干部和岗位人员

1）聘任干部：按照"德才兼备"的干部标准和"任人唯贤"的干部路线聘任干部。

2）招聘员工：按照"肯学习、能吃苦、有潜力、能打仗"的标准招聘岗位员工。

3）明确岗位职责：岗位设置及岗位主要职责见表1-1。

表 1-1　采购管理部岗位设置及岗位主要职责

序号	岗位名称	主要职责	备注
1	部长	部门管理、采购资源管理、采购渠道开发	可兼任商务经理
2	计划员	采购计划管理	
3	产品经理	采购渠道及采购产品明细表管理	可兼任采购经理
4	商务经理	厂家销售政策、采购政策、采购价格、合同、对账管理	
5	采购经理	采购管理、改装管理、包装管理、运输管理	业务量大时，可设置2人
6	库管经理库管员	入库、库存、出库管理	最少设置3人，包括旧件管理1人

三、建立采购管理制度

建立采购相关的管理制度，是保证采购业务高效、低成本工作的基础。这也是经销商的管理短板之一。经销商相关采购管理制度见表1-2。

表 1-2　经销商相关采购管理制度

序号	制度名称	制度性质	制度编号
1	采购业务管理制度	业务制度	佐卡业务制度5.0 [1]
2	采购管理部工作制度	业务制度	佐卡业务制度5.1
3	采购管理部部长岗位作业制度	业务制度	佐卡业务制度5.2
4	采购管理部计划员岗位作业制度	业务制度	佐卡业务制度5.3
5	采购管理部产品经理岗位作业制度	业务制度	佐卡业务制度5.4
6	采购管理部商务经理岗位作业制度	业务制度	佐卡业务制度5.5

（续）

序号	制度名称	制度性质	制度编号
7	采购管理部采购经理岗位作业制度	业务制度	佐卡业务制度 5.6
8	采购管理部库管员岗位作业制度	业务制度	佐卡业务制度 5.7
9	配件采购经理岗位作业制度	业务制度	佐卡业务制度 5.8
10	配件库管员岗位作业制度	业务制度	佐卡业务制度 5.9

① 见前言北京佐卡科技有限公司网址和二维码，全书相同，不再说明。

四、采购业务管理的内容、流程与工具

1. 组织管理

（1）责任部门　综合管理部。

（2）责任岗位　综合管理部部长。

（3）管理方法　评价法（见组织管理制度附件）。

（4）管理依据

1）建立管理制度：组织管理制度、采购管理部工作制度。

2）综合管理部按照《组织管理制度》《采购管理部工作制度》对采购管理部进行管理。

（5）流程与工具（模板）见表 1-3。

表 1-3　采购管理部组织管理的流程与工具（模板）

序号	流程节点名称及目的	责任人	使用工具
1	公司组织设计	董事长	按区域进行公司组织规划表　表 1
2	按照业务进行业务组织设计	总经理	按业务进行公司组织设置表　表 2
3	按照业务不同进行业务组织岗位设计	董事会 总经理	（独立法人的总公司）业务与组织设置表 3
4	对每一个岗位，规范作业内容，明确作业项目	部长	岗位作业内容表　表 4
5	根据作业量不同，进行岗位人员数量设计		岗位、人员设置（报）表　表 5
6	根据部门工作制度，设计部门工作任务		部门任务计划（报）表　表 6
7	设计部门会议		部门会议计划管理表　表 7
8	为及时了解部门计划工作进度，进行工作计划调度		工作 / 业务计划实施情况周 / 月度调度、评价（报）表　表 8
9	在计划调度的基础上，为确保任务完成，进行计划分析		月度计划完成情况分析（报）表　表 9
10	总结、改善计划工作		持续改善、改进工作计划表　表 10

注：具体的管理流程与管理工具见采购业务管理制度附件中的采购管理部组织管理流程。

2. 供应商管理

（1）责任部门　采购管理部。

（2）责任岗位　采购产品经理。

（3）管理方法　管理模板。

（4）管理依据

1）建立管理制度：采购业务管理制度、采购管理部工作制度。

2）采购管理部按照《采购业务管理制度》《采购管理部工作制度》对采购供应商进行管理。

（5）内容与工具（模板）　见表1-4。

表 1-4　采购供应商管理内容与工具（模板）

序号	供应商分类	责任人	使用工具
1	车辆产品供应商		车辆产品供应商明细表　表1
2	销售服务产品供应商		销售服务产品供应商明细表　表2
3	保险产品供应商		保险产品供应商明细表　表3
4	金融服务产品供应商		金融服务产品供应商明细表　表4
5	保养产品供应商	产品经理	保养产品供应商明细表　表5
6	包内维修产品供应商		包内维修产品供应商明细表　表6
7	包内维修配件供应商		包内维修配件供应商明细表　表7
8	包外维修配件供应商		包外维修配件供应商明细表　表8
9	保养配件供应商		保养配件供应商明细表　表9
10	运输公司产品供应商		运输公司产品供应商明细表　表10

注：具体的内容与管理工具见采购业务管理制度附件中的供应商管理明细表。

（6）供应商管理注意事项

1）供应商明细表分类：供应商按照合作的深度，可以分为以下5类。

① 意向供应商：没有洽谈过合作意向的供应商。

② 意向目标供应商：洽谈过合作并且签订了合作意向书的供应商。

③ 目标供应商：签订了合同但并没有采购过产品的供应商。

④ 供应商：签订了合同并采购过（或正在采购）产品的供应商。

⑤ 战略供应商：长期合作、有良好信任度的供应商。

2）建立意向供应商明细表注意：

① 所有具有生产、改装资质，且拥有车辆产品公告的所有车辆生产商，都是车辆意向供应商。

② 所有为主机厂配套、提供维修配件的配件生产厂，都是配件意向供应商。

③ 所有能够提供金融服务产品的金融服务公司，都是金融服务产品意向供应商。

④ 所有能够为运输公司的车主、驾驶员、车辆提供服务的服务商，都是运输公司产品意向供应商。

⑤ 所有拥有能够满足二手车收购的客户，都是二手车业务的意向收购客户。

3. 产品采购计划与库存当量管理

（1）责任部门　采购管理部。

（2）责任岗位　计划员。

（3）管理方法　管理模板。

（4）管理依据

1）建立管理制度：采购业务管理制度、采购管理部工作制度。

2）采购管理部按照《采购业务管理制度》《采购管理部工作制度》对产品采购计划与库存当量进行管理。

（5）内容与工具（模板）　见表1-5。

表 1-5　产品采购计划与库存当量管理的内容与工具（模板）

序号	产品采购计划与库存当量名称	责任人	使用工具
1	车辆产品采购计划与库存当量	计划员	车辆产品采购计划与库存当量明细表　表1
2	销售服务采购计划与库存当量		销售服务产品采购计划与库存当量明细表　表2
3	保险采购计划与库存当量		保险产品采购计划与库存当量明细表　表3
4	金融服务采购计划与库存当量		金融服务产品采购计划与库存当量明细表　表4
5	保养采购计划与库存当量		保养产品采购计划与库存当量明细表　表5
6	包内维修采购计划与库存当量		包内维修产品采购计划与库存当量明细表　表6
7	包内维修配件采购计划与库存当量		包内维修配件采购计划与库存当量明细表　表7
8	包外维修配件采购计划与库存当量		包外维修配件采购计划与库存当量明细表　表8
9	保养配件采购计划与库存当量		保养配件采购计划与库存当量明细表　表9
10	运输公司采购计划与库存当量		运输公司产品采购计划与库存当量明细表　表10

注：具体的内容与管理工具见采购业务管理制度附件中的产品采购计划与库存当量明细表。

4. 产品库存管理

（1）责任部门　采购管理部。

（2）责任岗位　计划员。

（3）管理方法　管理模板。

（4）管理依据

1）建立管理制度：采购业务管理制度、采购管理部工作制度、库存管理制度等。

2）采购管理部按照《采购业务管理制度》《采购管理部工作制度》《库存管理制度》对产品库存进行管理。

（5）内容与工具（模板）　见表1-6。

表 1-6　产品库存管理的内容与工具（模板）

序号	产品名称	责任人	使用工具
1	车辆产品	计划员	车辆产品库存管理明细表　表1
2	销售服务产品		销售服务产品库存管理明细表　表2
3	保险产品		保险产品库存管理明细表　表3
4	金融服务产品		金融服务产品库存管理明细表　表4
5	保养产品		保养产品库存管理明细表　表5
6	包内维修产品		包内维修产品库存管理明细表　表6
7	包内维修配件		包内维修配件库存管理明细表　表7
8	包外维修配件		包外维修配件库存管理明细表　表8
9	保养配件		保养配件库存管理明细表　表9
10	运输公司产品		运输公司产品库存管理明细表　表10

注：具体的内容与管理工具见采购业务管理制度附件中的产品库存管理明细表。

5. 采购资金占用管理

（1）责任部门　采购管理部。

（2）责任岗位　计划员。

（3）管理方法　管理模板。

（4）管理依据

1）建立管理制度：采购业务管理制度、采购管理部工作制度、资金管理制度等。

2）采购管理部按照《采购业务管理制度》《采购管理部工作制度》《资金管理制度》对采购资金占用进行管理。

（5）内容与工具（模板）　见表1-7。

表 1-7　采购资金占用管理的内容与工具（模板）

序号	产品名称	责任人	使用工具
1	车辆产品		车辆产品采购资金占用（计划）明细表　表1
2	销售服务产品		销售服务产品采购资金占用（计划）明细表　表2
3	保险产品		保险产品采购资金占用（计划）明细表　表3
4	金融服务产品		金融服务产品采购资金占用（计划）明细表　表4
5	保养产品	计划员	保养产品采购资金占用（计划）明细表　表5
6	包内维修产品		包内维修产品采购资金占用（计划）明细表　表6
7	包内维修配件		包内维修配件采购资金占用（计划）明细表　表7
8	包外维修配件		包外维修配件采购资金占用（计划）明细表　表8
9	保养配件		保养配件采购资金占用（计划）明细表　表9
10	运输公司产品		运输公司产品采购资金占用（计划）明细表　表10

注：具体的内容与管理工具见采购业务管理制度附件中的采购资金占用明细表。

6. 采购供应商（渠道）**开发管理**

（1）责任部门　采购管理部。

（2）责任岗位　产品经理、商务经理。

（3）管理方法　管理模板。

（4）管理依据

1）建立管理制度：采购业务管理制度、采购管理部工作制度等。

2）采购管理部相关岗位人员按照《采购业务管理制度》《采购管理部工作制度》等对采购供应商（渠道）进行开发。

（5）流程与工具（模板）　见表1-8。

表 1-8　采购供应商（渠道）**开发流程与工具**（模板）

序号	流程节点名称及目的	责任人	使用工具
1	建立意向采购渠道明细表	产品经理	待开发采购渠道明细表　表1
2	编制意向采购渠道开发计划	产品经理	采购渠道开发计划表　表2
3	拜访意向采购渠道	产品经理	采购渠道开发，拜访计划表　表3
4	获取意向采购渠道产品明细表	产品经理	目标供应商可采购产品明细表　表4

（续）

序号	流程节点名称及目的	责任人	使用工具
5	确定商务相关内容	商务经理	目标供应商产品销售价格、政策明细表　表5
6	签订采购合同	商务经理	确定采购合同内容　表6
7	建立意向目标采购渠道明细表	商务经理	供应商合同签订明细（报）表　表7

注：详细的开发流程与工具见采购业务管理制度附件中的采购渠道开发流程与表格。

（6）注意事项

1）拜访意向采购供应商（渠道）注意事项：调查、了解意向供应商的基本情况，包括但不限于产品明细表、产品质量、销售政策、服务政策、产品价格、客户评价、销量、主销售区域、市场占有率等所有采购要素。

2）确定商务相关内容注意事项：

① 采购渠道提供的产品是否能够满足客户需求（功能、性能、配置、公告、交货方式、使用场景、服务要求、配件要求、支持要求等）。

② 进行商务谈判：在产品达成一致的基础上，进行商务洽谈，包括但不限于采购总量、一次最低采购数量、采购政策、交货地点、运输方式、采购价格、付款条件、运费支付、发票开具、验收标准、退货管理、包装方式、联合促销方式、争端解决等。在与供应商就上述问题达成一致后才能签订合同，将意向供应商变成目标供应商。如果不能就有关商务洽谈达成一致，该供应商只能是意向目标供应商。

7. 采购管理

（1）责任部门　采购管理部。

（2）责任岗位　计划员、商务经理、采购经理。

（3）管理方法　管理模板。

（4）管理依据

1）建立管理制度：采购业务管理制度、采购管理部工作制度等。

2）采购管理部相关岗位人员按照《采购业务管理制度》《采购管理部工作制度》等对产品采购进行管理。

（5）流程与工具（模板）　见表1-9。

表1-9　产品采购管理的流程与工具（模板）

序号	流程节点名称及目的	责任人	使用工具
1	建立采购计划和库存当量管理	计划员	供应商产品采购计划与库存当量明细表　表1
2	按照采购计划，下达采购订单	商务经理	产品采购订单（车辆订单模板）　表2
3	订单被供应商确认，申请采购订金	商务经理	订单确认，订金申请表　表3
4	供应商接收定金，进行采购调度	采购经理	采购订单、定金、排产、入库、发车调度表　表4
5	举例：车辆底盘采购调度	采购经理	底盘采购订单、定金、排产、入库、发车调度表　表4.1
6	举例：车辆上装采购调度	采购经理	上装采购订单、定金、排产、入库、发车调度表　表4.2
7	供应商按照订单发货，到位后进行验收	产品经理	产品验收单（模板）　表5

（续）

序号	流程节点名称及目的	责任人	使用工具
8	验收合格，入库	采购经理	产品入库单 表6
9	供应商开发票，付款申请，付款	采购经理	（货款）付款申请表（模板）表7
10	采购计划完成，进行核算、激励	计划员	采购计划完成，激励计算（报）表 表8
11	定期与供应商进行对账	商务经理	采购对账表 表9

注：详细的产品采购流程与工具见采购业务管理制度附件中的采购管理流程与表格。

（6）注意事项

1）采购前的信息输入：采购客户使用场景，包括载质量、运输方量、运输距离、行驶道路、行驶速度、公路收费情况、每天行驶时间、装卸方式、货物对运输的要求等。

2）明确产品采购要素：包括但不限于供应商名称、产品的功能、性能、配置、公告、执行的产品标准、验收标准、生产周期、运输周期、改装周期、采购价格等。

8. 库存管理

（1）责任部门　采购管理部。

（2）责任岗位　库管经理、库管员。

（3）管理方法　管理模板。

（4）管理依据

1）建立管理制度：采购业务管理制度、采购管理部工作制度、库存管理制度等。

2）采购管理部相关岗位人员按照《采购业务管理制度》《采购管理部工作制度》《库存管理制度》等对产品库存进行管理。

（5）流程与工具（模板）　见表1-10。

表1-10　产品库存管理流程与工具（模板）

序号	流程节点名称及目的	责任人	使用工具
1	建立入库统计报表	库管经理	产品入库统计（报）表 表1
2	建立入库台账	库管经理	产品库存记账表 表2
3	建立入库明细表	库管经理	产品库存管理明细（报）表 表3
4	建立库存预警机制	库管经理	产品库存预警（报）表 表4
5	建立库存损坏、丢失管理	库管经理	库存损坏/丢失报告单 表5
6	建立交接管理	部长、库管经理	库存管理交接表 表6

注：详细的产品库存管理流程与工具见采购业务管理制度附件中的库存管理流程与表格。

（6）注意事项

1）包装完好。

2）先进先出。

3）账实（物）相符、（保管）卡实（物）相符、（保管）卡账相符。

4）日清月结。出库、入库立即记账。

5）有问题立即报告。

9. 出库管理

（1）责任部门　采购管理部。

（2）责任岗位　部长、库管经理。

（3）管理方法　管理模板。

（4）管理依据

1）建立管理制度：采购业务管理制度、采购管理部工作制度、库存管理制度等。

2）采购管理部相关岗位人员按照《采购业务管理制度》《采购管理部工作制度》《库存管理制度》等对产品出库进行管理。

（5）流程与工具（模板）　见表1-11。

表 1-11　产品出库管理流程与工具（模板）

序号	流程节点名称及目的	责任人	使用工具
1	出库，提交销售合同（协议）	部长	（××）产品销售合同书　表1
2	收取货款（或首付款、定金）	部长	收款（定金）收据　表2
3	出库申请，批准	部长	（××）产品出库申请单　表3
4	进行出库统计	库管经理	产品出库统计（报）表　表4

注：详细的产品出库管理流程与工具见采购业务管理制度附件中的产品出库管理流程与表格。

本章小结与启示

本章强调了采购管理的重要性。希望读者了解采购管理的范围、内容、管理要点、各岗位的岗位素质要求，并能熟练编制采购明细表和采购价格表、采购计划表，掌握并严格执行采购流程和管理制度。

本章学习测试与问题思考

1. 采购管理部管理的主要内容有哪些？

2. 简述经销商采购管理的要点。

3. 采购管理员应具备的岗位能力有哪些？

4. 采购管理部一般要制定哪些管理制度？

第二章

商用车营销业务管理[⊖]

> ## 学习要点
>
> 1. 掌握服务营销相关概念，熟悉销售与服务营销的区别。
> 2. 了解商用车营销管理部门各岗位的岗位素质要求。
> 3. 掌握商用车营销过程所有流程与关键节点。

第一节　销售与服务营销的区别

一、基本概念

1. 营销与服务营销

1）营销是指企业发现或发掘意向客户的需求，开发出其需要的产品，并让意向客户了解该产品，进而购买该产品的过程。所谓营销，就是经营销售的意思。本书所涉及的营销，不包含有形车辆产品的研发与生产阶段。

2）服务市场营销，简称服务营销，详见《商用车营销红宝书：营销管理篇》相关内容。本章及以后各章讲述的所有业务市场营销活动都是按照服务营销的概念来展开的。

2. 销售

销售是指以出售、租赁或其他任何方式向第三方提供产品或服务的行为，包括为促进该行为而进行的有关辅助活动，例如广告、促销、展览、服务等。

3. 货物

1）货物的定义：凡是经由运输部门或仓储部门承运的一切原料、材料、工农业产品、商品及其他产品均为货物。货物是车辆的市场。

2）意向（目标）货物：指经销商所销售的车辆能够运输的货物；有些货物不是经销商所销售的车辆能够运输的，就不是意向（目标）货物。意向（目标）货物是经销商能够销售的车辆的意向（目标）市场。

4. 顾客

车辆所运输货物的拥有者，或者说运费的支付者，即货主。

意向（目标）顾客：本公司所销售的车辆能够运输的所有货物的货主。

⊖　本章作者：王术海、崔士朋。

5. 客户

客户是指所有购买了车辆用于运输的企业或自然人，即车主。

客户可细分为意向客户、意向目标客户、目标客户、客户，详见《商用车营销红宝书：营销管理篇》第十章商用车经销商的市场管理相关内容。

当经销商完成了由服务营销向品牌营销的过渡后，已有的客户也就成为"忠实客户"。

6. 服务营销

服务营销就是根据服务营销的理念，在确定的市场（区域、行业等）业务（包括所有业务）范围内，通过服务营销活动，找到货物，进而找到目标货物，找到目标顾客，找到为目标顾客运输货物的意向客户，将意向客户变成意向目标客户，进而成为目标客户，在目标客户需要产品时，通过销售行为，将目标客户变成（已有）客户的过程。

二、销售与服务营销的具体区别

目前，商用车生产厂家的产品销售部门大都改名为"营销公司"。虽然大多数商用车的经销商经过了厂家的营销培训或被要求进行市场营销，但是目前商用车经销商大都只是停留在销售层面上，真正进行营销活动的很少。

本书强调"服务营销"。服务营销和销售有本质区别，主要表现在以下几个方面。

1. 包含的内容不同

服务营销是一个系统，而销售只是营销的一部分。

1）服务营销包括市场调研、意向目标市场确定、品牌策划、产品确定、市场推广、意向客户转变、销售、成交、已有客户服务、将已有客户变成忠诚客户等，是产品全生命周期的市场服务管理。

2）服务营销是根据客户的需求，为客户定制化地设计产品或服务，以完全满足客户需求为目标。

3）服务营销是一个主动服务的过程：在客户还没有购买意向时，就要根据客户的实际需求设计产品，把满足客户需求的产品或服务推荐给客户直至客户满意。只有这样才能把客户变成目标客户。而在目标客户需要产品时，只是完成销售行为而已。

销售只是对已有产品进行推广，以吸引客户；或在客户需要产品时，被动地为其提供自己已有的产品。而在其产品不能满足客户需求时，只能被动地放弃。

2. 思考的角度不同

1）销售主要是以固有产品或服务来吸引、寻找客户，这是一种由内向外的思维方式。

2）服务营销则是以客户需求为导向，并把如何有效开发客户、满足客户需求作为首要任务，这是一种由外而内的思维方式。

3. 结果的诉求不同

1）销售是把产品卖好：销售已有的产品并把现有的产品卖好。

2）服务营销则是让产品好卖，是对产品的行销策划、推广。服务营销的目的是让销售更简单甚至不必要，让产品更好卖。

3）把商场比作战场，那么：

① 销售就像是一支陆军部队，独自攻城略地。

② 服务营销则如一场联合作战。在服务营销中，董事会负责意向目标市场的确定和市场定位；市场管理委员会负责市场调研、业务确定、营销策划；采购管理部负责产品研发、产品准备（产品明细表）、产品采购、产品改进；品牌管理部负责品牌策划、宣传推广、品

牌形象树立、客户吸引；车辆营销部、销售服务部负责客户开发、销售推进、占领市场；车辆保险部、金融服务部负责作战协助、促销支持；车辆保养部、车辆维修部、配件营销部、物流公司、二手车业务部负责市场突破、沟通造势、协同作战，给客户带来安全感、满足感。

4. 两者格局的差异

服务营销需要我们以长远的战略眼光确定大的方向和目标，并以切实有效的战术谋划达成中短期目标。服务营销的这些特性，会进一步激发、训练我们的长远商业眼光及把握市场机会的能力。

服务营销是一种以外向内，通过外部环境改造企业内部环境的思维，它更能适应市场竞争，因此，服务营销不但适合于企业的长远发展，而且也是一种以市场为本的谋利思维。

销售和服务营销的根本差异在于：

1）销售是一种战术思考，以销售力为中心，注重销售的技巧与方法，关心的是现有商品的销售和销售目标的实现。

2）服务营销是一种战略思考，以创造力为中心，注重建立能持续销售的系统，关心的是客户的需求满足和企业的永续经营。

3）从销售到服务营销的跨越，其实就是从战术到战略、眼前到未来、短利到长利、生存到永续的跨越。

第二节 打好商用车市场营销基础

打好市场营销的基础，对市场营销将起到事半功倍的作用。许多经销商市场营销工作做得不好，厂家不满意，员工有抱怨，客户有意见，市场营销的基础工作没有做好是关键因素之一。

一、建立营销组织

1. 建立组织的重要性

客户营销一定是有严密组织的营销活动。那些没有组织，或者有组织却没有岗位分工的企业，一定是只有销售没有营销的企业。

2. 建立营销组织

依据客户需求建立业务组织的原则，设置车辆营销部。营销部，很多经销商习惯称之为销售部，但是在职能、职责上销售部应按营销部的作业岗位与岗位业务管理职责进行设置，见表2-1。

表2-1 车辆营销部岗位设置及主要职责

序号	岗位名称	岗位主要职责	备注
1	部长（品牌经理）	部门管理、品牌管理、业务管理、大客户开发、风险控制	
2	行业经理	新行业新客户开发、行销管理、客户回访	
3	计划员	计划、费用、工资、激励管理	

（续）

序号	岗位名称	岗位主要职责	备注
4	产品经理	已进入行业客户开发、产品管理、产品推荐、产品交付	
5	商务经理	销售政策、价格管理、商务洽谈、合作协议签订、销售合同签订、定金收取、货款收取、销售发票管理等	
6	客户经理	客户开发、信息收集、客户接待、客户跟踪服务	
7	信息员	信息管理	

3. 聘任干部和岗位人员

（1）聘用原则　参见第一章采购业务管理的相关内容，此处不再赘述。

（2）注意事项

1）车辆营销是商用车经销商最重要的业务，没有之一。这项业务中有两项最主要的工作：

① 不断开发新客户，扩大已有客户总量。

② 服务老客户，让老客户满意，从而不断地开发老客户的消费潜力，增加收入。

2）必须设置行业经理，负责新行业的（客户）开发。

3）设置产品经理，负责已经进入的运输行业进行新客户的开发。

4）设置客户经理负责老客户的再开发，不断挖掘客户潜力，提高收入。

二、建立商用车营销业务管理制度与作业表

根据客户的期望，建立相关业务管理制度与作业表，可以使所有岗位人员的作业标准化、规范化，以提高作业效率、减少失误；可以相对快速地使新的业务人员进入角色，也能防止个别销售人员离岗导致的客户资源的流失；还能使所有市场营销人员通过标准化的作业，努力达到客户的期望、满足客户期望，提高客户满意度，这也是车辆营销业务管理的目标。

车辆营销业务管理制度包括业务管理制度、部门工作制度、岗位作业制度，具体有：

1）车辆产品营销业务管理制度。

2）车辆营销部工作制度。

3）车辆营销部部长岗位作业制度。

4）车辆营销部计划员岗位作业制度。

5）车辆营销部行业经理岗位作业制度。

6）车辆营销部产品经理岗位作业制度。

7）车辆营销部商务经理岗位作业制度。

8）车辆营销部客户经理岗位作业制度。

上述相关的制度（模板）及作业表见佐卡公司网站。

三、确定商用车营销管理的范围

1. 确定营销管理的区域

任何一家经销商（品牌经销商或行业经销商），都没有能力将自己的经营范围无限做大，因此，应在自己力所能及的基础上确定经营范围。

1）按照和主机厂签订的产品销售合同（或合作协议），确定车辆营销的区域范围。在这

个区域内，经销商有能力进行品牌宣传、品牌传播和新产品推广，有能力为客户（包括其所购买的车辆）提供其所需求的服务。

2）营销的区域一般按照行政区划确定其范围。这样便于车辆管理，满足政府的监管要求。

2. 确定产品经营范围

按照车辆分类（危险品运输车、普通货物运输车）、车辆类别（微型、轻型、中型、重型）、品牌、子品牌、车型、动力、产品名称、产品编号等建立产品的经营范围，并依此建立产品组合、产品销售明细表。

3. 确定车辆可以运输的货物范围

车辆可以运输的货物范围是指所销售车辆能够或适合运输的货物种类。车辆不同，能够运输的货物种类不同。

建立适合运输的货物明细表。货物明细表见车辆产品营销资源表中的货物分类明细表。

4. 确定车辆可以运输的货物的货主（顾客）范围

车辆可以运输的货物的货主（顾客）范围是指所销售车辆能够或适合运输的货物的所有货主，包括但不限于生产资料货主（工矿企业为主）、生活资料货主（商业企业为主）、货运代理公司货主（散货为主）。

建立意向顾客明细表，见车辆产品营销资源表中的意向顾客明细表。

5. 确定意向客户（车主）范围

经销商可以满足的客户范围是指为意向顾客进行物流运输的所有车主（客户），或者说是车辆产品销售明细表所列产品能够覆盖的所有意向客户。包括但不限于：

1）公司已有客户、公司战败的客户、公司熟悉的客户、朋友推荐的客户、网站收集的客户、顾客推荐的客户等。

2）第一方物流客户、第二方物流客户、第三方物流客户。

3）建立客户明细表，包括意向客户明细表、已有客户明细表、战败客户明细表。具体工具见车辆产品意向资源表。

6. 确定可以满足的驾驶员范围

1）按照性别分为男性、女性。

2）按照年龄分为 30 岁以下、30~40 岁、41~50 岁、51 岁以上。

年轻的驾驶员要求车辆时尚、舒适、功能全、性能高、安全性好、服务方便，例如，年轻的驾驶员喜欢自动档变速器，带独立暖风、空调等；年龄大一些的驾驶员则要求购买的产品有继承性、经济实惠、适用性好、实用性高。

7. 确定学习的标杆

标杆就是学习的榜样。在同一个区域，经营最好、客户最满意的经销商（品牌或产品）即是我们学习的标杆。

1）确定业务学习标杆：经销商的车辆营销业务可能同时在经营几个品牌，这种情况下就要建立业务学习标杆。

2）确定品牌学习标杆：建立不同产品类别（微型、轻型、中型、重型）下，不同品牌学习的标杆。

3）确定产品学习标杆：将栏板货车、自卸车、牵引车、运输类专用车、作业类专用车分别建立学习的标杆。

8. 确定竞争对手

竞争对手就是要打击的目标。在同一个区域，对自己威胁较大、自己有能力打击的经销商（品牌或产品）即是我们的竞争对手。竞争对手有以下 3 类：

1）业务竞争对手。

2）品牌竞争对手。

3）产品竞争对手。

四、确定营销方案、营销模式和销售方法

1. 确定营销方案

1）组合产品营销方案：将经销商所经营的产品，只要是客户需要的，一并组合起来进行营销。

2）单一产品营销方案：只进行车辆产品的营销。

2. 确定营销模式

营销模式包括全款销售、贷款销售、以租代售、租赁及其他模式。

3. 确定销售方法

（1）组织销售法 建立销售流程，按照组织分工，不同的岗位完成自己的岗位任务。组织内部的不同岗位合作完成产品的销售过程（或者客户产品交付过程）。包括以下 9 个步骤。

① 客户开发。

② 客户购买信息收集。

③ 客户购买信息确认。

④ 运输方案确认。

⑤ 车辆（功能、性能、配置、公告）确认。

⑥ 商务（数量、价格、交货期、交货地点等）确认。

⑦ 合同确认。

⑧ 合同签订。

⑨ 收款。

这也是通常说的 9 步销售法。

1）优点：

① 不同岗位人员只要掌握自己岗位的作业知识，就可以上岗工作；实习时间短。

② 流程作业效率高；标准化。

③ 客户感觉一致性强，满意度高。

④ 客户掌握在组织手中，不是掌握在少数人手中。

2）缺点：需要的人员多。适合销量大的经销商。

（2）销售顾问法 一个销售顾问全部完成上述 9 步的整个流程。

1）优点：需要的人员少，适合销量小的经销商。

2）缺点：效率低；容易受销售顾问制约。

五、制定营销政策

1. 利用好主机厂对客户特别是大客户的营销政策

主机厂的营销政策如批量政策、二手车置换政策等。

2. 制定自己的营销政策

利用好自己的差异化优势是制定营销政策的根本。在市场营销中不是拼价格，而是拼能力。因此，推荐的经销商营销政策有：

1）老客户再购买政策。

2）老客户带新客户政策。

3）购买车辆后衍生服务优惠政策（包括续保优惠政策、小额金融优惠政策、车辆保养优惠政策等）。

六、确定产品销售价格制定方法

（1）定价依据及计算公式　见财务管理部制定的《价格管理制度》中的规定和《商用车营销红宝书：营销管理篇》第九章第三节的相关内容。

（2）确定定价方法

1）定价方法有竞争定价法、成本加成定价法、差异化定价法和客户细分定价法。

2）推荐的定价方法：差异化定价法为主，客户细分定价法为补充。

（3）销售价格　销售价格包括商务经理销售价格、部长销售价格、总经理销售价格、最高销售限价。

1）不同的岗位有不同的价格权限。

2）防止出现价格混乱和乱批准价格的行为。

七、建立库存管理

建立库存管理注意事项：

1）有些产品销量大，目标客户群体大，客户要货急，这类产品需要建立库存。每月销量超过 5 辆的产品可以建立库存。

2）有些产品销量小，目标客户群体小，客户要货不急，这类产品不需要建立库存。每月销量低于 3 辆的产品可以不建立库存。

3）明确库存当量、最低库存、最高库存，防止出现产品滞销。

八、建立营销目标

1. 根据自己的能力和以往的业绩，建立销售目标

销售目标指标如下。

1）经销商目标市场占有率（％）。

2）品牌目标市场占有率（％）。

3）子品牌目标市场占有率（％）。

4）车型目标市场占有率（％）。

5）不同驱动形式产品目标市场占有率（％）。

6）不同动力段产品目标市场占有率（％）

注：不是所有产品的市场占有率都是一样的。

2. 根据市场销售数据、市场占有率计划，建立销售目标

按照车辆分类、车辆类别，建立品牌、子品牌、车型、产品、动力（马力）段、车辆名称下的目标市场销售计划。

九、编制产品销售明细表、价格表，制定销售计划

1. 产品销售明细表、价格表、销售计划编制的责任部门

1）产品销售明细表、销售计划的管理权和批准权在市场管理委员会；由车辆营销部负责编制，报市场管理委员会批准。

2）产品销售价格表按照财务管理部给出的计算公式，由车辆营销部负责编制，报财务管理部审核，由市场管理委员会批准。

2. 编制产品销售明细表

产品销售明细表是产品推荐的依据，是按照产品完整性原则编制的；在产品名称和产品编号下，是功能、性能、配置、公告等唯一的一系列产品的组合。

建立产品销售明细表模板。产品销售明细表模板见佐卡公司网站业务管理制度附件产品销售明细表中的"车辆产品销售明细表"。由于表格太大，这里不再展示。

3. 编制产品销售价格表

1）计算公式见《商用车营销红宝书：营销管理篇》第九章第三节。

2）产品销售价格表模板见佐卡公司网站业务管理制度附件产品销售价格表中的"车辆产品销售价格表"。由于表格太大，这里不再展示。

4. 制定产品销售计划

（1）销售计划制定的原则

1）销售计划销量不能低于和主机厂签订的销售合同（或代理合同）中规定的最低销量。

2）销售计划销量不能低于主机厂确定的批量（奖励）政策中某一档政策所规定的最低销量。举例：

政策规定有 3 个销量等级：100~200 辆、201~300 辆及 301 辆以上。在制定销售计划时，确定销量为 90 辆或 190 辆、290 辆，就是不明智的。

3）用销售计划的销量计算当年的市场占有率，不能低于上一年的市场占有率。

（2）销售计划模板　产品销售计划表模板见佐卡公司网站业务管理制度附件产品销售计划表中的"车辆产品销售计划表"。由于表格太大，这里不再展示。

十、建立车辆营销资源

1. 建立普通货物运输车辆（包括作业类专用车）**营销资源**

车辆市场营销，不是有了车辆资源就可以了。确定以下资源是车辆市场营销所必需的。

1）按照国民经济分类，建立运输行业分类明细表。

2）按照运输行业分类，所辖区域内采购、生产、废品处理、销售、周转的所有货物的名称、货物数量（t）、运输量（t·km），建立分行业经销商的意向货物明细表。

3）所辖区域内采购、生产、废品处理、销售、周转的所有货物货主的名称、地址、联系方式、主要运输负责人、具体负责人、需要运输货物的名称、货物数量（t）、运输量（t·km）等，建立分行业的经销商意向顾客（货主）明细表。

4）承运所辖区域内所有采购、生产、废品处理、销售、周转货物的运输公司（或个人）的名称、地址、联系方式、主要运输负责人、具体负责人、具体运输货物的名称、货物数量（t）、运输量（t·km）等，建立分行业的经销商意向客户（车主）明细表。

5）所有在自己企业购买（消费）过车辆产品的客户，建立经销商已有客户明细表。

6）所有在自己企业洽谈过购买车辆事宜，但没有成交的客户，建立经销商战败客户明

细表。

7）车辆产品营销资源明细表见表 2-2。

表 2-2　车辆产品营销资源明细表

序号	资源内容及目的	责任人	使用工具
1	建立国民经济行业分类，便于建立运输行业分类		国民经济行业分类（GB/T 4754—2017）　表 1
2	建立运输行业分类方法，建立运输行业分类		按照国民经济分类进行运输行业分类表　表 2
3	建立经销商要进入的运输行业及货物明细表		本公司意向运输行业明细表　表 3
4	按照运输行业分类，找到货主，建立意向顾客（货主）明细表	部长	分行业（意向）顾客明细表　表 4
5	走访货主，找到为货主服务的物流运输公司，建立意向客户明细表		本业务组织意向客户明细表　表 5
6	将本业务已经完成（销售）交易的客户列入此表，便于继续交易		已有客户明细表　表 6
7	将本业务（销售）交易失败的客户列入此表，便于继续开发		战败客户明细表　表 7
8	当（单辆）销售利润低于竞争对手时，采用此表进行对比，找到原因，进而找到改善的方向		客户对比表　表 8

注：详细的车辆产品营销资源模板见商用车营销业务管理制度附件中的车辆产品营销资源表。

2. 建立危险品（货物）运输车辆营销资源

危险品（货物）运输车辆营销资源同普通货物运输车辆相比，货物、货主、车辆不同，其他资源相同。货物、货主的资源模板在普通货物运输车辆营销资源管理工具中已有，这里只将车辆营销资源列出，见表 2-3。

表 2-3　危险品运输车产品营销资源表（部分内容展示）

序号	对应车辆的危险货物分类	车辆名称	对应的车辆类别				对应的产品								
							2 轴		3 轴		4 轴		牵引车		
			微卡	轻卡	中卡	重卡	4×2	4×4	6×2	6×4	8×2	8×4	4×2	6×2	6×4
1	第 1 类爆炸品	固体爆炸品运输车													
2		液体爆炸品运输车													
3		气体爆炸品运输车													
4		混合态爆炸品运输车													
5		烟花爆竹运输车													

（续）

序号	对应车辆的危险货物分类	车辆名称	对应的车辆类别				对应的产品								
							2轴		3轴		4轴		牵引车		
			微卡	轻卡	中卡	重卡	4×2	4×4	6×2	6×4	8×2	8×4	4×2	6×2	6×4
6	第2类 压缩气体和 液化气体	易燃气体 运输车													
7		不燃气体 运输车													
8		有毒气体 运输车													
9	第3类 易燃液体	易燃液体 运输车													
10	第4类 易燃固体、 自燃物品和 遇湿易燃 物品	易燃固体 运输车													
11		自燃固体 运输车													
12		遇湿易燃 固体运输车													

注：1. 全部的表格内容见车辆营销业务管理制度附件中的危险品货物分类及专用车辆推荐。

2. 微型货车俗称微卡，轻型货车俗称轻卡，中型货车俗称中卡，重型货车俗称重卡。本书采用俗称。

十一、确定车辆推荐流程

由于影响商用车购买行为的因素很多，所以如何才能根据客户的使用场景，向客户推荐一款拉得（赚钱）多、跑得快、质量好、油耗（包括催化用尿素，以下简称尿素）低、残值高的车辆产品，就成为能够为购车客户提供服务成功的关键。为此，本书推荐两个商用车推荐流程。

1. 自卸车产品推荐流程

自卸车产品推荐流程见表2-4。

表 2-4 自卸车产品推荐流程

序号	流程节点名称及目的	责任人	使用工具
1	根据客户提供的货物信息、运输要求，推荐车辆类别、产品、车型	部长	不同用途下自卸车车型推荐表 表1
2	推荐液压系统		不同目标运输货物下，根据静止安息角、货箱＋货物总质量推荐液压系统表 表2
3	推荐货箱容积、尺寸		不同载质量和货物密度下推荐货箱容积、尺寸表 表3
4	推荐货箱型式、底板×边板材料厚度、材料、加热装置、污水收集装置		满足不同运输货物、区域要求下，货箱型式、底板×边板材料厚度、材料、加热装置、污水收集装置推荐表 表4
5	推荐货箱的横梁、立柱、前挡板、后门、上盖		不同目标运输货物下，货箱的横梁、立柱、前挡板、后门、上盖推荐表 表5
6	推荐前后桥及悬架		自卸车重载时，不同道路坡度下，前后桥及悬架推荐表 表6

（续）

序号	流程节点名称及目的	责任人	使用工具
7	推荐发动机最大转矩、后桥速比		发动机最大转矩、后桥速比推荐表　表7
8	利用经验推荐发动机最大转矩、后桥速比		不同载重、地形、道路条件下，发动机动力、后桥速比的推荐选择表　表7.1
9	推荐油漆、暖风、空调、空滤器		不同气候条件、不同空气污染下，自卸车相关配置推荐表　表8
10	推荐驾驶室		不同运输距离、装卸等待时间条件下，驾驶室推荐表　表9
11	推荐满足驾驶员要求的配置	部长	在满足驾驶员要求的情况下，车辆制动系统、驾驶室系统排气系统、座椅系统、门锁（防盗）系统、日常保养系统、配件、维修体系推荐表　表10
12	推荐满足顾客（货主）要求的配置		在满足顾客（货主）对运输要求的情况下，车辆相关配置推荐表　表11
13	推荐满足客户（车主）要求的配置		在满足客户（车主）要求的情况下，车辆相关配置推荐表　表12
14	介绍车辆满足的标准		汽车经销商应知的标准　表13
15	介绍车辆满足的法规		经销商应知的法规要求　表14
16	介绍车辆满足的注册检验要求		GB 38900—2020《机动车安全技术检验项目和方法》表 H.1 机动车安全技术检验表（人工检验部分）　表15

注：详细的自卸车产品推荐流程见商用车营销业务管理制度附件中的自卸车产品推荐流程。

2. 栏板车、仓栅车、厢式车等运输型车辆的推荐流程

栏板车、仓栅车、厢式车等运输型车辆产品推荐流程见表2-5。

表 2-5　栏板车、仓栅车、厢式车等运输型车辆产品推荐流程

序号	流程节点名称及目的	责任人	使用工具
1	根据客户提供的货物信息、运输要求，推荐车辆类别、产品、车型		根据货物的基本信息、运输要求及客户车辆长度要求，推荐车辆类别、产品、车型表　表1
2	推荐货箱（货箱容积、尺寸、货箱开启方式）		对于厢式车、仓栅车，根据货物的密度、体积、装载数量、装卸方式，推荐货箱容积、尺寸、货箱开启方式表　表2
3	对于普通货物运输用厢式车，推荐货箱结构、材料、后尾板		对于普通货物运输用厢式车，根据装卸、防护要求，推荐货箱结构、材料、后尾板表　表3
4	对于仓栅车，推荐货箱结构	部长	对于仓栅车，根据开启方式、防护要求，推荐货箱结构表　表4
5	对于载货车、仓栅车、厢式车，推荐货物固定机构		对于载货车、仓栅车、厢式车，根据货物固定方式推荐固定机构表　表5
6	对于载货车、仓栅车、厢式车，推荐（选择）货箱功能		对于载货车，根据装卸要求推荐车型；对于仓栅车、厢式车，根据防护要求，推荐（选择）货箱功能表　表6
7	推荐前后桥及悬架		载货车、仓栅车、厢式车重载时，不同道路坡度下，前后桥及悬架推荐表　表7
8	推荐发动机最大转矩、后桥速比		发动机最大转矩、后桥速比推荐表　表8

（续）

序号	流程节点名称及目的	责任人	使用工具
9	利用经验推荐发动机最大转矩、后桥速比		不同载重、地形、道路下，发动机动力、后桥速比推荐表　表8.1
10	推荐油漆、暖风、空调、空滤器		不同气候条件、不同空气污染下，车辆配置推荐表　表9
11	推荐驾驶室		不同运输距离、装卸等待时间条件下，驾驶室推荐表　表10
12	推荐满足驾驶员要求的配置	部长	在满足驾驶员要求的情况下，车辆制动系统、驾驶室系统、排气系统、座椅系统、门锁（防盗）系统、日常保养系统、配件、维修体系推荐表　表11
13	推荐满足顾客（货主）要求的配置		在满足顾客（货主）对运输要求的情况下，车辆相关配置推荐表　表12
14	推荐满足客户（车主）要求的配置		在满足客户（车主）要求的情况下，车辆相关配置推荐表　表13
15	介绍车辆满足的标准		汽车经销商应知的标准　表14
16	介绍车辆满足的法规		经销商应知的法规要求　表15
17	介绍车辆满足的注册检验要求		GB 38900—2020《机动车安全技术检验项目和方法》表H.1　机动车安全技术检验表（人工检验部分）　表16

注：详细的栏板车、仓栅车、厢式车产品推荐流程见商用车营销业务管理制度附件中的栏板车、仓栅车、厢式车产品推荐流程。

注意： **1. 上述这些基础工作做好了，就可以开展车辆市场营销活动了。**

2. 有时候市场占有率下降、销量下降，不是销售人员不努力，而是基础工作没有做好。

第三节　经销商的车辆营销业务管理

商用车经销商有两类客户：一类是有意向、准备购车的客户（有购买车辆和所有衍生业务的需求）；另一类是已经购车的客户（有所有衍生业务的需求）。客户管理是市场管理的一部分。

发现客户需求、满足客户需求的过程就是客户营销。也就是说，发掘和满足这两类客户的需求，就是商用车经销商的客户营销。

客户营销是服务营销的落地，是针对不同客户实施的服务营销。PPP市场营销是客户营销的细化。

如何开展客户营销活动，找到并成功开发这两类客户，详见《商用车营销红宝书：营销管理篇》第二章客户营销。

如何将客户营销的方法与技巧落地，建立一套实用的工具是关键。

商用车经销商的车辆营销业务管理，就是一套客户开发、产品交付服务、客户再开发的过程管理工具。它可以规避营销人员经验不足的缺陷，提高营销效率和客户满意度。

一、车辆营销业务管理注意事项

1. 重视对已有客户的再开发

1）已有客户在下一次购买时有可能购买其他品牌或其他经销商的产品。也就是说，已有客户在下一次购买时并不一定就是你的目标客户，因此需要对其进行再开发。不少经销商往往注重竞争对手的客户开发，而忽视对已有客户的保护和再开发，导致已有客户流失。这一点应引起足够重视。

2）已有客户也需要开发，这是因为他们运输的货物、货物的包装方式、装卸方式、货主的要求、道路条件、政府监管力度、道路收费方式、驾驶员的要求、车辆新产品的不断涌现、车辆标准的变化等都会带来客户对车辆要求的变化。如果不能随着上述变化做出应对改变，推荐适合客户要求的车辆，客户就有可能被竞争对手抢夺。

2. 明确对新客户开发的责任分工

1）经销商的董事长、总经理、品牌经理负责大客户（车辆保有量大于 50 辆）的开发，以及所有作业类车辆客户的开发。

2）行业经理负责新行业、新客户的开发。

3）产品经理负责老行业、新客户的开发。

4）客户经理负责所有老客户的再开发。

有些经销商销量上不去，越卖越少，最后被市场淘汰，究其原因就是没有进行已进入行业意向客户、新行业意向客户的开发。如果没有新客户，老客户又不断流失，其结果可想而知。

3. 重视客户开发计划管理

编制客户开发计划是防止客户开发的盲目性、提高开发人员积极性和客户开发效率的有效手段，一定要重视，不是只要求没计划。

客户开发前的准备工作非常重要，准备工作做得好，可以起到事半功倍的效果。准备工作主要有人员准备、本企业简介、产品资料准备、礼品准备、客户基本情况准备等。意向客户拜访准备计划（部分内容）见表 2-6。

4. 重视开发高质量的客户

拜访客户，调查、了解客户的企业管理情况、货源情况、盈利情况。将货源不足、不盈利的客户排除在外，是非常重要的。能开发到高质量的客户，需要了解客户的基本情况。

（1）意向客户的基本情况

1）企业类型是第一方物流企业、第二方物流企业，还是第三方物流企业。

2）意向客户拥有的顾客（货主）数量。

3）意向客户拥有的车辆类别、品牌、车型、驱动形式、动力系统、货箱尺寸、车辆数量。

4）意向客户找谁购买车辆？了解意向客户在购买保险、贷款、保养车辆、维修车辆、购买配件、加盟物流公司、二手车交易等方面的情况。

5）意向客户年收入是多少？都是如何结算运费的？拥有的驾驶员有多少？驾驶员的年收入是多少？是如何管理驾驶员的（外聘 / 承包 / 招工 / 员工制 / 考核法）？

6）意向客户年纳税额为多少？利润为多少？

7）客户（只针对法人大客户）在同行业中的地位（按照车辆数量）：在全国、本省、本地区的行业排名。

8）其他情况。

（2）意向客户的运输情况

1）运输的货物性质、种类、名称、有无包装、包装尺寸、密度、运动 / 静止安息角等。

2）货物的装、卸及固定方式。

表 2-6 意向客户拜访准备计划（部分内容）

计划编号	1. 样车准备										2. 资料准备									
											顾客开发资料准备			客户开发资料准备				准备数量/套		
	车辆类别	品牌	子品牌	车型	产品	动力（马力）	产品名称	产品编号	准备数量/辆	完成时间	运输方案模板	产品优势	经销商宣传资料	产品销售明细表	产品对比表	服务承诺书	企业（厂家、自己）资料	顾客资料准备数量	客户资料准备数量	完成时间

注：完整的客户开发拜访准备计划表，详见客户开发流程的相关表格。

3）每车每次装载量、每趟运输距离、往返是否都有货、返程每次平均装载量、每趟往返需要的时间、每月平均几趟等。

4）每车需要的驾驶员（有些车可能需要两人；有些车可能只需要一人），如何考核的、有没有安全奖励？有没有监控（瞌睡、注意力、按时休息、换班等）？

5）加油费、高速公路通行费都是如何支付的？有没有固定的加油点？有没有先加油后付费的想法？有没有先走（高速）路后付费的想法？

6）有没有购车贷款？利息多少？愿不愿意购买低利息的产品？

7）愿意选择低首付高利息的车辆贷款产品，还是愿意选择更省钱的高首付低利息的车辆贷款产品＋加油贷、过路贷、保险贷等小额贷款产品？

8）对货主是否满意？哪些方面不满意？有什么想法？

9）其他情况。

（3）意向客户在用车辆的情况

1）主要功能：装货功能（带尾板、行车吊、小推车等；顶部可开启、多开门、货箱可卸式等）、固定功能、卸货功能、运输功能、安全功能、预防功能、管理功能。

2）主要性能：起步速度、最高速度、最大爬坡度、离地间隙，发动机功率、发动机比油耗、车辆公告总质量下的综合油耗，最大装载质量、装载方量，整备质量及误差、外形尺寸及误差等。

3）车辆配置：品牌、子品牌、驾驶室系统、动力系统、离合器操纵系统、变速器操纵系统、传动系统、前桥系统、后桥系统、悬架系统、转向系统、制动系统、车架系统、电器系统、货箱系统、车轮系统等。

4）车辆公告。

5）服务政策，如"三包"期服务政策、"三包"期外服务政策。

6）指定服务站。

7）意向客户对现有车辆不满意的方面：包括功能、性能、配置、公告、服务等。再购买车辆的要求，同样包括功能要求、性能要求、配置要求、公告要求、服务要求等。

（4）不同车辆使用年限

1）微卡最短、最长、平均多少年。

2）轻卡最短、最长、平均多少年。

3）中卡最短、最长、平均多少年。

4）重卡最短、最长、平均多少年。

需了解意向客户为什么淘汰更新车辆？准备更换什么车辆？是同类别、车型、动力的车辆，还是不同类别、车型、动力的车辆？

（5）驾驶员情况　包括对驾驶员驾龄、驾驶员对车辆的要求等。

（6）将上述了解到的要素进行打分对比，找到优秀客户、良好客户、合格客户和不合格客户。

5. 提高物流运输方案设计能力和货主（顾客）满意度

客户是上帝。货主是车主（经销商客户）的客户。在客户购买车辆的过程中，货主帮助说话非常重要。

但是要想顾客帮助你说话，就要做好顾客（货主）调查，拿出好的（运输）物流解决方案，让顾客动心。

注意：**（1）会做物流运输方案是进行客户开发的基本能力要求。模板见客户开发流程**

的相关表格。物流运输方案推荐给顾客和客户，征求他们的意见，不满意修改，直至满意。

（2）客户或顾客对物流运输方案不满意前，不做车辆产品的推荐。否则，推荐的车辆产品就不是最合适的产品。

6. 顾客开发的重要性

相对于拜访顾客，让顾客为你向客户说话来说，进行顾客开发，直接将顾客的货源拿下送给客户，那客户购买你的车就更加十拿九稳了。

进行顾客开发时要了解顾客的以下基本情况。

（1）原料运输情况

1）需要的原料来源、运输方式、前 3 年的运量、每年的增长率、未来 3 年的规划等。

2）货物（产品）的名称、性质、有没有包装、包装箱尺寸、密度、货物的运动 / 静止安息角、装货地、卸货地、装货方式、固定方式、卸货方式等。

3）当年的运量、当年每月平均运量、每日平均运量等。

4）每车运量（载质量）、每车每日运输趟数、有多少车在运输、运输车辆都是什么类别什么车型等。

5）如何装载、固定、卸货，有什么运输要求，包括质量要求、时间要求、监控要求等。

6）车辆行驶道路要求。

7）如何管理运输？与客户有无合同、运单？运费如何结算？有没有运输质量保证金等？

（2）产品运输情况

1）产品销往的区域、地点、运输方式，以及前 3 年的运量、每年的增长率、未来 3 年的规划等。

2）其他需了解的情况同原料运输情况。

（3）企业情况

1）企业性质：分为外资企业、上市公司、国有企业、股份制企业、私有企业、其他。

2）企业信誉：分为 AAA、AA、A、BBB、BB、B、CCC 等。

3）企业与供应商的关系：是属于关系良好且长期合作，还是经常更换供应商？

4）是否拖欠员工工资？是否有奖金？

5）干部是公开招聘还是直接任命？

6）企业所处的行业是传统行业，还是新兴行业？

7）企业是绿色环保型企业，还是污染环境型企业？

8）企业在全国同行业的地位、本省的地位、本市的地位如何？

9）其他情况。

顾客开发流程：顾客开发前要根据顾客的基本情况打分（注意保密），找到好的顾客（货主），进行开发公关，建立关系，承运其货物（或让其帮助开发货物承运人），开发客户。只有开发到好的顾客，才有可能找到优秀客户。

7. 推荐最合适的车辆

根据客户的使用场景设计物流运输方案，按照运输方案要求向客户推荐功能、性能、配置最合适的车辆。最合适的车辆，不是配置最高、最贵的车辆，也不是最差、最便宜的车辆。按照本章第二节第十一条介绍的流程推荐车辆。

8. 产品报价与购买方案推荐

1）产品报价的条件：在客户确认物流运输方案、确认所推荐的车辆产品后，才能进行产品报价。

2）产品报价：要根据客户能够享受的销售政策进行产品报价。计算公式：

$$报价 = 产品销售价格 - 客户能够享受到的销售政策$$

3）购买方案推荐：在报价的基础上，根据客户的资金能力，进行购买方案推荐，包括全款购买、贷款购买、融资租赁、尾款分期付款等。

9. 客户开发（合同签订、产品交付）**完成后，建立客户明细表的重要性**

建立意向目标客户明细表、目标客户明细表、客户明细表，有以下作用。

1）积累客户群体，就是积累财富。

2）掌握客户的基本情况，便于沟通。

3）建立客户购买提醒时间，便于及时了解客户需求，提前准备产品。

4）掌握客户需求，以便及时调度客户产品及服务的交付进度。

10. 设置客户经理的重要性

1）让客户有了沟通的渠道。客户有了问题知道找谁。

2）让客户少跑腿，使客户能感受到解决问题简单、有效率。

3）便于确保客户档案的完整性。

4）便于与客户建立感情，便于对客户深度开发。

5）便于利用客户明细表设置服务（或产品购买）提醒，及时联系客户，为客户提供服务（或提醒客户购买产品）。

11. 客户开发要有提前量

1）进行客户开发，不是在客户购买车辆时才开始，而是要在客户还没想购买车辆时开始，这样才能从容不迫。

2）客户开发完成的标志是明确了客户准备购买的时间。客户开发完成建立意向目标客户明细表，标明客户准备购买的时间、购买提醒时间（客户准备购买的时间提前 3~6 个月）。

3）由客户经理负责在购买提醒时间到来前，联系客户：

① 确认客户购买时间。如果客户不想购买，那么延迟 3 个月再建立购买提醒时间。

② 如果客户确认购买，那么由客户经理走访客户，确认物流运输方案是否还可行。如果不可行，则重新设计运输方案、推荐产品。

③ 在重新设计运输方案、推荐产品后，重新报价。

12. 客户再开发的重要性

1）增加客户黏性。

2）提高客户满意度。

3）增加经销商收入。

13. 客户回访的重要性

每一个开发完成、购买了产品或没有购买产品的客户，都要进行回访。其目的如下。

1）要知道为什么购买，总结经验以便发扬光大。

2）要知道为什么不购买，找到不足以便改善。没有改善，就没有进步。

二、建立客户信息有偿使用制度

1）任何一个公司的业务组织，永远有两个市场：一个是公司内部的市场，不同组织的客户信息都是他们辛勤劳动的成果，不能无偿使用，只能有偿购买；另一个是外部市场，需要自己去开发。在内部购买其他组织（已签订合同的）目标客户信息的价格，就是在外部开发客户的成本（包括费用）。只有这样，才是公平的。

2）不同业务，开发客户的成本是不同的，所以作为公司的最高管理者，不能简单地规定不同组织之间的客户信息进行直接的交换，而应该按照成本价格进行交易。

3）公司内部的客户信息不能无偿利用是因为客户开发的费用都计入了各业务部门的费用和成本。这就导致客户开发得越多，费用越高，越没有利润，越没有奖金，越没有开发的积极性。

车辆营销部的客户开发成本最高，在公司内部信息的价值最高，所有的其他业务部门都需要。假设车辆营销部的客户开发成本为 3000 元/辆，如果公司其他 8 个部门每个部门的信息购买价格是 300 元/辆，车辆营销部的客户开发费用就可以消化掉 80%。

反之，如果销售服务部的客户信息价格也是 300 元，其他 8 个部门购买，每个部门的购买价格是 37.5 元/辆，那么销售服务部的信息交易成本为"零"。如果某个部门的信息交易成本为"负"值，则说明这个部门的客户开发能力弱，客户服务意识弱，客户满意度低，也说明这个业务存在问题。

4）经销商出费用进行车辆客户的开发，就相当于向市场购买了这些客户的信息。如果可以无偿使用，就可能不珍惜，以至于错失客户。

因此，建立部门独立核算制度，建立信息有偿使用制度，是经销商的经营之道。对任何经销商来说，客户信息就是生产力。

三、车辆营销业务管理的内容、流程与工具

1. 组织管理

（1）责任部门 综合管理部。

（2）责任岗位 综合管理部部长。

（3）管理方法 评价法（见组织管理制度附件）。

（4）管理依据

1）建立管理制度：组织管理制度、车辆营销部工作制度。

2）综合管理部按照《组织管理制度》《车辆营销部工作制度》对车辆营销部进行管理。

（5）流程与工具（模板） 见表 2-7。

表 2-7 车辆营销部组织管理流程与工具（模板）

序号	流程节点名称及目的	责任人	使用工具
1	公司组织设计	董事长	按区域进行公司组织规划表 表1
2	按照业务进行业务组织设计	总经理	按业务进行公司组织设置表 表2
3	按照业务不同，进行业务组织岗位设计	董事会总经理	（独立法人的总公司）业务与组织设置 表3
4	对每一个岗位，规范作业内容，明确作业项目	部长	岗位作业内容表 表4
5	根据作业量不同，进行岗位人员数量设计	部长	岗位、人员设置（报）表 表5
6	根据部门工作制度，设计部门工作任务	部长	部门任务计划（报）表 表6

（续）

序号	流程节点名称及目的	责任人	使用工具
7	设计部门会议	部长	部门会议计划管理表 表7
8	为及时了解部门计划工作进度，进行工作计划调度	部长	工作/业务计划实施情况周/月度调度、评价（报）表 表8
9	在计划调度的基础上，为确保任务完成，进行计划分析	部长	月度计划完成情况分析（报）表 表9
10	总结、改善计划工作	部长	持续改善、改进工作计划表 表10

注：具体的组织管理流程与管理工具，见车辆营销业务管理制度附件中的车辆营销部组织管理流程。

2.（意向）客户开发管理

（1）责任部门 车辆营销部。

（2）责任岗位 行业经理、产品经理（负责老行业新客户的开发）。

（3）管理方法 管理模板。

（4）管理依据

1）建立管理制度：车辆营销业务管理制度、车辆营销部工作制度。

2）车辆营销部按照《车辆营销业务管理制度》《车辆营销部工作制度》对意向客户的开发进行管理。

（5）流程与工具（模板） 见表2-8。

表 2-8 （意向）**客户开发流程与工具**（模板）

序号	流程节点名称及目的	责任人	使用工具
1	建立意向客户开发明细表，防止漫无目的地跑客户	行业开发经理	意向客户开发明细表 表1
2	编制客户开发计划，建立监督的基础，防止出工不出力	计划员	（××）月份意向客户开发计划表 表2
3	编制客户拜访计划，提高开发效率	计划员	意向客户开发，拜访计划表 表3
4	编制客户拜访准备计划，提高开发成功率	计划员	意向客户开发，拜访准备计划表 表4
5	进行顾客、客户拜访，收集顾客（双方）对运输的要求，对物流设施进行考察	行业开发经理	顾客拜访信息收集表 表5
6	设计运输方案，进行推荐，直至顾客和客户满意	行业开发经理	顾客运输方案设计与推荐表 表6
7	收集客户车辆信息	行业开发经理	意向客户拜访，车辆信息收集表 表7
8	收集客户运营信息，看看客户是否值得开发，如不值得，终止	行业开发经理	意向客户拜访，车辆运营信息收集表 表8
9	根据物流运输方案和客户对车辆产品的要求，设计车辆产品，推荐车辆	行业开发经理	意向客户开发，车辆产品推荐表 表9
10	在客户对产品（功能、性能、配置、公告等）满意的前提下，进行商务洽谈	行业开发经理	意向客户开发，车辆报价及商务洽谈表 表10
11	客户对产品、价格、服务满意，签订合作协议	行业开发经理	客户购买车辆产品合作协议书（模板） 表11

（续）

序号	流程节点名称及目的	责任人	使用工具
12	对开发完成后签订协议的客户，建立明细表，准备进行产品销售（建立客户购买时间提醒）	行业开发经理	意向目标客户明细表　表12
13	开发计划完成，进行考核	计划员	（××）月份意向客户开发计划完成考核兑现表　表13

注：详细的意向客户开发流程与工具，见车辆营销业务管理制度附件中的客户开发流程与表格。

3. 业务洽谈管理

（1）责任部门　车辆营销部。

（2）责任岗位　客户经理、产品经理、商务经理。

（3）管理方法　管理模板。

（4）管理依据

1）建立管理制度：车辆营销业务管理制度、车辆营销部工作制度。

2）车辆营销部按照《车辆营销业务管理制度》《车辆营销部工作制度》对意向目标客户的业务洽谈进行管理。

（5）流程与工具（模板）　见表2-9。

表 2-9　**意向目标客户业务洽谈流程与工具**（模板）

序号	流程节点名称及目的	责任人	使用工具
1	根据客户购买产品提醒时间，主动联系客户，收集客户购买信息	客户经理	意向目标客户，购买信息收集表　表1
2	确认客户购买信息（功能、性能、配置、公告、数量、时间等）	产品经理	意向目标客户，车辆产品确认表　表2
3	是否还购买其他产品，一并进行洽谈	产品经理	意向目标客户，购买其他产品推荐及业务洽谈表　表3
4	推荐购买产品的方案	商务经理	车辆购买方案推荐表　表4
5	客户同意购买方案，签订车辆买卖合同	商务经理	车辆买卖合同　表5
6	签订其他业务产品的买卖合同，建立汇总表	商务经理	意向目标客户，商务合同签订汇总明细表　表6
7	收取客户货款（或定金）	商务经理	目标客户，购买不同产品（订金/货款）收款收据　表7
8	建立目标客户明细表，进行产品交付准备	商务经理	目标客户明细表　表8

注：详细的意向目标客户业务洽谈流程与工具，见车辆营销业务管理制度附件中的客户业务洽谈流程与表格。

4. 产品交付管理

（1）责任部门　车辆营销部。

（2）责任岗位　客户经理、产品经理、计划员。

（3）管理方法　管理模板。

（4）管理依据

1）建立管理制度：车辆营销业务管理制度、车辆营销部工作制度。

2）车辆营销部按照《车辆营销业务管理制度》《车辆营销部工作制度》对目标客户的

产品交付进行管理。

（5）流程与工具（模板） 见表2-10。

表 2-10 目标客户产品交付流程与工具（模板）

序号	流程节点名称	责任人	使用工具
1	根据目标客户明细表，制定目标客户产品交付计划	计划员	目标客户购买产品交付计划表 表1
2	建立交付流程，完成产品交付	产品经理	产品交付（流程） 表2
3	客户确认产品交付	产品经理	客户购买产品交付确认表 表3
4	建立客户明细表，便于客户管理	客户经理	客户明细（日报）表 表4
5	客户回访，征求客户意见	客户经理	客户回访表 表5
6	进行改善	客户经理	客户回访，问题、经验总结改善表 表6
7	销售计划考核，不断提高业务人员积极性	计划员	（××）月份销售计划完成考核兑现表 表7

注：详细的目标客户产品交付流程与工具，见车辆营销业务管理制度附件中的产品交付流程与表格。

5. 营销过程问题管理

（1）责任部门 车辆营销部。

（2）责任岗位 部长。

（3）管理方法 管理看板。

（4）管理依据

1）建立管理制度：车辆营销业务管理制度、车辆营销部工作制度。

2）车辆营销部按照《车辆营销业务管理制度》《车辆营销部工作制度》对市场营销问题进行管理。

（5）常见问题及解决方案看板 在市场营销过程中，随时会遇到各种问题。经销商市场营销人员应将经常遇到的问题进行汇总，列在表中，建立常见问题解决方案看板，努力寻求解决方案，见表2-11。

表 2-11 市场营销过程常见问题及解决方案看板（模板）

序号	名称及目的	责任人	使用工具
1	当收集的信息不能确定、信息不完善时，问题解决方案		经销商收集客户购买产品信息，不能转化为有效购买信息解决模板 模板1
2	当客户不接受拜访时，问题解决方案		购买车辆产品的有效信息，收集不能拜访客户运输基本条件及原有运输方案问题解决模板 模板2
3	当运输方案不能确定时，问题解决方案	部长	针对车辆产品，不能确定运输方案，或不能就运输方案达成一致时，问题解决模板 模板3
4	当产品方案不能确定时，问题解决方案		不能向客户推荐产品方案，或不能确定（车辆）产品方案时，问题解决模板 模板4
5	当客户不能接受报价时，问题解决方案		当不能向客户进行报价，或客户不接受产品报价时，问题解决模板 模板5
6	当客户不能接受购买方案时，问题解决方案		当不能向客户进行购买方案推荐，或客户不接受购买方案时，问题解决模板 模板6

（续）

序号	名称及目的	责任人	使用工具
7	当客户不能签订合同时，问题解决方案		当不能向客户进行购买合同推荐，或客户迟迟不签订合同时，问题解决模板　模板7
8	当客户不能执行合同时，问题解决方案		当客户不能按时执行合同时，问题解决模板　模板8
9	当不能确定大客户是否对自己经营的品牌有兴趣时，问题解决方案	部长	法人意向客户开发拜访评价表（以欧曼产品为例，仅供参考）　表9
10	当不能确定个人客户是否对自己经营的品牌有兴趣时，问题解决方案		自然人意向客户开发拜访评价表　表10

注：详细的问题解决看板见车辆营销业务管理制度附件中的客户开发与销售过程遇到问题解决看板。

6. 客户再开发管理

（1）责任部门　车辆营销部。

（2）责任岗位　部长。

（3）管理方法　管理看板。

（4）管理依据

1）建立管理制度：车辆营销业务管理制度、车辆营销部工作制度。

2）车辆营销部按照《车辆营销业务管理制度》《车辆营销部工作制度》对客户再开发进行管理。

（5）流程与工具　客户再开发，花钱少，见效快，应该是经销商的主要利润来源，必须引起重视。

客户再开发管理流程与工具（模板）　见表2-12。

表 2-12　客户再开发管理流程与工具（模板）

序号	流程节点名称及目的	责任人	使用工具
1	将客户没有购买的产品、项目列表		客户未购买产品明细表　表1
2	再次向客户进行推荐		客户未购买产品推荐表　表2
3	征求客户对产品的意见	客户经理	客户未购买产品征求意见表　表3
4	总结意见进行改进		产品改进（计划）表　表4
5	改进后再推荐		改进后产品推荐表　表5
6	客户满意，购买		客户购买产品确认表　表6

注：1. 业务洽谈和产品交付流程按照客户购买的产品不同，分别见不同产品的业务洽谈和产品交付流程。

2. 详细的客户再开发流程与工具，见车辆营销业务管理制度附件中的客户再开发流程与表格。

7. 客户立即购买管理

（1）责任部门　车辆营销部。

（2）责任岗位　部长。

（3）管理方法　管理看板。

（4）管理依据

1）建立管理制度：车辆营销业务管理制度、车辆营销部工作制度。

2）车辆营销部按照《车辆营销业务管理制度》《车辆营销部工作制度》对客户立即购

买进行管理。

（5）流程与工具 客户急用车辆，需要立即购买，也需要走流程。客户立即购买管理流程与工具（模板） 见表 2-13。

表 2-13 客户立即购买管理流程与工具（模板）

序号	流程节点名称及目的	责任人	使用工具
1	收集客户信息	产品经理（销售顾问）	客户购买信息收集 表 1
1.1	客户信息收集汇总	产品经理（销售顾问）	客户购买信息收集汇总表 表 1.1
2	确认客户信息	产品经理（销售顾问）	客户购买信息收集确认表 表 2
2.1	客户信息确认汇总	产品经理（销售顾问）	客户购买信息确认汇总表 表 2.1
2.2	信息跟踪计划	计划员	客户购买信息跟踪计划表 表 2.2
3	收集客户运输的基本条件	产品经理（销售顾问）	客户运输基本条件及原有运输方案收集表 表 3
4	制定运输方案，取得顾客、客户确认	产品经理（销售顾问）	新运输方案设计表 表 4
5	编制车辆推荐方案	产品经理（销售顾问）	（半挂牵引车）产品推荐表 表 5
		产品经理（销售顾问）	（自卸）半挂车产品推荐表 表 5.1
6	进行产品报价	商务经理（销售顾问）	（半挂牵引车）产品报价表 表 6
		商务经理（销售顾问）	（自卸）半挂车产品报价表 表 6.1
7	推荐客户产品购买方案	商务经理（销售顾问）	车辆购买方案推荐表 表 7
		商务经理（销售顾问）	车辆购买方案推荐表 表 7.1
		商务经理（销售顾问）	车辆购买方案推荐表 表 7.2
		商务经理（销售顾问）	车辆购买方案推荐表 表 7.3
8	准备、签订客户购买产品合同（销售合同）	商务经理（销售顾问）	车辆买卖合同 表 8
	洽谈、签订客户购买其他产品合同（销售合同）	产品经理（销售顾问）	意向目标客户，购买其他产品推荐及业务洽谈表 表 8.1
9	同客户签订销售合同，编制合同签订明细表	产品经理（销售顾问）	意向目标客户，商务合同签订汇总明细表 表 9
10	收取客户定金	客户经理（销售顾问）	目标客户，购买不同产品（订金/货款）收款收据 表 10
11	建立目标客户明细表	客户经理（销售顾问）	目标客户明细表 表 11

注：1. 销售顾问是指整个销售流程由一个人负责的那个人，也就是目前大部分经销商的业务员。

2. 详细的客户立即购买管理流程与工具，见车辆营销业务管理制度附件立即购买客户销售流程。

本章小结与启示

学习掌握本章车辆营销管理的流程及工具；在熟练掌握商用车基础知识及营销管理相关知识的基础上，运用"主动营销模式"开展车辆营销业务，努力将"意向客户"变成"客户"，并能不断进行客户的再开发。这将不断提升业务人员的业务能力，提高其营销业绩。

本章学习测试与问题思考

1. 销售与服务营销的差异有哪些?
2. 客户开发管理的流程是怎样的?
3. 车辆营销部一般要制定哪些管理制度?

第三章

商用车销售服务业务管理

学习要点

1. 掌握售前、售中、售后服务的相关概念与服务原则。
2. 了解销售服务部各岗位主要职责。
3. 掌握销售服务项目的分类方法。
4. 掌握并能够执行销售服务的管理流程和管理制度。

第一节 销售服务项目分类与服务原则

一、商用车销售服务概述

商用车销售服务，通常是指商用车销售全过程的服务，包括商用车售前、售中、售后服务。

1. 经销商为客户提供的销售服务

（1）售前服务 在产品销售之前，经销商为客户提供的各种服务。包括但不限于：

1）物流方案设计、产品（车辆等所有产品）设计、产品推荐、产品示范、政策介绍、产品报价、（全款、贷款、融资租赁、租赁、以租代售等）购买方案推荐、合作协议签订。

2）商用车购买及二手车置换提醒、买卖合同签订等服务内容。

（2）售中服务 售中服务是指客户在签订了产品买卖合同以后接收商用车以前，经销商为客户提供的各种服务。包括：

1）销售服务，包括但不限于代交商用车购置税、各种设备及精品的安装、行驶证及牌照办理、营运证办理、驾驶员培训、交车仪式举行等。经销商一般将年审服务也放在销售服务中。

2）代理商用车保险服务。

3）购车贷款等服务。

（3）售后服务 在商用车交付客户以后，经销商为客户车辆提供的各种服务。包括但不限于车辆加油服务、道路收费（如 ETC）服务、保养服务、维修服务、配件服务、运输过程的小额贷款服务、运输（公司）业务服务、二手车处置服务等内容。

⊖ 本章作者：崔士朋、赵旭日。

本章仅介绍售中服务中的销售服务部分内容。

2. 经销商提供销售服务的目的

商用车经销商向客户提供这些服务的目的，是为客户提供方便，满足客户的需要，使客户在购买产品的过程中感到简单、周到及经销商能力强，能做到一站式服务。同时也是为了在客户心中建立企业良好的口碑，吸引客户购买，增强企业的竞争能力。

3. 经销商提供销售服务的根本宗旨

让客户满意，树立企业形象，促进产品销售。

4. 经销商提供销售服务的意义

1）销售服务是建立差异化营销的前提，是竞争的重要手段。我国的商用车市场，已由卖方市场转向买方市场。产品的同质化越来越大，客户的选择余地越来越大。竞争对手之间围绕着争夺市场和争取客户，不仅进行着激烈的产品竞争、价格竞争、技术竞争、质量竞争等，而且还在各种售前、售中、售后服务中进行竞争。

在竞争当中，同类产品在功能、性能、质量、价格等因素相当的情况下，谁能提供质量更好、项目更多的售前、售中、售后服务，谁就能吸引更多的客户，谁也就能占有更大的市场份额。因此，售前、售中、售后服务是赢得竞争的一个重要手段，也是占领市场的一件重型武器。任何一个企业要想在竞争中取胜，争取更大的市场份额，都必须采取这一手段，拿起这一武器。

2）销售服务是市场经济发展的客观要求。随着经济的发展、人民生活水平的提高、买方市场的形成，产品概念的范围也越来越广。整体产品的概念，不仅包括产品的实体部分，而且还包括带给客户的附加利益，也就是说，售前、售中、售后服务已成为产品的一个组成部分。现代消费观念使人们不仅希望购买到优质的产品，也希望购买到优质的服务。这些都要求企业在产品销售过程中，牢固树立全心全意为客户服务的指导思想，热情、周到、全面地为客户提供全面的售前、售中、售后服务，想方设法使客户在购买产品时感到满意。

3）销售服务是建立企业信誉的关键环节。在激烈的市场竞争中，一个企业的信誉高低决定着竞争力的强弱。因为，客户总是乐于购买自己信得过的企业的产品。信任往往是客户购买产品的导向。企业要在客户心目中建立良好的信誉，就必须对客户负责，让客户满意。而做到这一点最有效的途径，就是在为客户提供优质产品的同时，向客户提供优质的服务，帮助客户解决各种问题；保证他们能方便地购买到产品，并能及时有效地发挥产品的使用功能。只有这样，企业才能取得客户的信赖，在客户心目中树立良好的信誉（建立品牌形象）。

4）销售服务是促进产品销售的有效措施。企业为客户提供优质的售前、售中、售后服务所产生的效应，就在于客户得到这种服务之后乐意购买你的产品。另外，当客户第一次购买你的产品，对售前、售中、售后服务感到满意时，以后如有需求，还可能再次光顾。这是因为，客户对你有了信任感（产生了客户认知，树立了品牌形象）。因此，以客户为中心，为客户提供优质的服务，讲求售前、售中、售后服务的质量，是促进产品销售的有效措施。服务质量与产品本身的质量一样，是影响客户购买的一个重要因素。

二、销售服务项目分类

车辆的售前、售中、售后服务项目有很多，需要进行分类，以便管理。

1. 按服务的技术含量分类

（1）技术性服务项目　技术性服务项目是指为客户提供的服务项目是具有一定技术知

识水平的。这些服务项目不是普通员工就能做的，而是需要由专门知识的技术人员负责或者素质较高、经验丰富的员工才能胜任（本书把这些岗位设置为产品经理、商务经理、保养工、维修工等）。这些项目包括但不限于：

1）顾客调查。

2）物流运输方案设计。

3）商用车设计与推荐。

4）产品报价、销售政策推荐、客户购买方案推荐。

5）车载设备及精品的加装与调试。

6）商用车保险产品的推荐、保费计算与代理购买、事故处理与代步车提供。

7）客户金融服务产品的推荐、还款计算与贷款办理。

8）驾驶员培训。

9）客户车辆保养方案设计与实施。

10）故障判断与维修方案设计。

11）故障维修。

12）代理客户的运输业务管理。

13）二手车置换、评估与销售等。

（2）非技术性服务项目　非技术性服务项目是指根据客户需求，为节省客户时间或费用而为客户提供的服务。这些服务内容没有技术含量，一般员工就可以进行。这些项目包括但不限于：

1）客户服务提醒、联系与服务确认（客户经理负责的工作）。

2）代缴商用车购置税。

3）行驶证及牌照办理、营运证办理。

4）送车到门。

5）交车仪式办理与商用车交接。

6）代买加油卡。

7）代交 ETC 费用。

8）代购轮胎、配件等。

2. 按是否收费分类

（1）收费加在产品价格中的项目　售前服务一般采用服务费加在产品价格中，不再另行收费。

（2）不分项目打包收费的服务项目　销售服务项目（不包括为购买车辆而提供的金融服务）、运输公司服务项目一般采用此种收费方式。

（3）分项收费　为购买车辆提供的金融服务、售后服务（车辆保养、维修等）一般采用此种收费方式。

拓展阅读

有很多经销商认为给客户提供销售服务很难收费，这是因为存在以下情况。

① 服务不到位，或者客户没有感受到服务。例如，为客户推荐车辆时，未按照客户的实际应用场景进行物流设计，进而根据设计方案去设计、推荐车辆，而是客户想买什么就卖什么，不对车辆是否满足客户的运输需求负责。

② 为客户提供的服务与客户的需求相差太远，或者根本不是客户想要的。如客户为车辆购买保险产品时，客户想要得到的是购买保险后的服务：商用车保养检查、事故勘察、事故处理、车辆维修、维修期间的贷款还款、事故理赔等一系列服务。在这种情况下，如果只卖保险产品不管后续服务，那客户就没有得到他想要的服务。

③ 有些服务项目，没有提供服务而只想收费，只能引起客户抱怨。例如，大部分经销商对挂靠车队的车辆，几乎没有提供服务。

④ 所提供的服务项目几乎没有技术含量。

3. 按销售服务时间分类

（1）长期服务项目　是指经销商为客户提供的某些服务项目，是从客户购买本企业产品开始，自始至终坚持下去。如对产品实行终身年审服务、保养服务就是一种长期服务。

（2）短期服务项目　是指企业为客户提供的某些服务项目局限于一定的时间范围内。如对产品实行保修一年、购买配件产品一月内实行包换等。

鼓励经销商在力所能及的范围内为客户提供长期服务（全生命周期范围）。客户可以加入经销商的会员组织，享受会员价格。经销商长期为客户提供保养、维修、配件服务，可以了解客户车辆的使用、保养、维修状况，从而为二手车的收购、整备、销售打下良好的基础。

三、销售服务基本原则

车辆售前、售中、售后服务的基本原则，就是满足客户的需要，提供高质量的服务和项目。服务质量的高低，是衡量企业在销售产品过程中，对客户服务程度和水平的标准，主要包括服务态度的好坏、服务方式的先进与落后、服务内容的丰富与贫乏和服务范围的大与小等。如果只注意某一方面而忽视其他方面，就不能称之为高质量的服务，也就不能让客户满意。

企业在开展售前、售中、售后服务活动中，应坚持如下几个原则。

1. 热情周到的原则

也就是要以热情周到的态度，去搞好销售服务。服务态度是构成服务最重要、最基本的内容，它贯穿于整个售前、售中、售后服务的全过程。企业销售人员服务态度的好坏，直接影响着企业产品的销售和企业的信誉。如果销售人员在为客户提供服务时，不是满腔热情而是横眉冷对，就会给客户留下不良印象，甚至会使客户产生对购买企业产品的抵触情绪。

同时，一个不满意的客户，很可能会带走一群潜在客户；反之，如果销售人员自始至终以热情周到的态度为客户服务，真心诚意地帮助客户解决问题，就能使客户心情舒畅，同时他们也会向亲朋好友、熟人同事称赞企业所提供的优质服务，为企业进行义务宣传，这无形之中又促进了企业产品的销售（品牌推荐度）。

2. 符合客户愿望的原则

企业向客户提供售前、售中、售后服务，必须与客户的实际需要相一致，只有使用客户希望的方法、给予客户需要的帮助，这种售前、售中、售后服务才能得到客户的认可和满意。因此，企业必须从客户的愿望出发，密切结合客户的实际，研究制定为每一个客户提供所需服务的具体项目、内容和方法（定制服务），以确保服务项目的有效性和针对性。

3. 坚持一视同仁的原则

企业在开展售前、售中、售后服务的过程中，对所有客户（无论是老客户，还是新客户；无论是大客户，还是小客户；无论地位高者，还是地位低者），都应一视同仁，平等相待，热情服务。如果企业在售前、售中、售后服务方面不能做到一视同仁，怠慢了某一个客户，其后果不仅仅是失去一个客户，而可能是一批客户。

4. 讲求服务质量的原则

服务质量的高低，与产品竞争能力的大小和对客户吸引力的大小是密切相关的。例如：在同类产品的市场销售过程中，本企业的产品与竞争对手的产品在功能、性能、质量、价格等处于并驾齐驱的状态，如果本企业为客户提供的售前、售中、售后服务，在服务态度上不如竞争对手好，在服务方式上不如竞争对手先进，在服务内容上不如竞争对手丰富，在服务范围上不如竞争对手大，那么，客户都有可能会被竞争对手吸引去，使本企业在市场竞争中陷入被动境地。因此，企业必须高度重视售前、售中、售后服务质量，不断改进服务态度和服务方式，扩展服务内容和服务范围，努力为客户提供高质量的服务，以最大限度地争取客户，使之在市场竞争中占据优势地位。

第二节　打好销售服务产品市场营销基础

一、建立营销组织

1. 建立组织的重要性
见第二章的相关内容。

2. 建立营销组织
（1）建立组织　依据客户需求建立业务组织的原则，设置销售服务部。
（2）设置岗位　岗位设置与岗位业务管理的主要职责，见表3-1。

表 3-1　销售服务部岗位设置及主要职责

序号	部门名称	岗位名称	主要职责	岗位兼职建议	备注
1	销售服务部	部长	部门管理、客户开发管理、业务管理、客户开发、风险控制	商务经理、计划员	
2		计划员	计划、费用、工资、激励管理		
3		产品经理	客户开发、产品管理、产品推荐、产品交付		量少时，负责精品安装
4		商务经理	销售政策、价格管理、商务洽谈、合同签订、服务费收取、客户回访		
5		客户经理	客户开发、信息收集、客户接待、客户跟踪服务、客户再开发		
6		精品安装工	精品安装	由维修工兼职	
7		信息员	信息管理		

3. 聘任干部和岗位人员
（1）聘用原则　见第一章采购业务管理的相关内容。
（2）设置客户经理的重要性
1）销售服务产品有很多是客户重复购买的产品（年审、轮胎等），需要经常提醒客户。
2）销售服务产品有很多是在不断升级的，需要客户经理不断向客户推荐。

3）客户在购买产品的过程中需要客户经理一直提供服务，以减少客户跑腿。

4）客户经理可以不断地向客户推荐其他业务产品，提高销售收入。

二、制定销售服务业务管理制度

制定销售服务业务管理制度的重要性见第二章的相关内容。

销售服务业务相关管理制度包括业务管理制度、部门工作制度和岗位作业制度。

1）销售服务业务管理制度。

2）销售服务部工作制度。

3）销售服务部部长岗位作业制度。

4）销售服务部计划员岗位作业制度。

5）销售服务部产品经理岗位作业制度。

6）销售服务部商务经理岗位作业制度。

7）销售服务部客户经理岗位作业制度。

8）精品安装工岗位作业制度。

上述相关制度（模板）见佐卡公司网站。

三、确定销售服务业务管理范围

1. 确定销售服务业务管理的区域

根据车辆营销业务管理的区域范围，确定销售服务业务管理的区域范围。其范围不能小于车辆营销业务管理的区域范围。

2. 确定产品经营范围

确定销售服务业务产品经营范围，见表3-2，仅供参考；并据此建立产品组合、产品销售明细表。

表 3-2 销售服务业务产品列表

销售服务产品	产品名称	产品编号	销售服务项目及内容	项目名称	项目编号
证照办理	佐卡销服证照办理产品	销服001	代缴购置税	佐卡销服代缴购置税项目	销服0101
			代办行驶证	佐卡销服代办行驶证项目	销服0102
			代办车辆抵押	佐卡销服代办车辆抵押项目	销服0103
			代办营运证	佐卡销服代办营运证项目	销服0104
增值服务	佐卡销服增值服务产品	销服002	驾驶员培训	佐卡销服驾驶员培训项目	销服0201
			举行车辆交接仪式	佐卡销服举行车辆交接仪式项目	销服0202
			送车	佐卡销服送车项目	销服0203
			车辆年审	佐卡销服车辆年审项目	销服0204
设备、软件加换装	佐卡销服设备/软件加换装产品	销服003	安装行驶记录仪	佐卡销服安装行驶记录仪项目	销服0301
			安装北斗管理系统	佐卡销服安装北斗管理系统项目	销服0302
			安装贷款管理系统	佐卡销服安装贷款管理系统项目	销服0303
			安装疲劳驾驶预警系统	佐卡销服安装疲劳驾驶预警系统项目	销服0304

（续）

销售服务产品	产品名称	产品编号	销售服务项目及内容	项目名称	项目编号
设备、软件加换装	佐卡销服设备／软件加换装产品	销服003	安装道路偏移预警系统（LDW）	佐卡销服安装道路偏移预警系统（LDW）项目	销服0305
			安装前向碰撞预警（FCW）	佐卡销服安装前向碰撞预警（FCW）项目	销服0306
			安装电子围栏	佐卡销服安装电子围栏项目	销服0307
			安装胎压监测（TPMS）	佐卡销服安装胎压监测（TPMS）项目	销服0308
			安装称重传感器	佐卡销服安装称重传感器项目	销服0309
			安装倒车预警系统	佐卡销服安装倒车预警系统项目	销服0310
			安装360°环视系统	佐卡销服安装360°环视系统项目	销服0311
			换装轮辋／轮胎	佐卡销服换装轮辋／轮胎项目	销服0312
			安装微波炉	佐卡销服安装微波炉项目	销服0313
			安装电冰箱	佐卡销服安装电冰箱项目	销服0314
			安装热水壶	佐卡销服安装热水壶项目	销服0315
			安装车辆监控管理系统（VMS）	佐卡销服安装车辆监控管理系统（VMS）项目	销服0316
			安装危化品运输管理系统	佐卡销服安装危化品运输管理系统项目	销服0317
			安装冷链运输系统	佐卡销服安装冷链运输系统项目	销服0318
			安装渣土运输管理系统	佐卡销服安装渣土运输管理系统项目	销服0319
			安装环卫系统管理系统	佐卡销服安装环卫系统管理系统项目	销服0320
			安装专用车管理系统	佐卡销服安装专用车管理系统项目	销服0321
			安装车辆金融销贷管理系统	佐卡销服安装车辆金融销贷管理系统项目	销服0322
			安装商品车运输管理系统	佐卡销服安装商品车运输管理系统项目	销服0323
			安装UBI保险系统（保险系统方案）	佐卡销服安装UBI保险系统（保险系统方案）项目	销服0324
			安装精准油位传感器	佐卡销服安装精准油位传感器项目	销服0325
			安装温度传感器	佐卡销服安装温度传感器项目	销服0326
			安装运输管理系统（TMS）	佐卡销服安装运输管理系统（TMS）项目	销服0327

3. 确定意向客户（车主）范围

（1）范围 销售服务业务可以满足的所有意向客户，是指销售服务产品销售明细表所列产品能够覆盖的所有意向客户。包括但不限于：

1）公司已有客户、公司战败的客户、公司熟悉的客户、朋友推荐的客户、网站收集的客户、顾客推荐的客户。

2）业务组织可以开发的新客户。

（2）在经销商覆盖的区域内的所有车辆　包括但不限于：

1）在当地从事运输的车辆。

2）路过当地的车辆。

3）可以到经销商所在地进行年审、购买销售服务产品的客户。

4）所有商用车包括微型、轻型、中型、重型、客车、挂车（包括半挂车、中置轴车）、专用作业车。

5）所有乘用车（年审）。

4. 确定学习的标杆

1）确定业务学习的标杆：经销商的销售服务业务学习标杆。

2）建立产品学习的标杆。

3）建立项目学习的标杆。

5. 确定竞争对手

竞争对手包括但不限于：

1）业务竞争对手。

2）产品竞争对手。

3）项目竞争对手。

四、确定营销方案、营销模式和营销方法

1. 制定营销方案

1）组合产品营销方案：将经销商所经营的产品，只要是客户需要的一并组合起来进行营销。

2）单一产品营销方案：只进行销售服务产品的营销。

2. 确定营销模式

营销模式包括全款销售、（车辆购置税）贷款销售、以租代售、分期销售。

3. 确定销售方法

1）9步销售法：一个组织的不同人员分工合作完成下列销售流程的方法。

① 客户开发。

② 信息收集。

③ 信息确认。

④ 产品确认。

⑤ 交付（时间、地点、购买方式）确认。

⑥ 价格确认。

⑦ 合同确认。

⑧ 付款。

⑨ 产品交付。

2）销售顾问法：一个人完成上述9步流程的方法。

五、制定营销政策

1. 组合产品销售优惠政策

对于个人客户、个体客户，建议与其他产品一起制定销售政策，如将不同的产品（车辆、销售服务、保险、金融服务、保养、维修、配件、车队产品等）组合在一起制定销售政策。

2. 单项销售政策

对于老客户、大客户，建议制定单独的优惠政策，如老客户购买政策、大客户购买政策等。

六、确定产品销售价格制定方法

（1）定价依据及计算公式　见财务管理部制定的价格管理制度和《商用车营销红宝书：营销管理篇》第九章第三节价格管理的相关内容。

（2）确定定价方法　竞争定价法。

（3）销售价格　包括商务经理销售价格、部长销售价格、总经理销售价格、最高销售限价。

注意：**1. 不同的岗位有不同的价格权限。**

　　　　2. 防止出现价格混乱和乱签批价格的行为。

七、建立精品管理

销售服务精品，是指用于增加车辆产品差异化和提高经销商竞争力的部分产品（配件），可以在车辆出厂前安装，也可以在车辆出厂后先安装再销售，或者在销售车辆时与销售服务的其他产品一起销售。

销售服务精品分为增加车辆功能的精品和用于改善性能的精品。

商用车的销售服务精品包括但不限于如下类型。

1. 增加功能的精品

1）增加生活功能的精品：微波炉、热水器、电冰箱等。

2）增加装卸功能的精品：后尾板、液压推车等。

3）增加行驶安全功能的精品：驾驶员瞌睡报警、跑偏报警、商用车靠近报警、360º环视系统等。

4）增加车辆、货物安全功能的精品：电子围栏等。

5）增加管理功能的精品：不同的商用车管理系统等。

2. 改善性能的精品

1）改善制动性能的精品：缓速器等。

2）改善环境性能的精品：独立空调、独立暖风等。

3）改善油耗、噪声、安全、制动、振动等性能的精品：子午线轮胎等。

八、建立营销目标

1. 根据本企业能力和以往的业绩，建立销售目标

1）经销商目标市场占有率（％）。

2）产品目标市场占有率（％）。

3）项目目标市场占有率（％）。

4）精品目标市场占有率（％）。

2. 根据市场销售数据、市场占有率计划，建立销售目标

按照车辆分类、车辆类别，建立品牌、子品牌、车型、产品、动力（马力）段、车辆名称下的目标市场销量计划。

九、编制产品销售明细表、价格表，制定销售计划

1. 责任部门

1）产品销售明细表、销售计划的管理权、批准权在市场管理委员会。由销售服务部负责编制，报市场管理委员会批准。

2）产品销售价格表，由销售服务部负责按照财务管理部给出的计算公式编制，报财务管理部审核，由市场管理委员会批准。

2. 编制产品销售明细表

产品销售明细表是产品推荐的依据，是按照产品完整性原则编制的。在产品（项目）名称和产品（项目）编号下，是产品与项目的组合。

建立产品销售明细表模板。产品销售明细表模板见佐卡公司网站业务管理制度附件产品销售明细表中的"销售服务产品销售明细表"，其模板见表3-3。

表 3-3 销售服务产品、项目的销售明细表（模板）

序号	服务产品名称	服务项目名称	提供的产品名称		产品说明
			实物产品	无形（服务）产品	
1	证照办理产品	代缴购置税	购置税证	办理服务	
2		代办行驶证	行驶证、车牌	办理服务	
3		代办车辆抵押	抵押证明	办理服务	
4		代办营运证	营运证	办理服务	
5	附加服务产品	驾驶员培训	教材	培训服务	
6		举行车辆交接仪式	鞭炮、糖果、红花	办理服务	
7		送车	加油（发票）	驾驶服务	
8		车辆年审	年审证明	年审服务	
9	加装、换装产品	按照车辆管理部门的要求进行的设备安装	行驶记录仪	安装服务	
10			北斗管理系统	安装服务	
11			贷款管理系统	安装服务	按照贷款机构的要求，只为贷款车辆安装
12		安全行驶设备加装	疲劳驾驶预警	加装服务	
13			道路偏移预警系统（LDW）	加装服务	
14			前向碰撞预警（FCW）	加装服务	
15			电子围栏	加装服务	
16			胎压监测（TPMS）	加装服务	

（续）

序号	服务产品名称	服务项目名称	提供的产品名称		产品说明
			实物产品	无形（服务）产品	
17		安全行驶设备加装	称重传感器	加装服务	
18			倒车预警系统	加装服务	
19			360°环视系统	加装服务	独立环视与盲区解决方案
20	加装、换装产品	精品销售、安装、换装	轮辋/轮胎	换装服务	
21			微波炉	加装服务	
22			电冰箱	加装服务	
23			热水壶	加装服务	
24			车辆监控管理系统（VMS）	加装服务	
25			危化品运输管理系统	加装服务	
26			冷链运输系统	加装服务	
27			渣土运输管理系统	加装服务	
28			环卫系统管理系统	加装服务	
29			专用车管理系统	加装服务	
30			车辆金融服务管理系统（小额贷款）	加装服务	
31			商品车运输管理系统	加装服务	
32			UBI保险系统（保险系统方案）	加装服务	
33			精准油位传感器	加装服务	
34			温度传感器	加装服务	
35			运输管理系统（TMS）	加装服务	

3. 编制产品销售价格表

1）计算公式见《商用车营销红宝书：营销管理篇》第九章第三节。

2）产品销售价格表模板见佐卡公司网站业务管理制度附件产品销售价格表中的"销售服务产品销售价格表"。由于表格太大，这里不再展示。

4. 制定产品销售计划

（1）销售计划制定的原则

1）销售计划不能低于新车销量计划。

2）销售计划不能低于上年销量。

3）销售计划下，利润计划不能亏损。

（2）销售计划模板 产品销售计划表模板见佐卡公司网站业务管理制度附件产品销售计划表中的"销售服务产品销售计划表"。由于表格太大，这里不再展示。

十、建立销售服务产品销售资源

1. 建立意向客户明细表

（1）新购车客户 有两种：

1）本公司车辆营销部开发的新购车目标客户。

2）没有此项业务的经销商的新购车目标客户。

（2）已购车客户 有两种：

1）本公司已购车客户。

2）没有此项业务的经销商的已购车客户。

购买这些客户信息，建立销售服务产品意向客户明细表。

注意：这个明细表非常重要，是销售服务业务最基础的资源。

2. 建立已有客户明细表

将所有在销售服务部购买销售服务产品的客户，建立销售服务业务已有客户明细表。

3. 建立战败客户明细表

将所有在销售服务部洽谈过购买销售服务产品事宜但没有成交的客户，建立销售服务业务战败客户明细表。

4. 建立客户对比表

当本业务的销售收入、利润不如竞争对手时，此表作为工具用以对比自己的客户与竞争对手客户的差距。

销售服务产品销售资源表见表3-4。

表 3-4 销售服务产品销售资源表

序号	资源内容及目的	责任人	使用工具
1	找到本业务可以开发的所有客户，建立明细表		本业务组织意向客户明细表 表1
2	将本业务已经完成（销售）交易的客户列入此表，便于继续交易		客户明细表 表2
3	将本业务（销售）交易失败的客户列入此表，便于继续开发	部长	战败客户明细表 表3
4	当（万元销售服务费收入）销售利润低于竞争对手时，采用此表进行对比，找到原因，找到改善的方向 当竞争不过竞争对手时，采用产品对比表进行分析 当竞争不过竞争对手时，采用竞争管理表进行分析		客户对比表 表4

注：详细的销售服务产品销售资源表见销售服务业务管理制度附件中的销售服务产品销售资源表。

第三节   经销商的销售服务业务管理

一、销售服务业务管理注意事项

1. 客户开发的重要性

1）现状：经销商的销售服务部门大都不重视客户开发的管理，只是被动地接受车辆营销部门和金融服务部门的产品销售信息，进行产品的交付。

2）机会：由于好多经销商都不重视销售服务业务，所以就给这项业务进行客户开发提供了机会。

3）销售服务是个好业务：购买过自己产品的客户、战败客户、其他经销商的客户都可以开发。因为销售服务产品（包括精品）不同品牌的车辆都是通用的。

2. 编制客户开发计划

见第二章第三节的相关内容。

3. 进行意向客户拜访

进行客户拜访，找到客户需求、找到业务发展的方向是客户拜访的目的。

进行意向客户拜访，了解意向客户有关销售服务需求的信息，这些信息包括但不限于以下方面。

1）客户拥有的车辆数量、车辆类型、品牌、车型、驱动形式、发动机品牌、排量、功率、变速器品牌及型号、后桥型号及传动比等，不同车辆分别列出。

2）客户是否需要销售服务产品销售明细表所列的销售服务项目？

3）您认为我公司的销售服务产品销售明细表所列项目是多了还是少了？

4）您认为我公司的销售服务产品销售明细表所列项目不是客户需要的有哪些？

5）您认为我公司的销售服务产品销售明细表还应增加哪些项目？

6）客户以前购买的销售服务产品都是谁提供的？是购买车辆的经销商、我公司还是其他渠道？

7）购买这些产品的价格同我公司的价格表对比，是高还是低？

8）自己做这些项目的成本与我公司的价格表价格对比，是高还是低？

9）如果项目价格符合您的预期，是否愿意与本公司合作购买本公司的产品？

10）您与其他公司有长期的合作吗？有协议吗？

11）他们给您什么优惠政策？有，请列出。

12）我们能签订一个长期的合作协议书吗？

13）我公司还有车辆保险、车辆运营项目贷款、车辆保养、车辆维修、二手车收购业务，如果价格合适，您愿意购买我公司的这些产品吗？

14）编制客户调查表（略）。

4. 产品报价与购买方案推荐

1）产品报价的条件：在客户确认产品、项目后，才能进行产品报价。

2）产品报价：要根据客户能够享受的销售政策进行产品报价。计算公式：

$$报价 = 产品销售价格 - 客户能够享受到的销售政策$$

3）购买方案推荐：在报价的基础上，根据客户的资金能力，对购买车辆购置税、购买轮胎等项目可以进行购买方案推荐（全款购买、融租租赁、分期付款购买等）。

5. 客户开发（合同签订、产品交付）**完成后，建立客户明细表的重要性**

建立意向目标客户明细表、目标客户明细表、客户明细表的好处如下。

1）积累客户群体，就是积累财富。一个企业，没有了客户，就没有了一切。

2）掌握了客户的基本情况，便于沟通。

3）建立客户购买年审、保险、保养等产品的提醒时间，便于及时了解客户需求，提前准备产品。

4）便于掌握客户需求，便于及时掌握和调度客户产品及服务的交付情况。

6. 设置客户经理的重要性

见第二章第三节的相关内容。

7. 客户开发要有提前量

销售服务业务的很多产品（轮胎、年审等），客户都会重复购买。因此，一定要在客户没有购买前就进行客户开发；否则，可能来不及。

8. 客户再开发的重要性

1）增加客户黏性。

2）提高客户满意度。

3）增加经销商收入。

9. 客户回访的重要性

每一个客户开发完成、购买了产品或没有购买产品的客户，都要进行回访。其原因如下。

1）要知道为什么购买，总结经验以利于发扬光大。

2）要知道为什么不购买，找到不足以利于改善。

3）找到不足一定要改善，否则永远没有进步。

二、销售服务业务管理的内容、流程与工具

1. 组织管理

（1）责任部门　综合管理部。

（2）责任岗位　综合管理部部长。

（3）管理方法　评价法（见组织管理制度附件）。

（4）管理依据

1）建立管理制度：组织管理制度、销售服务部工作制度。

2）综合管理部按照《组织管理制度》《销售服务部工作制度》对销售服务部进行管理。

（5）流程与工具（模板）　见表3-5。

表 3-5　销售服务部组织管理流程与工具（模板）

序号	流程节点名称及目的	责任人	使用工具
1	公司组织设计	董事长	按区域进行公司组织规划表　表1
2	按照业务进行业务组织设计	总经理	按业务进行公司组织设置表　表2
3	按照业务不同，进行业务组织岗位设计	董事会 总经理	（独立法人的总公司）业务与组织设置　表3
4	对每一个岗位，规范作业内容，明确作业项目	部长	岗位作业内容表　表4
5	根据作业量不同，进行岗位人员数量设计	部长	岗位、人员设置（报）表　表5
6	根据部门工作制度，设计部门工作任务	部长	部门任务计划（报）表　表6
7	设计部门会议	部长	部门会议计划管理表　表7
8	为及时了解部门计划工作进度，进行工作计划调度	部长	工作/业务计划实施情况周/月度调度、评价（报）表　表8
9	在计划调度的基础上，为确保任务完成，进行计划分析	部长	月度计划完成情况分析（报）表　表9
10	总结、改善计划工作	部长	持续改善、改进工作计划表　表10

注：具体的组织管理流程与管理工具见销售服务业务管理制度附件中的销售服务部组织管理流程。

2.（意向）客户开发管理

（1）责任部门　销售服务部。

（2）责任岗位　部长、计划员。

（3）管理方法　管理模板。

（4）管理依据

1）建立管理制度：销售服务业务管理制度、销售服务部工作制度。

2）销售服务部按照《销售服务业务管理制度》《销售服务部工作制度》对意向客户的开发进行管理。

（5）流程与工具（模板）　见表3-6。

表 3-6　（意向）**客户开发流程与工具（模板）**

序号	流程节点名称及目的	责任人	使用工具
1	建立意向客户开发明细表，防止漫无目的地跑客户	部长	意向客户开发明细表　表1
2	编制客户开发计划，建立监督的基础，防止出工不出力	计划员	（××）月份意向客户开发计划表　表2
3	编制客户拜访计划，提高开发有效率	计划员	意向客户开发，拜访计划表　表3
4	编制客户拜访准备计划，提高开发成功率	计划员	意向客户开发，拜访准备计划表　表4
5	拜访客户，收集客户购买信息，剔除明确不购买客户（包括不能卖的客户）	部长	意向客户拜访，购买产品信息收集表　表5
6	针对客户购买意向，推荐产品，引导客户建立对产品的兴趣	部长	意向客户开发，产品推荐表　表6
7	针对销售的产品（包括其他服务产品），征求客户意见，便于进行产品的改进	部长	向意向客户征求产品意见表　表7
8	根据客户意见，进行产品改进，确保客户满意	部长	产品改进（计划）表　表8
9	对改进后的产品进行再推荐	部长	意向客户开发，改进后产品推荐表　表9
10	客户满意，确认需要购买的产品	部长	意向客户开发，产品购买确认表　表10
11	初步报价，进行商务洽谈。防止以后购买时，出现较大的价格偏差。这是客户真正购买时的报价基础	部长	意向客户开发，产品报价及商务洽谈表　表11
12	客户对产品、价格、服务满意，签订合作协议	部长	客户购买（销售服务）产品合作协议书　表12
13	对开发完成后签订协议的客户，建立明细表，准备进行产品销售	部长	意向目标客户明细表　表13
14	开发计划完成，进行考核	计划员	（××）月份意向客户开发计划完成考核兑现表　表14

注：详细的意向客户开发流程与工具见销售服务业务管理制度附件中的客户开发流程与表格。

3. 业务洽谈管理

（1）责任部门　销售服务部。

（2）责任岗位　客户经理、产品经理、商务经理。

（3）管理方法　流程管理。

（4）管理依据

1）建立管理制度：销售服务业务管理制度、销售服务部工作制度。

2）销售服务部按照《销售服务业务管理制度》《销售服务部工作制度》对意向目标客户的业务洽谈进行管理。

（5）流程与工具（模板）　见表3-7。

表3-7　意向目标客户业务洽谈流程与工具（模板）

序号	流程节点名称及目的	责任人	使用工具
1	主动收集客户购买销售服务产品信息	客户经理	意向目标客户，购买信息收集表　表1
2	确认客户购买信息，防止客户要求购买的产品疏漏	产品经理	意向目标客户，购买产品信息确认表　表2
3	按照客户购买的产品，进行价格洽谈，签订销售服务合同（或协议）	商务经理（部长兼）	意向目标客户，商务合同签订表　表3
4	收取销售服务费	商务经理（部长兼）	意向目标客户，购买不同产品（订金／货款）收款数据　表4
5	建立客户明细表，建立年审提醒时间	商务经理（部长兼）	目标客户签订合同明细（报）表　表5

注：详细的意向目标客户业务洽谈流程与工具见销售服务业务管理制度附件中的客户业务洽谈流程与表格。

4. 产品交付管理

（1）责任部门　销售服务部。

（2）责任岗位　客户经理、产品经理、计划员。

（3）管理方法　流程管理。

（4）管理依据

1）建立管理制度：销售服务业务管理制度、销售服务部工作制度。

2）销售服务部按照《销售服务业务管理制度》《销售服务部工作制度》对目标客户的产品交付进行管理。

（5）流程与工具（模板）　见表3-8。

表3-8　目标客户产品交付流程与工具（模板）

序号	流程节点名称	责任人	使用工具
1	根据目标客户明细表，制定目标客户产品交付计划	计划员	目标客户购买产品交付计划表　表1
2	建立交付流程，完成产品交付	精品安装工产品经理	产品交付（流程）　表2
3	客户确认产品交付	产品经理	客户购买产品，交付确认表　表3
4	建立客户明细表，便于客户管理	客户经理	客户明细（日报）表　表4
5	客户回访，征求客户意见	客户经理	客户回访表　表5
6	进行改善	客户经理	客户回访，问题、经验总结改善表　表6
7	销售计划考核，不断提高业务人员积极性	计划员	（××）月份销售计划完成考核兑现表　表7

注：详细的目标客户产品交付流程与工具见销售服务业务管理制度附件中的产品交付流程与表格。

5. 营销过程问题管理

见第二章第三节的相关内容。

详细的问题解决看板见车辆营销业务管理制度附件中的客户开发与销售过程遇到问题解决看板。

6. 客户再开发

见第二章第三节的相关内容。

1）业务洽谈和产品交付流程见本节第二部分。

2）详细的客户再开发流程与工具见车辆营销业务管理制度附件中的客户再开发流程与表格。

本章小结与启示

通过本章的学习，希望能掌握售前、售中、售后服务与本章所讲销售服务的相关知识，建立并夯实销售服务业务的基础，建立、理顺或打通销售服务业务相关流程，并能为客户提供最好的销售服务产品。

本章学习测试与问题思考

一、判断题

（　　）1. 经销商为客户提供服务的根本宗旨是，让客户满意，树立企业形象，促进产品销售。

（　　）2. 车辆销售服务，通常是指车辆销售全过程的服务，包括车辆售前、售中、售后服务。

二、问答题

1. 车辆销售服务的原则是什么？

2. 简述销售服务产品交付的流程。

3. 销售服务部一般要制定哪些管理制度？

第四章

车辆保险业务管理[⊖]

```
学习要点
```
1. 了解车险业发展的现状及相关知识，建立与同行交流的基础。
2. 熟悉不同车辆的基本险和附加险产品。
3. 了解保费试算公式及影响因素。
4. 掌握车辆保险业务的管理流程。

第一节　车险现状、原则与主要险种

一、我国汽车保险业发展现状

汽车保险起源于 19 世纪中后期。当时，随着汽车在欧洲一些国家的出现与发展，因交通事故而导致的意外伤害和财产损失随之增加。尽管各国都采取了一些管制办法和措施，但汽车的使用仍对人们的生命和财产安全构成了严重威胁。因此，这引起了一些精明的保险人对汽车保险的关注。

1896 年 11 月，由英国的苏格兰雇主保险公司发行的一份保险情报单中，刊载了为庆祝"1896 年公路机动车辆法令"的顺利通过，而于 11 月 14 日举办伦敦至布赖顿的大规模汽车赛的消息。在这份保险情报中，还刊登了"汽车保险费年率"。

最早开发汽车保险业务的是英国的"法律意外保险有限公司"，1898 年，该公司率先推出了汽车第三者责任保险，并可附加汽车火险。

到 1901 年，保险公司提供的汽车保险单已初步具备了现代综合责任险的条件，保险责任也扩大到了汽车的失窃。

20 世纪初期，汽车保险业在欧美得到了迅速发展。1903 年，英国创立了"汽车通用保险公司"，该公司逐步发展成为一家大型的专业化汽车保险公司。

1906 年，成立于 1901 年的汽车联盟也建立了自己的"汽车联盟保险公司"。

到 1913 年，汽车保险已扩大到了 20 多个国家，汽车保险费率和承保办法也基本实现了标准化。

1927 年是汽车保险发展史上的一个重要里程碑。美国马萨诸塞州制定的举世闻名的

⊖　本章作者：崔士朋、赵旭日。

《强制汽车（责任）保险法》的颁布与实施，表明了汽车第三者责任保险开始由自愿保险方式向法定强制保险方式转变。此后，汽车第三者责任法定保险很快波及世界各地。第三者责任法定保险的广泛实施，极大地推动了汽车保险的普及和发展。车损险、盗窃险、货运险等业务也随之发展起来。

自 20 世纪 50 年代以来，随着欧、美、日等地区和国家汽车制造业的迅速扩张，机动车辆保险也得到了广泛的发展，并成为各国财产保险中最重要的业务险种。到 20 世纪 70 年代末期，汽车保险已占整个财产险的 50% 以上。

（一）我国汽车保险发展简史

我国汽车保险业起步较晚，这与我国汽车业起步晚有关。

（1）初创时期　1950 年，创建不久的中国人民保险公司就开办了汽车保险。但是因宣传不够和认识的偏颇，不久就出现对此项保险的争议。有人认为汽车保险以及第三者责任保险对于肇事者予以经济补偿，会导致交通事故的增加，对社会产生负面影响。于是，中国人民保险公司于 1955 年停止了汽车保险业务，直到 20 世纪 70 年代中期为了满足各国驻华使领馆等外国人拥有的汽车保险的需要，开始办理以涉外业务为主的汽车保险业务。

（2）发展时期　我国保险业恢复之初的 1980 年，中国人民保险公司逐步全面恢复中断了近 25 年之久的汽车保险业务，以适应国内企业和单位对于汽车保险的需要，适应公路交通运输业迅速发展、事故日益频繁的客观需要，但当时汽车保险市场份额仅占财产保险市场份额的 2%。

（3）大发展时期　1983 年，我国将汽车保险改为机动车辆保险使其具有更广泛的适应性，在此后的近 20 年中，机动车辆保险在我国保险市场，尤其在财产保险市场中始终发挥着重要的作用。到 1988 年，汽车保险的保费收入超过了 20 亿元，占财产保险的 37.6%，第一次超过了企业财产险（35.99%）。从此以后，汽车保险一直是财产保险的第一大险种，并保持高增长率，我国的汽车保险业务进入了高速发展时期。

与此同时，机动车辆保险条款、费率以及管理也日趋完善，尤其是中国银行保险监督管理委员会（以下简称中国银保监会）的成立，进一步完善了机动车辆保险的条款，加大了对于费率、保险单证以及保险人经营活动的监管力度，加速建设并完善了机动车辆保险中介市场，对全面规范市场，促进机动车辆保险业务的发展起到了积极的作用。

（二）我国车险业的发展现状

据公安部统计，2021 年全国新注册登记机动车 3674 万辆，其中新注册登记汽车 2622 万辆。截至 2021 年底，全国机动车保有量达 3.95 亿辆，其中汽车保有量达 3.02 亿辆；机动车驾驶人达 4.81 亿人，其中汽车驾驶人 4.44 亿人。

我国汽车保险业务高速发展。虽然起步比发达国家晚，但是我国汽车工业井喷式的快速发展，也使得汽车保险业迅猛发展。目前我国车险市场的特点如下。

① 在近 20 年的时间里，车险需求爆发式集中出现。

② 车险的供需矛盾突出，产品单一且保障不全面。

③ 车险业务规模大（快速超越了除美国以外的所有发达国家）。

④ 车险行业存在恶性竞争，服务成本居高不下。

⑤ 监管手段与监管技术有待提高。

我国未来汽车的发展会依然强劲，而且潜力巨大。如此大规模的车险市场，让国内外保险机构都想来分一块蛋糕。

近 10 年，随着车险业务的发展，我国汽车保险市场经营主体也在迅猛增加，2003 年，仅有 10 家国内财产保险公司经营车险，至 2018 年，国内财险公司中有 67 家经营车险。汽车保险中介服务的机构和人员也在不断增加，中介市场主体框架基本形成，专业机构数量稳步增长，至 2018 年，我国的保险专业中介机构已达 2642 家，其中专业代理 1790 家、经纪公司 499 家、公估机构 353 家。汽车保险公估、汽车保险专业代理、兼业代理蓬勃发展壮大，事故车咨询、事故车专修、全损车拍卖等行业也应运而生。

我国汽车行业的快速发展，也带来了汽车保险业的繁荣。但是车险规模的扩大与车险经营的潜在风险也与日俱增，车险服务的质量和消费者的满意度令人担忧。

2012 年，保险监管部门召开"加强和改进车险理赔服务质量"的专题会议，以解决车险理赔难的问题，提高车险理赔服务水平，改善社会形象，提升公众满意度。经过整治，车险服务质量有了很大提升，各家保险公司都开始注重改善服务态度，提高服务技能，提升服务品质。但是，保险行业的恶性竞争仍在继续，行业服务成本逐年增加。2017 年以前，国内车险经营仍处于亏损状态，至 2018 年稍有微利，但是综合赔付率依然居高不下，约为98.5%。控制赔付率依然是非常重要的课题。理赔服务达标，把好"出口"（理赔）关，保证车险服务质量，还有很长的路要走。

此外，部分中小型保险公司生存压力加大，保费向前 3 名大型保险公司集中，保险市场出现形成寡头垄断的趋势。人民保险、平安保险与太平洋保险 3 家大型财险公司的占有份额达到 75.19%，前 10 名的市场占有份额高达 85.19%。2018 年财产保险公司保费收入前 10 名排序见表 4-1。

表 4-1 2018 年财产保险公司保费收入前 10 名排序

排名	公司名称	资本结构
1	中国人民财产保险股份有限公司	中资
2	中国平安财产保险股份有限公司	中资
3	中国太平洋财产保险股份有限公司	中资
4	中国人寿财产保险股份有限公司	中资
5	中国大地财产保险股份有限公司	中资
6	中华联合财产保险股份有限公司	中资
7	阳光财产保险股份有限公司	中资
8	太平财产保险有限公司	中资
9	中国出口信用保险公司	中资
10	天安财产保险股份有限公司	中资

（三）第四次车险综合改革简介

1. 改革时间

2020 年 7 月 9 日，中国银保监会发布《关于实施车险综合改革的指导意见（征求意见稿）》，向社会公开征求意见，拉开了改革的序幕。2020 年 9 月 2 日中国银保监会下发《关于实施车险综合改革的指导意见》，确定 9 月 19 日正式实施。

2. 本次车险改革的方向

（1）降价　降费与挤压中间成本。

1）交强险：交强险道路交通事故费率浮动系数优化，浮动比率下限扩大。

2）商业险：纯风险保费重新测算。

3）交强险道路交通事故费率浮动系数（NCD）系数浮动机制优化。

4）附加费用率大幅下降。

5）自主系数合二为一，浮动区间分步走，第一步仍设上下限，第二步全面放开。

（2）增保 扩责与丰富产品体系。

1）机动车交通事故责任强制保险（交强险）限额提升。

2）车损险条款扩责。

3）删除事故免赔约定。

4）行业发布示范条款。

5）鼓励开发创新产品。

（3）提质 放管服与严处罚。

1）改革产品准入和管理方式。

2）完善费率回溯与产品纠偏机制。

3）提高准备金监管有效性。

4）强化偿付能力监管刚性约束。

5）强化中介渠道监管。

6）防范垄断行为和不正当竞争。

3. 支持创新

1）创新产品：支持行业制定新能源车险、驾乘人员意外险、机动车延长保修险示范条款，探索在新能源汽车和具备条件的传统汽车中开发机动车里程保险（UBI）等创新产品。

2）服务产品：支持制定包括代送检、道路救援、代驾服务、安全检测等车险增值服务险的示范条款，为消费者提供更加规范和丰富的车险保障服务。

3）特色产品：支持中小公司优先发展差异化、专业化、特色化商业险产品。

商用车保险新产品如图4-1所示。

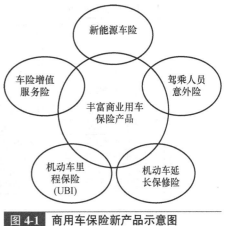

图 4-1 商用车保险新产品示意图

4. 费率变化及定价策略

（1）交强险费率变化及定价策略

1）提升交强险保障水平，提高责任限额。

总赔付限额由 12.2 万元提升至 20 万元。其中：死亡伤残赔付由 11 万元提升至 18 万元；医疗费用由 1 万元提升至 1.8 万元。

2）NCD（交强险道路交通事故费率浮动系数）分地区扩大下浮空间。

① 内蒙古、海南、青海、西藏 4 个地区最大下浮空间至 50%。

② 云南、广西 2 个地区最大下浮空间至 45%。

③ 陕西、甘肃、吉林、山西、黑龙江、新疆 6 个地区最大下浮空间至 40%。

④ 北京、天津、河北、宁夏 4 个地区最大下浮空间至 35%（酒驾系数保留），预计保费下降 5%。

（2）商业险产品变化

1）车损险主险：用一个险种覆盖了原先的 7 个险种，如图 4-2 所示。

□将示范产品的车损险主险条款在现有保险责任基础上，增加7个方面的保险责任。

现有车损险基础责任

+全车盗抢（原主险）特种车、摩托车、拖拉机除外

+玻璃单独破碎（原附加险）

+自燃（原附加险）

+发动机涉水（原附加险）

+无法找到第三方特约（原附加险）

+不计免赔（原附加险）

+指定修理厂（原附加险）

图 4-2 车损险费率变化示意图

2）原有 12 个附加险：保留 6 个，新开发 5 个，如图 4-3 所示。

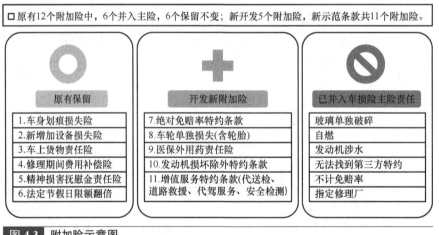

□原有12个附加险中，6个并入主险，6个保留不变；新开发5个附加险，新示范条款共11个附加险。

原有保留	开发新附加险	已并入车损险主险责任
1.车身划痕损失险	7.绝对免赔率特约条款	玻璃单独破碎
2.新增加设备损失险	8.车轮单独损失(含轮胎)	自燃
3.车上货物责任险	9.医保外用药责任险	发动机涉水
4.修理期间费用补偿险	10.发动机损坏除外特约条款	无法找到第三方特约
5.精神损害抚慰金责任险	11.增值服务特约条款(代送检、	不计免赔
6.法定节假日限额翻倍	道路救援、代驾服务、安全检测)	指定修理厂

图 4-3 附加险示意图

（3）商业险提升责任限额、拓展责任范围

1）三者险限额提升：支持行业将示范产品商业三责险责任限额从 5 万~500 万元档次提升 10 万~1000 万元档次，更加有利于满足消费者风险保障需求，更好发挥经济补偿和化解矛盾纠纷的功能作用。

2）优化商业车险保障服务：在基本不增加消费者保费支出的原则下，支持行业拓展商车险保障责任范围。引导行业合理删除实践中容易引发理赔争议的免责条款，合理删除事故责任免赔率、无法找到第三方免赔率等免赔约定。

（4）商业险费率变化

1）NCD 体系调整：综合考虑客户过去 5 年连续投保情况和过去 3 年累计出险次数确定 NCD 等级，减少偶发出险造成的费率上浮程度。NCD 浮动区间 11 级，浮动区间由 [0.4, 3]

调整为［0.4，2］。

2）自主系数区间调整

① 自主核保系数和自主渠道系数合并为自主定价系数。

② 第一阶段：自主定价系数区间确定为［0.65，1.35］。

③ 新车折扣上限进行限制。

3）基准保费重新测算。商业险附加费用率由35%下调至25%，预期赔付成本上升至75%，基准纯风险保费参照2019年风险水平重新测算，预计保费下降20%。

（四）《新能源汽车商业保险专属条款（试行）》发布实施

为充分发挥保险的保障功能，服务国家"碳达峰、碳中和"战略目标，支持国家新能源汽车产业发展，中国保险行业协会正式发布了《中国保险行业协会新能源汽车商业保险专属条款（试行）》（简称《新能源汽车示范条款（试行）》），包括：《中国保险行业协会新能源汽车商业保险示范条款（试行）》和《中国保险行业协会新能源汽车驾乘人员意外伤害保险示范条款（试行）》，自2021年12月27日零时起，所有新参保和续保的新能源汽车（不包括摩托车、拖拉机、特种车），统一适用《新能源汽车示范条款（试行）》承保，不再适用《中国保险行业协会机动车商业保险示范条款（2020版）》。新能源汽车保险产品见本节三中的表4-4。

二、保险基本概念与原则

保险的本意是稳妥可靠保障，后衍生成一种保障机制，是用来规划人生财务的一种工具，是市场经济条件下风险管理的基本手段，是金融体系和社会保障体系的重要支柱。

保险，是指投保人根据合同约定，向保险人支付保险费，保险人对于合同约定的可能发生的事故因其发生所造成的财产损失承担赔偿保险金责任，或者被保险人死亡、伤残、疾病或者达到合同约定的年龄、期限等条件时承担给付保险金责任的商业保险行为。

从经济角度看，保险是分摊意外事故损失的一种财务安排；从法律角度看，保险是一种合同行为，是一方同意补偿另一方损失的一种合同安排；从社会角度看，保险是社会经济保障制度的重要组成部分，是社会生产和社会生活"精巧的稳定器"；从风险管理角度看，保险是风险管理的一种方法。

1. 保险的分类

保险按照保险保障范围分为人身保险、财产保险、责任保险、信用保证保险等。机动车保险属于财产保险。

2. 保险的相关概念

（1）保险主体

1）保险主体，就是保险合同的主体，只包括投保人与保险人。被保险人、受益人、保单所有人，除非与投保人是同一人，否则，都不是保险主体。

2）投保人，是指与保险人订立保险合同，并按照保险合同负有支付保险费义务的人。投保人可以是自然人也可以是法人，但必须具有民事行为能力。

3）保险人，保险人又称承保人，是指与投保人订立保险合同，并承担赔偿或者给付保险金责任的保险公司。在中国有股份有限公司和国有独资公司两种形式。保险人是法人，公民个人不能作为保险人。

4）被保险人，是指根据保险合同，其财产利益或人身受保险合同保障，在保险事故发生后，享有保险金请求权的人。投保人往往同时就是被保险人。

5）受益人，是指人身保险合同中由被保险人或者投保人指定的享有保险金请求权的人，投保人、被保险人可以为受益人。如果投保人或被保险人未指定受益人，则他的法定继承人即为受益人。

6）保单所有人，拥有保险利益所有权的人，很多时候是投保人、受益人，也可以是保单受让人。

（2）保险客体 保险客体，即保险合同的客体，并非保险标的本身，而是投保人或被保险人对保险标的的可保利益。

可保利益，是投保人或被保险人对保险标的所具有的法律上承认的利益。这主要是因为保险合同保障的不是保险标的本身的安全，而是保险标的受损后投保人或被保险人、受益人的经济利益。保险标的只是可保利益的载体。

（3）保险标的 保险标的即保险对象，人身保险的标的是被保险人的身体和生命，而广义的财产保险是以财产及其有关经济利益和损害赔偿责任为保险标的的保险，其中，财产损失保险的标的是被保险的财产，责任保险的标的是被保险人所要承担的经济赔偿责任，信用保险的标的是被保险人的信用导致的经济损失。

（4）保险费率 保险费率是保险费与保险金额的比例，保险费率又称为保险价格。通常以每百元或每千元保险金额应缴纳的保险费来表示。

保险人使用保险精算来量化风险。保险人通过数据的编制来估算未来损失（预定损失率），通常采用合理的近似。保险精算使用统计学和概率来拟合并分析风险分布状态，保险人运用这种科学原理并附加一定条件来厘定保险费率。

这些附加条件包括预定投资收益率、保险单预定利率、预定营业费用和税金，人寿保险公司的附加条件还包括预定死亡率。

保险公司所必须支付的预定利率将会拿来与市场上的借款利率相比较。根据比较，许多保险公司并没有在预定利率方面胜出，但是保险公司宁肯将其预定利率控制到比借款的利率还要低。如果不这样，保险公司将不会给所有者的资本以回报，那么他们将借钱给其他地方以获得市场价格的投资回报。

（5）保险利益 保险利益是指投保人对保险标的具有的法律上承认的利益。通常，投保人会因为保险标的的损害或者丧失而遭受经济上的损失，因为保险标的的保全而获得收益。只有当保险利益是法律上认可的，经济上确定的而不是预期的利益时，保险利益才能成立。一般来说，财产保险的保险利益在保险事故发生时存在，这时才能补偿损失；人身保险的保险利益必须在订立保险合同时存在，用来防止道德风险。

以寿险为例，投保人对自身及其配偶具有无限的可保权益，在一些国家或地区，投保人与受保人如有血缘关系，也可构成可保权益。另外，债权人对未还清贷款的债务人也具有可保权益。其成立条件是，保险利益必须是合法的利益，保险利益必须是经济上有价的利益，保险利益必须是确定的利益，保险利益必须是具有利害关系的利益。

（6）保险价值 保险价值是保险标的物的实际价值。根据我国《保险法》规定，投保人和保险人约定保险标的保险价值并在合同中载明的，保险标的发生损失时，以约定的保险价值为赔偿计算标准。投保人和保险人未约定保险标的的保险价值的，保险标的发生损失时，以保险事故发生时保险标的的实际价值为赔偿计算标准。

简单地说，保险价值可由以下三种方法确定。

1）根据相关法律和合同法的规定，法律和合同法是确定保险价值的根本依据。

2）根据保险合同和双方当事人约定。有些保险标的物的保险价值难以衡量，比如人寿保险、健康保险，人的身体和寿命无法用金钱来衡量，则其保险价值双方当事人约定。

3）根据市价变动来确定保险价值。一些保险标的物的保险价值并非一直不变。大多数标的物也会随着时间延长而折旧，其保险价值呈下降趋势。

（7）保险合同 保险合同是投保人与保险人约定保险权利义务关系的协议。投保人是指与保险人订立保险合同，并按照合同约定负有支付保险费义务的人。保险人是指与投保人订立保险合同，并按照合同约定承担赔偿或者给付保险金责任的保险公司。

3. 赔偿原则

经济补偿功能是保险的立业之基，最能体现保险业的特色和核心竞争力。具体体现为如下两个方面。

（1）财产保险的补偿 保险是在特定灾害事故发生时，在保险的有效期和保险合同约定的责任范围以及保险金额内，按其实际损失金额给予补偿。通过补偿使得已经存在的社会财富因灾害事故所致的实际损失在价值上得到补偿，在使用价值上得以恢复，从而使社会再生产过程得以连续进行。这种补偿既包括对被保险人因自然灾害或意外事故造成的经济损失的补偿，也包括对被保险人依法应对第三者承担的经济赔偿责任的经济补偿，还包括对商业信用中违约行为造成经济损失的补偿。

（2）人身保险的给付 人身保险的保险数额是由投保人根据被保险人对人身保险的需要程度和投保人的缴费能力，在法律允许的情况下，与被保险人双方协商后确定的。

1）损失补偿。损失补偿原则是保险人必须在保险事故发生导致保险标的遭受损失时根据保险责任的范围对受益人进行补偿。其含义为保险人对约定的保险事故导致的损失进行补偿，受益人不能因保险金的给付获得额外利益。一般来说，财产保险遵循该原则，但是由于人的生命和身体价值难以估计，所以人身保险并不适用该原则，但亦有学者认为健康险的医疗费用亦应遵循，否则有不当得利之嫌。

2）近因原则。近因原则是指判断风险事故与保险标的损失之间的关系，从而确定保险补偿或给付责任的基本原则。近因是保险标的的损害发生的最直接、最有效、最起决定性的原因，而并不是指最近的原因。如果近因属于被保风险，则保险人应赔偿；如果近因属于除外责任或者未保风险，则保险人不负责赔偿。

3）分摊原则。主要运用于重复保险的情况。是指当保险事故发生时，各保险公司采取适当分摊的方法分配赔偿责任，使被保险人既能得到充分的补偿，又不会超过其实际损失而获得额外利益。

4）代位原则。保险人根据合同的规定，对被保险人的事故进行赔偿后，或者在保险标的发生事故造成推定全损后，依法向有责任的第三方进行求偿的利益，获取的被保险人对受损投保标的的所有权。我国的保险法律法规要求，保险人必须以自己的名义行使代位求偿权，被保险人或者投保人有义务协助保险人向侵权人索赔。

4. 保险的特点

（1）保险必须有风险存在 建立保险制度的目的是对付特定危险事故的发生，无风险则无保险。为了应用大数原则，有可能受益的风险不在可保范围内，因此，商业保险机构一般不承保此类风险。

（2）保险必须对危险事故造成的损失给予经济补偿 所谓经济补偿是指这种补偿不是恢复已毁灭的原物，也不是赔偿实物，而是进行货币补偿。因此，意外事故所造成的损失必须是在经济上能计算价值的。在人身保险中，人身本身是无法计算价值的，但人的劳动可以创造价值，人的死亡和伤残会导致劳动力的丧失，从而使个人或者其家庭的收入减少而开支增加，所以人身保险是用经济补偿或给付的办法来弥补这种经济上增加的负担，并非保证人们恢复已失去的劳动力或生命。

（3）保险必须有互助共济关系　保险制度是采取将损失分散到众多单位分担的办法，减少遭灾单位的损失。通过保险，投保人共同交纳保险费，建立保险补偿基金，共同取得保障。

（4）保险的分担金必须合理　保险的补偿基金是由参加保险的人分担的，为使各人负担公平合理，就必须科学地计算分担金额。

1）具有自愿性。商业保险法律关系的确立，是投保人与保险人根据意思自治原则，在平等互利、协商一致的基础上通过自愿订立保险合同来实现的。而社会保险则是通过法律强制实施的。

2）具有营利性。商业保险是一种商业行为，经营商业保险业务的公司无论采取何种组织形式都是以营利为目的。而社会保险则是以保障社会成员的基本生活需要为目的。

3）从业务范围及赔偿保险金和支付保障金的原则来看，商业保险既包括财产保险又包括人身保险，投入相应多的保险费，在保险价值范围内就可以取得相应多的保险金赔付，体现的是多投多保、少投少保的原则。而社会保险则仅限于人身保险，并不以投入保险费的多少来加以差别保障，体现的是社会基本保障原则。

从经济角度来看，保险是一种损失分摊方法。以多数单位和个人缴纳保费建立保险基金，使少数成员的损失由全体被保险人分担。

从法律意义上说，保险是一种合同行为，即通过签订保险合同，明确双方当事人的权利与义务，被保险人以缴纳保费获取保险合同规定范围内的赔偿，保险人则有收受保费的权利和提供赔偿的义务。

① 保险是一种合同法律关系。
② 保险合同对双方当事人均有约束力。
③ 保险合同中所约定的事故或事件是否发生必须是不确定的，即具有偶然性。
④ 事故的发生是保险合同的另一方当事人即被保险人无法控制的。
⑤ 保险人在保险事故发生后承担给付金钱或其他类似的补偿。
⑥ 保险应通过保险单的形式经营。

保险是一种经济制度，同时也是一种法律关系，保险乃是经济关系与法律关系的统一。

5. 保险的作用与功能

（1）保险的作用

1）转移风险。购买保险就是把自己的风险转移出去，而接受风险的机构就是保险公司。

2）均摊损失。转移风险并非事故风险真正的离开了投保人，而是保险人借助众人的财力给遭灾受损的投保人补偿经济损失，为其排忧解难。保险人以收取保费和支付赔款的形式，将少数人的巨额损失分散给众多的被保险人，从而使个人难以承受的巨额损失变成多数人可以承担的损失，这实际上是把损失均摊给有相同风险的投保人。

3）实施补偿。分摊损失是实施补偿的前提和手段，实施补偿是分摊损失的目的。

4）抵押贷款和投资收益。保险法中明确规定"现金价值不丧失条款"，客户虽然与保险公司签订合同，但客户有权中止这个合同并得到退保金额。保险合同中也规定客户资金紧缺时可申请当时现金价值的90%（根据保险险种来确定最高95%）作为贷款且利率远低于银行贷款。如果客户急需资金而又一时筹措不到，客户便可以将保险单抵押在保险公司，从保险公司取得相应数额的贷款。

（2）保险的功能　保险具有经济补偿、资金融通和社会管理功能，这三大功能是一个有机联系的整体。经济补偿功能是基本的功能，也是保险区别于其他行业最鲜明的特征。资金融通功能是在经济补偿功能的基础上发展起来的，社会管理功能是保险业发展到一定程度并深入社会生活诸多层面之后产生的一项重要功能。初期，保险只有经济补偿功能。

1）资金融通功能。资金融通功能是指将形成的保险资金中闲置的部分重新投入到社会再生产过程中。保险人为了使保险经营稳定，必须保证保险资金的增值与保值，这就要求保险人对保险资金进行运用。保险资金的运用不仅有其必要性，而且也是可能的。一方面，由于保险保费收入与赔付支出之间存在时间差；另一方面，保险事故的发生不都是同时的，保险人收取的保险费不可能一次全部赔付出去，也就是保险人收取的保险费与赔付支出之间存在数量差。这些都为保险资金的融通提供了可能。保险资金融通要坚持合法性、流动性、安全性和效益性的原则。

2）社会管理功能。社会管理是指对整个社会及其各个环节进行调节和控制的过程，目的在于正常发挥各系统、各部门、各环节的功能，从而实现社会关系和谐、整个社会良性运行和有效管理。

① 社会保障管理：保险作为社会保障体系的有效组成部分，在完善社会保障体系方面发挥着重要作用。一方面，保险通过为没有参与社会保险的人群提供保险保障，扩大社会保障的覆盖面；另一方面，保险通过灵活多样的产品，为社会提供多层次的保障服务。

② 社会风险管理：保险公司具有风险管理的专业知识、大量的风险损失资料，为社会风险管理提供了有力的数据支持。同时，保险公司大力宣传培养投保人的风险防范意识；帮助投保人识别和控制风险，指导其加强风险管理；进行安全检查，督促投保人及时采取措施消除隐患；提取防灾资金，资助防灾设施的添置和灾害防治的研究。

③ 社会关系管理：通过保险应对灾害损失，不仅可以根据保险合同约定对损失进行合理补充，而且可以提高事故处理效率，减少当事人可能出现的事故纠纷。由于保险介入灾害处理的全过程，参与了社会关系的管理中，改变了社会主体的行为模式，为维护良好的社会关系创造了有利条件。

④ 社会信用管理：保险以最大诚信原则为其经营的基本原则之一，而保险产品实质上是一种以信用为基础的承诺，对保险双方当事人而言，信用至关重要。保险合同履行的过程实际上就为社会信用体系的建立和管理提供了大量重要的信息来源，实现社会信息资源的共享。因为保险经纪公司可以掌握多家保险公司产品的情况，从而向市场上"贩卖"费率低、保障高的保险。但是在我国，保险经纪行业刚刚起步，数量少而且很不规范。

一些保险公司开始尝试将保险条款进行通俗化的改造，以使大多数人看得懂。拥护者认为这是一个好的方向。但是许多业内人士和法律专家认为，这样做会导致保险条款失去法律意义上的严谨性，可能导致歧义，从而引发经济纠纷。

6. 购买渠道

（1）保险代理人　根据历年的数据统计显示，有九成以上的投保者是通过保险代理人来购买保险产品的。一方面直接跟保险代理人接触可以比较直观地向其了解保险公司的各类产品特点，而且保险代理可以根据投保者的个人职业、年龄、家庭构成、收入等因素推荐适合投保人的保险产品；并且通过这一渠道购买的保险产品，一般售后服务都有保障，可以享受到续保提醒、上门理赔等比较人性化的服务。但同时，由于保险代理人的收入与销售业绩挂钩，素质较差的代理人通常会故意夸大产品的功能或淡化其中的不利条款，来欺骗消费者进行投保，甚至会有私吞保费的情况发生。综合以上几点，第一次投保，最好多渠道进行比较，综合考虑各个渠道的优劣利弊。

（2）保险公司代理　目前市场上有许多保险公司已经将保险产品销售委托给专业的保险代理公司。通过这些代理公司，个人消费者可选购财险、车险、意外险、寿险、投资理财险等各类产品，享受其所谓的一站式服务。因此，这种方式的优点是显而易见的，那就是专业保险代理公司的产品较多、选择余地较大，而且不收取任何咨询和服务费用，方便消费者购买。不过，由于各家保险公司给代理公司的代理费不同，代理公司的业务员在推荐不同保险公司的同类产品时，难免会有所偏颇。消费者自己需要注意比较。面对种类繁多的产品，消费者也需要有清醒的头脑和主见。

（3）电话投保和网络投保　电话投保和网络投保是新兴的保险销售渠道。

电话投保最大的特点在于销售价格普遍低于其他渠道，手续也相对简便。但劣势也是非常明显的，许多消费者不能很好地接受电话销售的模式，纷纷投诉保险公司的电话骚扰行为，而即使是有耐心听完保险公司电话推销的消费者，也很难在几分钟里全面地了解其推销的保险产品的功能及优缺点，以此做出是否购买的决定。因此，电话销售的产品一般都是容易解释的普遍适用型产品，呈现出单一化的特点。

网络销售则更加直观，但是网络渠道销售的保险产品，消费者投诉最多的是网络欺诈行为及支付手段缺乏两个方面，这在一定程度上也束缚了网络投保产品的发展。

现阶段消费者可以通过电话投保渠道来投保车险，因为其价格明确而且优惠幅度较大。而寿险或是其他财险还是应该选择其他渠道，以便有机会对购买的保险产品多些了解。至于网络投保，则一定要选择保险公司的官方网站或者指定网站，并在购买前拨打保险公司全国统一客服电话查证核实。

（4）银行代理　银行代理保险产品（银保产品）较其他渠道的产品有其特殊性，是因为在功能设计上，银保产品一般着重突出的是投资价值，将可预见的收益等作为卖点。除此之外，受益于银行网点分布广泛、缴费方式也简单省事，消费者可以很便捷地购买网银产品。但是银行代理的银保产品相对较少，主要集中在分红险、万能险和投连险上，且缴费方式多为一笔交清。建议消费者在选择银保产品时，不可一味看重其理财功能，忽视其保障功能。另外，不得不提的一点是，选择银保渠道的消费者可能还需承担更大的信用风险，近两年来投诉银保产品的消费者很多，很多保险业务员为了业务量不据实告知消费者是保险产品，混淆视听，给这一投保渠道带去了不良的口碑。

7. 注意事项

购买保险以后，应妥善保管保单、发票以及身份证等，避免被他人利用于退保或者虚假理赔等。同时，应记下保险公司名称、险种名称、保单号码及保险金额，如有遗失或损毁，可申请挂失、补发。

三、车险主要产品介绍

（一）车险产品分类

机动车保险是以汽车、电车、电瓶车、摩托车、拖拉机等机动车辆作为保险标的的一种保险。

机动车保险分为商业险和强制险（交强险）。其中，商业险为不定值保险，分为主险和附加险。

机动车保险产品按照机动车的不同可分为如下 5 种。

1）特种车保险产品，见表 4-2。

表 4-2　特种车保险产品

序号	保险车辆分类	保险产品分类	保险产品名称
1	特种车	强制险	特种车交通事故责任强制保险
2		商业险主险	特种车损失保险
3			第三者责任保险
4			车上人员责任保险
5			全车盗抢保险
6		商业险附加险	绝对免赔率特约条款
7			车轮单独损失险
8			新增加设备损失险
9			修理期间费用补偿险
10			车上货物责任险
11			精神损害抚慰金责任险
12			医保外医疗费用责任险
13			起重、装卸、挖掘车辆损失扩展条款
14			特种车辆固定设备、仪器损坏扩展条款

2）（普通）机动车保险产品（不含新能源汽车商业险），见表4-3。

表 4-3　普通机动车保险产品

序号	保险车辆分类	保险产品分类	保险产品名称
1	普通机动车	强制险	机动车交通事故责任强制保险（交强险）
2		商业险主险	机动车损失保险
3			第三者责任保险
4			车上人员责任保险
5		商业险附加险	绝对免赔率特约条款
6			车轮单独损失险
7			新增加设备损失险
8			车身划痕损失险
9			修理期间费用补偿险
10			发动机进水损坏除外特约条款
11			车上货物责任险
12			精神损害抚慰金责任险
13			医保外医疗费用责任险
14			机动车增值服务特约条款

3）新能源汽车商业保险产品，见表4-4。

表 4-4 新能源汽车商业保险产品

保险车辆分类	序号	保险产品分类	保险产品名称
		中国人民财产保险股份有限公司新能源汽车商业保险条款（试行）	
新能源汽车	1	商业险主险	新能源汽车损失保险
	2		新能源汽车第三者责任保险
	3		新能源汽车车上人员责任保险
	4	商业险附加险	外部电网故障损失险
	5		自用充电桩损失保险
	6		自用充电桩责任保险
	7		绝对免赔率特约条款
	8		车轮单独损失险
	9		新增加设备损失险
	10		车身划痕损失险
	11		修理期间费用补偿险
	12		车上货物责任险
	13		精神损害抚慰金责任险
	14		法定节假日限额翻倍险（家庭自用汽车）
	15		医保外医疗费用责任险
	16		新能源汽车增值服务特约条款（有以下4个品种） 1）道路救援服务特约条款 2）车辆安全检测特约条款 3）代为驾驶服务特约条款 4）代为送检服务特约条款
		中国人民财产保险股份有限公司新能源汽车驾乘人员意外伤害保险条款（试行）	
	1	商业险主险	新能源汽车驾乘人员意外伤害保险条款（试行）
	2	商业险附加险	附加住院津贴保险
	3		附加医保外医疗费用补偿险

4）摩托车、拖拉机保险产品，见表4-5。

表 4-5 摩托车、拖拉机保险产品

序号	保险车辆分类	保险产品分类	保险产品名称
1	摩托车、拖拉机	强制险	摩托车、拖拉机交通事故责任强制保险
2		商业险主险	摩托车、拖拉机损失保险
3			第三者责任保险
4			车上人员责任保险
5			全车盗抢保险

（续）

序号	保险车辆分类	保险产品分类	保险产品名称
6			绝对免赔率特约条款
7	摩托车、拖拉机	商业险附加险	精神损害抚慰金责任险
8			医保外医疗费用责任险

5）机动车单程提车保险产品，见表4-6。

表4-6 机动车单程提车保险产品

序号	保险车辆分类	保险产品分类	险种
1		强制险	机动车单程提车交通事故责任强制保险
2			机动车损失保险
3		商业险主险	第三者责任保险
4	机动车		车上人员责任保险
5			绝对免赔率特约条款
6		商业险附加险	车轮单独损失险
7			精神损害抚慰金责任险
8			医保外医疗费用责任险

本书主要介绍特种车保险产品和机动车保险产品，包含新能源汽车商业险。

1. 商业险主险

商业险主险主要包括机动车损失保险、第三者责任保险、车上人员责任保险、（特种车、摩托车与拖拉机）全车盗抢保险。

（1）机动车损失保险　该险种承保被保险车辆遭受保险范围内的自然灾害或意外事故，造成被保险车辆本身损失，保险人依照保险合同的规定给予赔偿的一种保险。

在2020年车险改革中，机动车保险将全车盗抢险（特种车、摩托车和拖拉机除外）、玻璃单独破碎险、自燃险、发动机涉水险、不计免赔指定修理厂险、无法找到第三方特约险全部纳入到这一险种中。

（2）第三者责任保险　该险种对被保险人或其允许的合格驾驶人员在使用保险车辆的过程中发生意外事故，致使第三者遭受人身伤亡或财产损坏，依法应由被保险人支付的金额，由保险公司负责赔偿。

（3）车上人员责任保险　指保险车辆发生意外事故（不是行为人出于故意，而是行为人不可预见的以及不可抗拒的，造成了人员伤亡或财产损失的突发事件），导致车上的驾驶员或乘客人员伤亡造成的费用损失，以及为减少损失而支付的必要合理的施救、保护费用，由保险公司承担赔偿责任。

（4）全车盗抢保险（特种车）　以下三种情况下发生的损失可以赔偿。

1）在全车被盗窃、抢劫、抢夺的被保险机动车（含投保的挂车），需经县级以上公安刑侦部门立案侦查，证实满60天未查明下落。

2）被保险机动车全车被盗窃、抢劫、抢夺后，受到损坏或因此造成车上零部件、附属设备丢失需要修复的合理费用。

3）发生保险事故时，被保险人为防止或者减少被保险机动车的损失所支付的必要的、合理的施救费用，由保险人承担，最高不超过保险金额的数额。

2. 附加险

1）不同机动车的附加险产品见表4-2到表4-6，这里不再说明。2020年车险改革的变化见本节第一部分第四次车险综合改革简介的相关内容。

2）机动车第三者责任保险法定节假日限额翻倍保险，仅适用于乘用车。因此，在机动（商用）车保险产品中没有列出。

（二）（普通）机动车保险产品

特别说明：

1）本章所列的价格是一种试算价格，仅供从业人员学习、参考使用，不能作为产品采购和销售的价格依据。在代理保险公司的产品销售时，以代理保险公司的计算公式和价格表为准。

2）通常所说的交强险也属于广义的第三者责任险。交强险是强制性险种，机动车必须购买才能够上路行驶、年检、上户，且在发生第三者损失需要理赔时，必须先赔付交强险再赔付其他险种。

下面介绍主要车险产品的用途、保费名称及计算（试算）公式。

1. 交强险

1）交强险全称是机动车交通事故责任强制保险，是我国首个由国家法律规定实行的强制保险。

《机动车交通事故责任强制保险条例》规定：交强险是由保险公司对被保险机动车发生道路交通事故造成受害人（不包括本车人员和被保险人）的人身伤亡、财产损失，在责任限额内予以赔偿的强制性责任保险。

2）挂车没有交强险。2012年12月17日，国务院决定对《机动车交通事故责任强制保险条例》做如下修改：增加"挂车不投保机动车交通事故责任强制保险。发生道路交通事故造成人身伤亡、财产损失的，由牵引车投保的保险公司在机动车交通事故责任强制保险责任限额范围内予以赔偿；不足的部分，由牵引车方和挂车方依照法律规定承担赔偿责任。"该决定自2013年3月1日起施行。

3）2020年9月19日实施的改革，调整了与道路交通事故相联系的浮动比率。交强险的基础保费与浮动比率见《商用车营销红宝书：营销基础篇》第一章中的表1-6。

4）交强险保险费的计算办法：

交强险最终保险费＝交强险基础保险费×（1+与道路交通事故相联系的浮动比率）

5）如果驾驶员出现酒驾，则按照以下公式计算：

$$\frac{交强险最}{终保险费} = \frac{交强险基}{础保险费} \times \left(1 + \frac{与道路交通事故}{相联系的浮动比率} + \frac{与酒驾相联系}{的浮动比率}\right)$$

2. 机动车损失保险

机动车损失保险（车损险）是指保险车辆遭受保险责任范围内的自然灾害（含地震）或意外事故，造成保险车辆本身损失，保险人依据保险合同的规定给予赔偿。

机动车商业保险示范产品基准纯风险保费表（2020版）使用说明规定，基准纯风险保费由中国精算师协会统一制定、颁布并定期更新。

机动车损失保险基准纯风险保费表部分格式内容见表4-7，仅为举例说明。购买这个产品需要客户提供车辆行驶证（编号），根据车辆的使用性质、车型、使用年限等直接查表购买。

3. 第三者责任险

第三者责任险负责保险车辆在使用中发生意外事故造成他人（第三者）的人身伤亡或财

产的直接损毁的赔偿责任。

表 4-7 机动车损失保险基准纯风险保费表（2020 年版部分展示）

车辆使用性质	车辆使用年限										
	1 年以下	1~2 年	2~3 年	3~4 年	4~5 年	5~6 年	6~7 年	7~8 年	8~9 年	9~10 年	10 年以上
某款家庭自用汽车 A	934	823	822	855	877	878	854	839	816	802	740
某款家庭自用汽车 B	438	386	385	400	411	411	400	393	383	376	347
某款企业非营业客车 A	775	804	782	784	754	696	647	618	561	525	412
某款企业非营业客车 B	878	910	885	888	853	788	732	700	635	594	466
某款企业非营业客车 C	1640	1701	1653	1658	1594	1473	1368	1307	1186	1110	871

1）保费的计算：根据被保险机动车车辆使用性质、车辆种类、责任限额直接查询基准纯风险保费。

2）挂车保费的计算：挂车根据实际的使用性质并按照对应吨位货车的 30% 计算（已在价格表中体现）。

3）如果责任限额为 200 万元以上且未在基准纯风险保费中列示，则：

$$基准纯风险保费 = (N-4)(A-B)(1-N \times 0.005) + A$$

式中　A——同档次限额为 200 万元时的基准纯风险保费；

　　　B——同档次限额为 150 万元时的基准纯风险保费；

　　　N——限额 /50 万元，限额必须是 50 万元的整数倍。

4. 车上人员责任保险

车上人员责任险，即车上座位险，是指车上人员责任险中的乘客部分，指的是被保险人允许的合格驾驶员在使用保险车辆过程中发生保险事故，致使车内乘客人身伤亡，依法应由被保险人承担的赔偿责任，保险公司会按照保险合同进行赔偿。

1）根据车辆使用性质、车辆种类、驾驶人 / 乘客查询纯风险费率，参见《商用车营销红宝书：营销管理篇》第十章业务管理制度附件中的保险产品试篇价格表（见佐卡公司网站）。

2）计算公式如下：

① 驾驶人基准纯风险保费 = 每次事故责任限额 × 纯风险费率

② 乘客基准纯风险保费 = 每次事故每人责任限额 × 纯风险费率 × 投保乘客座位数

5. 绝对免赔率特约条款

目前可以选择的绝对免赔率有 5%、10%、15% 和 20% 四个档次，在投保时可协商确定。选择"绝对免赔率"特约条款后，保费会得到相对应的优惠，这是长期不出险或者出了险自理的车主可以考虑的选择。但这一选择也存在一定风险，例如，遇到全责事故时保险公司只赔偿 80%，另外 20% 就需要车主自己承担了。

1）根据绝对免赔率查询附加比例。

2）计算公式如下：基准纯风险保费 = 机动车主险基准纯风险保费 × 附加比例。

机动车损失保险可选绝对免赔额系数表，见表 4-8。

附加比例，见表 4-9。

3）适用客户：这是降低保费的一个产品。安全意识高、连续多年没有发生事故的驾驶员推荐购买此产品。

表 4-8 机动车损失保险可选绝对免赔额系数表（2020 版）

车辆使用年限	免赔额 / 元	实际价值 / 元					
		5 万以下	5 万~10 万	10 万~20 万	20 万~30 万	30 万~50 万	50 万以上
1 年以下	300	0.90	0.93	0.95	0.96	0.97	0.98
	500	0.80	0.86	0.91	0.94	0.96	0.96
	1000	0.70	0.77	0.85	0.88	0.91	0.93
	2000	0.57	0.62	0.72	0.79	0.86	0.90
1~2 年	300	0.90	0.93	0.95	0.96	0.97	0.98
	500	0.81	0.87	0.91	0.94	0.96	0.96
	1000	0.70	0.78	0.86	0.89	0.91	0.93
	2000	0.57	0.63	0.74	0.81	0.87	0.90
2~6 年	300	0.91	0.94	0.96	0.97	0.98	0.99
	500	0.82	0.89	0.94	0.96	0.96	0.97
	1000	0.73	0.83	0.88	0.91	0.93	0.95
	2000	0.58	0.69	0.79	0.87	0.90	0.92
6 年以上	300	0.91	0.95	0.97	0.98	0.99	0.99
	500	0.84	0.91	0.95	0.97	0.97	0.97
	1000	0.74	0.86	0.90	0.92	0.95	0.97
	2000	0.59	0.73	0.83	0.90	0.92	0.94

6. 车轮单独损失险

这是一个新产品。

1）根据各公司情况自行制定各车辆使用性质的纯风险费率。

2）计算公式：基准纯风险保费 = 保险金额 × 纯风险费率。

3）适用客户：年行驶里程多、高速行驶的车辆推荐购买此产品。

7. 新增加设备损失险

新增加设备损失险，是车损险的附加险。在现在的汽车生活中有着越来越广泛的应用。它负责赔偿车辆由于发生碰撞等意外事故而造成的车上新增设备的直接损失。当车辆发生碰撞等意外事故造成车上新增设备直接损毁时，保险公司按实际损失赔偿。

1）根据车辆使用性质查询调整系数。

2）计算公式如下：基准纯风险保费 = 保险金额 × 机动车损失保险基准纯风险保费 / 机动车损失保险保险金额 / 调整系数。

3）适用客户：自卸车、专用车建议客户购买此产品。

8. 车身划痕损失险

车身划痕损失险（划痕险）属于车损险附加险中的一项，主要是作为车损险的补充，能够为意外原因造成的车身划痕提供有效的保障。划痕险针对的是车身漆面的划痕，若碰撞痕迹明显，且有凹坑，就不属于划痕险而是属于车损险的理赔范围。

1）根据车辆使用性质、车辆使用年限、新车购置价格、保险金额所属档次直接查询基准纯风险保费。

2）适用客户：进口车辆、高端车辆建议购买此项保险。

9. 修理期间费用补偿险

购买修理期间费用补偿险后，保险车辆发生车损险范围内的保险事故，造成车身损毁，致使车辆停驶而产生的损失，保险公司按规定进行以下赔偿。

1）部分损失的，保险人在双方约定的修复时间内按保险单约定的日赔偿金额乘以从送修之日起至修复竣工之日止的实际天数计算赔偿。

2）全车损毁的，按保险单约定的赔偿限额计算赔偿。

3）在保险期限内上述赔款累计计算，最高以保险单约定的赔偿天数为限。该保险的最高约定赔偿天数为 90 天。

计算公式：基准纯风险保费 = 约定的最高赔偿天数 × 约定的最高日责任限额 × 6.50%。

4）适用客户：

① 发生事故概率较高的驾驶员。

② 用贷款、融资租赁等方式购车的客户，防止车辆发生事故修理期间没有能力按时还款，应该购买此项保险。

10. 发动机进水损坏除外特约条款

1）根据地区及车辆使用性质查询附加比例。

2）计算公式：基准纯风险保费 = 机动车损失保险基准纯风险保费 × 附加比例

3）适用客户：南方多雨、易发生洪涝灾害区域的车辆建议购买此项保险产品。

11. 车上货物责任险

车上货物责任险是指保险车辆在使用过程中发生意外事故，致使保险车辆上所载货物遭受直接损毁，依法应由被保险人承担的经济赔偿责任，以及被保险人为减少车上货物损失而支付的合理的施救、保护费用，由保险人在保险单载明的赔偿限额内计算赔偿的保险。在投保了第三者责任险的基础上方可投保车上货物责任保险。营业货车和非营业货车纯风险费率不一致。

1）计算公式：基准纯风险保费 = 责任限额 × 纯风险费率。

2）适用客户：

① 运输高附加值货物的车辆、在山区行驶的车辆、易发生事故的车辆建议购买此项保险产品。

② 运输低附加值货物的车辆、运输没有包装的货物的车辆可以不购买此项保险产品。

12. 精神损害抚慰金责任险

精神损害抚慰金责任险是指被保险人或其允许的合法驾驶人在使用保险机动车的过程中，发生投保的基本险约定的保险责任内的事故，造成第三者或车上人员的人身伤亡，受害人据此提出精神损害赔偿请求，保险人依据人民法院判决及保险合同约定，对应由被保险人或保险机动车驾驶人支付的精神损害抚慰金费用，在扣除交强险应当支付的赔款后，在该保险赔偿限额内负责赔偿。

1）计算公式：基准纯风险保费 = 每次事故责任限额 × 纯风险费率。

2）适用客户：连续多年发生事故的驾驶员驾驶的车辆建议购买此项保险产品。

13. 医保外医疗费用责任险

1）各保险公司根据自己的情况自行制定基准纯风险保费。

2）适用客户：这是一款新产品，值得推广。

14. 机动车增值服务特约条款

这是一款新产品，值得推广。

1）各保险公司根据自己的情况自行制定基准纯风险保费。

2）适用客户：这是一款新产品，值得推广。

上述部分附加险保费计算见表 4-9。

表4-9 部分附加险保费计算列表（仅供参考）

险别	保费计算							
绝对免赔率特约条款	绝对免赔率	附加比例						
	5%	-5%						
	10%	-10%						
	15%	-15%						
	20%	-20%						
新增加设备损失险	车辆使用性质	费率计算公式						
	家庭自用汽车	保险金额 × 车损险基准风险保险保费 / 车损险保险金额 /1.132						
	非家庭自用汽车	保险金额 × 车损险基准风险保险保费 / 车损险保险金额 /1.148						
修理期间费用补偿险	约定的最高日赔偿天数 × 约定的最高日责任限额 × 6.50%							
发动机进水损坏除外特约条款	地区	附加比例						
		家用车	企业车	机关车	出租租赁	城市公交	公路客运	非营业货车	营业货车
	沿海地区	-1.4884%	-2.2433%	-1.7219%	-1.5930%	-0.3143%	-0.2967%	-0.4570%	-0.4643%
	非沿海地区	-0.8070%	-1.2206%	-0.9346%	-0.8641%	-0.3143%	-0.2967%	-0.4570%	-0.4643%
	费率计算公式	基准纯风险保险保费 = 机动车车损失保险基准纯风险保费 × 附加比例						
车上货物责任险	车辆使用性质	费率计算公式						
	营业货车（含挂车）	责任限额 × 2.1294%						
精神损害抚慰金责任险	每次事故责任限额 × 0.62%							

（三）特种车保险产品（部分）

特种车保险产品大部分同普通机动车保险产品一致。个别产品不同，列出如下。

1. 全车盗抢保险

全车盗抢险是指投保车辆在非人为的、非故意的、非违章的情况下发生盗抢，经报案、立案调查后，一定期限内（一般是 2 个月左右）仍然没有破案的，由保险公司赔付相应的损失。假若车辆经侦查后归还车主，保险公司需赔付车辆在盗抢期间受到的损失。

1）根据车辆使用性质、车辆种类查询基础纯风险保费和纯风险费率，见表 4-10。

2）计算公式：基准纯风险保费 = 基础纯风险保费 + 保险金额 × 纯风险费率。

3）挂车根据实际的使用性质并按照对应吨位货车 / 对应车型特种车的 50% 计算。

4）适用客户：对于特种车、摩托车、拖拉机等机动车，这是主险，应该购买。

表 4-10 特种车全车盗抢保险基础纯风险保费、纯风险费率表

车辆使用性质	车辆种类	全车盗抢保险	
		基础 纯风险保费 / 元	纯风险费率（%）
特种车	特种车型一	39.00	0.0338
	特种车型二	42.25	0.0332
	特种车型三	42.25	0.0332
	特种车型四	45.50	0.0332

2. 起重、装卸、挖掘车辆损失扩展条款

该条款保险的范围：作业中自身失去重心，造成保险特种车辆的自身损失；或吊升、举升的物体造成保险特种车辆的自身损失。

1）保费计算公式：车损险基准纯风险保费×9%。式中，9% 为费率，比改革前下降了 1%。

2）适用客户：汽车起重机、随车起重运输车、挖掘机等车辆建议购买此项产品。

3. 特种车辆固定设备、仪器损坏扩展条款

经特别约定保险合同扩展承保保险特种车辆上固定的设备、仪器因超负荷、超电压或感应电及其他电气原因造成的自身损失。

1）保费计算公式：车损险基准纯风险保费×9%。式中，9% 为费率，比改革前下降了 1%。

2）适用客户：所有专用作业车由于上装价值较大，建议购买此项产品。

（四）新能源汽车保险产品（部分）

1. 附加外部电网故障损失险

1）保险期间内，投保了本附加险的被保险新能源汽车在充电期间，因外部电网故障，导致被保险新能源汽车的直接损失，且不属于免除保险人责任的范围，保险人依照本保险合同的约定负责赔偿。

2）发生保险事故时，被保险人为防止或者减少被保险新能源汽车的损失所支付的必要的、合理的施救费用，由保险人承担；施救费用数额在被保险新能源汽车损失赔偿金额以外

另行计算，最高不超过主险保险金额。

2. 附加自用充电桩损失保险

1）保险期间内，保险单载明地址的，被保险人的符合充电设备技术条件、安装标准的自用充电桩，因自然灾害、意外事故、被盗窃或遭他人损坏导致的充电桩自身损失，保险人在保险单载明的本附加险的保险金额内，按照实际损失计算赔偿。

2）保险金额为 2000 元、5000 元、10000 元或 20000 元，由投保人和保险人在投保时协商确定。

3. 附加自用充电桩责任保险

1）保险期间内，保险单载明地址的，被保险人的符合充电设备技术条件、安装标准的自用充电桩造成第三者人身伤亡或财产损失，依法应由被保险人承担的损害赔偿责任，保险人负责赔偿。

2）责任限额由投保人和保险人在投保时协商确定。

4. 附加新能源汽车增值服务特约条款

本特约条款包括道路救援服务特约条款、车辆安全检测特约条款、代为驾驶服务特约条款、代为送检服务特约条款共四个独立的特约条款，投保人可以选择投保全部特约条款，也可以选择投保其中部分特约条款。保险人依照保险合同的约定，按照承保特约条款分别提供增值服务。

（1）道路救援服务特约条款

1）服务范围：保险期间内，被保险新能源汽车在使用过程中发生故障而丧失行驶能力时，保险人或其受托人根据被保险人请求，向被保险人提供如下道路救援服务。

① 单程 50 千米以内拖车。

② 送油、送水、送防冻液、搭电。

③ 轮胎充气、更换轮胎。

④ 车辆脱离困境所需的拖拽、吊车。

2）责任限额：保险期间内，保险人提供 2 次免费服务，超出 2 次的，由投保人和保险人在签订保险合同时协商确定，分为 5 次、10 次、15 次、20 次四档。

（2）车辆安全检测特约条款

1）服务范围：保险期间内，为保障车辆安全运行，保险人或其受托人根据被保险人请求，为被保险新能源汽车提供车辆安全检测服务，车辆安全检测项目包括以下几项。

① 发动机检测（包括机油、空滤、燃油、冷却等）。

② 变速器检测。

③ 转向系统检测（含车轮定位测试、轮胎动平衡测试）。

④ 底盘检测。

⑤ 轮胎检测。

⑥ 汽车玻璃检测。

⑦ 汽车电子系统检测、电控电器系统检测。

⑧ 车内环境检测。

⑨ 车辆综合安全检测。

2）责任限额：保险期间内，本特约条款的检测项目及服务次数上限由投保人和保险人在签订保险合同时协商确定。

（3）代为驾驶服务特约条款

1）服务范围：保险期间内，保险人或其受托人根据被保险人请求，在被保险人或其允许的驾驶人因饮酒、服用药物等原因无法驾驶或存在重大安全驾驶隐患时提供单程 30 千米以内的短途代驾服务。

2）责任限额：保险期间内，本特约条款的服务次数上限由投保人和保险人在签订保险合同时协商确定。

（4）代位送检服务特约条款

服务范围：保险期间内，按照《中华人民共和国道路交通安全法实施条例》，被保险新能源汽车需由机动车安全技术检验机构实施安全技术检验时，根据被保险人请求，由保险人或其受托人代替车辆所有人进行车辆送检。

5. 新能源汽车驾乘人员意外伤害保险条款（试行）

1）服务范围：保险期间内，被保险人驾驶或乘坐保险单载明车牌号码的新能源汽车，在车辆使用过程中因遭受自然灾害、意外事故导致身故、伤残或医疗费用支出的，保险人依照约定给付保险金。

2）保险金额：保险金额是保险人承担给付保险金责任的最高限额。

本保险合同的保险金额分为意外伤害保险金额、意外伤害医疗保险金额，由投保人、保险人双方约定，并在保险单中载明。保险期间内，身故保险金、伤残保险金的保险金累计给付金额以保险单载明的意外伤害保险金额为限。

6. 附加住院津贴保险

1）服务范围：保险期间内，发生主险保险事故，并自事故发生之日起 180 日内因该事故在医院进行住院治疗，保险人就被保险人的合理住院天数，按照保险单载明的意外伤害住院津贴日额计算给付"意外伤害住院津贴保险金"。

被保险人多次遭受自然灾害、意外事故进行住院治疗，保险人均按上述约定分别给付意外伤害住院津贴保险金，但保险人一次或多次累计给付意外伤害住院津贴保险金的天数以 180 天为限，当累计给付天数达到 180 天时，本附加保险合同对被保险人的保险责任终止。

2）保险金额：本保险合同的住院津贴日额由投保人、保险人双方约定，并在保险单中载明。

7. 附加医保外医疗费用补偿险

1）服务范围：保险期间内，发生主险保险事故，被保险人需要入院进行治疗，保险人对超出《道路交通事故受伤人员临床诊疗指南》和国家基本医疗保险同类医疗费用标准的部分进行补偿。

2）保险金额：保险金额由投保人和保险人在投保时协商确定，并在保险单中载明。

四、全车保费试算与相关名词解释

1. 全车保费试算

全车保费试算公式：全车保费 = 交强险保费 + 商业车险保费。

（1）交强险保费计算　计算公式如下：

交强险最终保险费 = 交强险基础保险费 ×（1+ 与道路交通事故相联系的浮动比率 + 与酒驾相联系的浮动比率）

与酒驾相联系的浮动比率最高为 60%。北京地区与酒驾相联系的浮动比率见表 4-11。

表 4-11 北京地区与酒驾相联系的浮动比率

与酒驾相联系的浮动	M11	酒后驾驶／次	15%	累计不超过 60%
	M12	醉酒驾驶／次	30%	

（2）商业车险保费计算 计算公式如下：

$$商业车险保费 = 基准保费 \times 费率调整系数$$

$$基准保费 = 基准纯风险保费 / （1-附加费用率）。$$

$$费率调整系数 = 无赔款优待系数 \times 交通违法系数 \times 自主定价系数$$

式中，附加费用率自 2020 年 9 月 19 日，下调至 25%；自主定价系数：现阶段自主定价系数区间确定为 [0.65，1.35]；交通违法系数：北京地区见表 4-12；无赔款优待系数：北京地区见表 4-13。

表 4-12 北京地区商业车险交通违法浮动系数具体计算规则（仅供参考）

交通违法行为	违法次数	浮动比例
闯红灯	1 次	0
	2 次	0
	3 次	0.05
	4 次	0.1
	5 次及以上	0.15
超速（未达 50%）	1 次	0
	2 次	0
	3 次	0.05
	4 次	0.1
	5 次及以上	0.15
超速（超过 50%）	1 次	0.15
	2 次	0.15
	3 次及以上	0.15

商业车险交通违法浮动系数取值为各交通违法行为的系数值之和，最高浮动上限为 0.45

表 4-13 北京地区商业车险无赔款优待系数（仅供参考）

序号	项目	内容	系数
1	无赔款优待及上年赔款记录	连续 5 年没有发生赔款	0.4
2		连续 4 年没有发生赔款	0.5
3		连续 3 年没有发生赔款	0.6
4		连续 2 年没有发生赔款	0.7
5		上年没有发生赔款	0.8
6		上年发生 1 次赔款	1
7		上年发生 2 次赔款	1.2

（续）

序号	项目	内容	系数
8		上年发生 3 次赔款	1.4
9		上年发生 4 次赔款	1.6
10	无赔款优待及上年赔款记录	上年发生 5 次赔款	1.8
11		上年发生 5 次以上赔款	2
12		本年承保新购置车辆	1
13		本年首次投保	1

2. 相关名词解释

（1）附加费用率　附加费用率是以保险公司经营费用为基础计算的，包括用于保险公司的业务费用支出、手续费支出、营业税、工资支出及合理的经营利润。

（2）无赔款优待系数　无赔款优待系数根据历史赔款记录，按照无赔款优待系数对照表进行费率调整。

（3）交通违法系数　交通违法系数根据当地监管及保险行业协会规定，按照交管返回的违法行为，据实使用。北京地区最高为 0.45。

（4）自主定价系数　原自主核保系数和自主渠道系数合并为自主定价系数。现阶段自主定价系数区间确定为 [0.65，1.35]。由各保险公司确定系数后报中国银保监会批准后执行。当附加费用率为 25%、预期赔付率为 75% 时：

1）当自主定价系数等于 1 时，整体赔付率为 75%。

2）当自主定价系数等于 0.65 时，赔付率 =0.75 × 1/0.65=115%。

（5）基准纯风险保费　基准纯风险保费是构成保险保费的组成部分，用于支付赔付成本，根据保险标的的损失概率与损失程度确定。

（6）纯风险费率　用于计算基准纯风险保费的费率。

（7）基础纯风险保费　是构成基准纯风险保费的组成部分。计算公式如下：

$$基准纯风险保费 = 基础纯风险保费 + 保险金额 × 纯风险费率$$

（8）车辆使用性质

1）非营业车辆：指各级党政机关、社会团体、企事业单位自用的车辆或仅用于个人及家庭生活的各类机动车辆，包括家庭自用汽车、企业非营业客车、党政机关或事业团体非营业客车和非营业货车。

2）营业车辆：指从事社会运输并收取运费的车辆，包括出租、租赁营业客车、城市公交营业客车、公路客运营业客车和营业货车。

3）对于兼有两类使用性质的车辆，按高档费率计费。

（9）车辆种类

1）费率表中车辆种类的定义与《机动车交通事故责任强制保险条例》相同。

2）客货两用车按相应客车或货车中的较高档费率计收保费。

（10）地区分类

1）沿海地区：福建、厦门、广东、深圳、广西、海南。

2）非沿海地区：除上述地区以外的其他地区。

（11）特种车分类

1）特种车一：油罐车、汽罐车、液罐车。

2）特种车二：专用净水车、特种车一以外的罐式货车，以及用于清障、清扫、清洁、起重、装卸（不含自卸车）、升降、搅拌、挖掘、推土、冷藏、保温等的各种专用机动车。

3）特种车三：装有固定专用仪器设备从事专业工作的监测、消防、运钞、医疗、电视转播等的各种专用机动车。

4）特种车四：集装箱拖头。

（12）其他

1）在费率表中，凡涉及分段的陈述都按照"含起点不含终点"的原则来解释。例如："6座以下"的含义为5座、4座、3座、2座、1座，不包含6座。

"6~10座"的含义为6座、7座、8座、9座，不包含10座。

"20座以上"的含义为20座、21座……包含20座。

"2吨以下"不包含2吨。

"2~5吨"包含2吨，不包含5吨。

"5~10吨"包含5吨，不包含10吨。

"10吨以上"包含10吨。

"10万以下"不包含10万。

"10万~20万"包含10万，不包含20万。

"20万以上"包含20万。

2）特种车、摩托车、拖拉机等机动车保险保费的计算公式相同的产品见（普通）机动车保费计算公式。

3. 新能源车保险相关名词解释

见车辆保险业务管理制度附件中的新能源汽车商业保险条款（试行）、新能源汽车驾乘人员意外伤害保险条款（试行）。

第二节　打好车辆保险产品市场营销基础

一、建立营销组织

1. 建立组织的重要性

见第二章的相关内容。

2. 建立营销组织

（1）建立组织　依据客户需求建立业务组织的原则，设置车辆保险部。

（2）设置岗位　岗位设置与岗位业务管理的主要职责，见表4-14。

表4-14　车辆保险部岗位设置与岗位业务管理的主要职责

序号	部门名称	岗位名称	主要职责	岗位兼职建议	备注
1	车辆保险部	部长	部门管理、业务管理、客户开发、风险控制	商务经理 计划员	
2		计划员	计划、费用、工资、激励管理		

（续）

序号	部门名称	岗位名称	主要职责	岗位兼职建议	备注
3	车辆保险部	产品经理	客户开发、产品管理、产品推荐、事故车管理、代步车管理	兼客户经理	
4		商务经理	销售政策、价格管理、商务洽谈、合同签订、保费收取、客户回访		
5		客户经理	客户开发、信息收集、客户接待、客户跟踪服务		
6		信息员	信息管理		

3. 聘任干部和岗位人员

（1）聘用原则　见第一章采购业务管理的相关内容。

（2）设置客户经理的重要性　客户经理可以发挥以下重要作用。

1）车辆保险产品是客户重复购买的产品，需要经常提醒客户。

2）当车辆计划停驶时间超过一个月，可以顺延保险产品的有效期，需要帮助客户办理。

3）车辆停驶，向车管所提出申请，年审时间可以顺延（交强险、车船税可以顺延），需要帮助客户办理。

4）车辆保险产品是在不断完善中，需要客户经理不断向客户进行推荐。

5）车辆出事故后需要客户经理提供事故处理、车辆维修、代步车等一系列服务。

6）客户经理可以不断地向客户推荐其他业务产品，提高销售收入。

二、制定车辆保险业务管理制度

制定车辆保险业务管理制度的重要性见第二章的相关内容。

车辆保险业务相关管理制度包括业务管理制度、部门工作制度、岗位作业制度，如下：

1）车辆保险业务管理制度。

2）车辆保险部工作制度。

3）车辆保险部部长岗位作业制度。

4）车辆保险部计划员岗位作业制度。

5）车辆保险部产品经理岗位作业制度。

6）车辆保险部商务经理岗位作业制度。

7）车辆保险部客户经理岗位作业制度。

上述相关的制度（模板）见佐卡公司网站。

三、确定车辆保险业务管理范围

1. 确定车辆保险业务管理区域

建立区域管理的原则：

1）根据车辆市场营销业务管理的区域，建立管理的区域：其范围不能小于车辆营销业务管理的区域范围。

2）根据保险产品允许销售的区域范围，建立管理的区域：车辆保险产品的销售范围，一般以省（直辖市、自治区）为区域进行界定。原则上不允许跨省销售保险产品（网上代理销售除外）。

3）根据批准的保险代理业务许可经营的服务范围、产品范围、区域范围，建立管理的区域范围。

2. 确定产品经营范围

在表 4-2~ 表 4-6 中选择车辆保险业务产品的经营范围，并依此建立产品组合、产品销售明细表。

3. 确定意向客户（车主）范围

意向客户范围是指车辆保险业务可以满足的所有意向客户、车辆保险产品销售明细表所列产品能够覆盖的所有意向客户，包括但不限于以下方面。

1）公司已有客户、公司战败的客户、公司熟悉的客户、朋友推荐的客户、网站收集的客户、顾客推荐的客户。

2）业务组织可以开发的新客户。

3）在经销商覆盖的区域内，所有在当地办理行驶证（上牌）的车辆，包括但不限于：

① 汽车（包括商用车、乘用车）。

② 农业机械。

③ 摩托车。

④ 工程机械等。

4. 确定学习的标杆

1）确定业务学习标杆：经销商的车辆保险业务学习标杆。

2）建立（保险）产品学习标杆。

5. 确定竞争对手

1）确定业务竞争对手。

2）确定产品竞争对手。

四、确定营销方案、营销模式和营销方法

1. 制定营销方案

1）组合产品营销方案：将经销商所经营的产品，只要是客户需要的一并组合起来进行营销。

2）单一产品营销方案：只进行车辆保险产品的营销。

2. 确定营销模式

营销模式包括：全款销售、贷款销售、分期销售。

3. 确定销售方法

1）9 步销售法：一个组织的不同人员分工合作完成下列销售流程的方法。

① 客户开发。

② 信息收集。

③ 信息确认。

④ 产品确认。

⑤ 交付（时间、地点、购买方式）确认。

⑥ 价格试算，报保险公司计算、客户确认。

⑦ 合同确认。

⑧ 付款。

⑨ 产品交付。

2）销售顾问法：一个人（销售顾客）完成上述 9 步流程的方法。

五、制定营销政策

1. 组合产品销售优惠政策

对于个人客户、个体客户，建议同其他产品一起制定销售政策。例如，将不同的产品（车辆、销售服务、车辆保险、金融服务、车辆保养、车辆维修、配件、车队产品等）组合在一起制定销售政策。

2. 单项销售政策

对于老客户、大客户，建议制定单独的优惠政策，例如老客户购买政策、大客户购买政策等。

六、确定产品销售价格制定方法

（1）定价依据及计算公式　见财务管理部制定的《价格管理制度》中的规定。见《商用车营销红宝书：营销管理篇》第九章第三节的相关内容。

（2）确定定价方法　竞争定价法。

（3）销售价格　销售价格包括商务经理销售价格、部长销售价格、总经理销售价格、最高销售限价。

1）不同的岗位有不同的价格权限。

2）防止出现价格混乱和乱批价格的行为。

七、建立营销目标

1. 根据自己的能力和以往的业绩，建立销售目标

销售目标指标如下。

1）经销商目标市场占有率（％）。

2）产品目标市场占有率（％）。

3）老客户再购买率（％）。

4）送修率（％）。

2. 建立销售目标

按照新车销量、金融服务车辆保有量、客户保有量建立销量计划。

八、编制产品销售明细表、试算价格表，制定销售计划

1. 产品销售明细表、试算价格表、销售计划编制的责任部门

1）产品销售明细表、销售计划的管理权、批准权在市场管理委员会，由车辆保险部进行编制，报市场管理委员会批准。

2）产品试算价格表按照财务管理部给出的计算公式，由车辆保险部编制，报财务管理部审核，由市场管理委员会批准。

2. 编制产品销售明细表

产品销售明细表是产品推荐的依据，是按照产品完整性原则编制的；是在产品名称和产品编号下，产品与项目的组合。

建立产品销售明细表模板。在表 4-2~ 表 4-6 中选择经营的产品，建立销售明细表。具体见佐卡公司网站业务管理制度附件中的产品销售明细表。

3. 编制产品试算价格表

1）试算公式见《商用车营销红宝书：营销管理篇》第九章第三节。

2）产品试算价格表模板见佐卡公司网站业务管理制度附件产品销售价格表中的车辆保险产品试算价格表。由于表格太大，这里不再展示。

4. 制定产品销售计划

（1）销售计划制定的原则

1）销售计划不能低于金融服务产品销量计划。

2）销售计划不能低于上年销量。

3）销售计划下，利润计划不能亏损。

（2）销售计划模板 产品销售计划表模板见佐卡公司网站业务管理制度附件产品销售计划表中的销售服务产品销售计划表。由于表格太大，这里不再展示。

九、建立车辆保险产品销售资源

1. 建立意向客户明细表

1）新购车客户的意向（目标）市场：有两个意向（目标）市场，分别是本公司车辆营销部开发的新购车目标客户和没有此项业务的经销商的新购车目标客户。

2）已购车客户的意向目标市场：也有两个意向（目标）市场，分别是本公司已购车客户和没有此项业务的经销商的已购车客户。

购买这些客户信息，建立车辆保险产品意向客户明细表。

注意: 这个明细表非常重要，是车辆保险业务最基础的资源。

2. 建立已有客户明细表

将所有在车辆保险部购买车辆保险产品的客户，建立车辆保险业务已有客户明细表。

3. 建立战败客户明细表

将所有在车辆保险部洽谈过购买车辆保险产品事宜，但没有成交的客户，建立车辆保险业务战败客户明细表。

4. 建立客户对比表

客户对比表作为一个工具，当本业务的销售收入、利润不如竞争对手时，看看自己的客户和竞争对手的客户有什么差距。

车辆保险业务资源明细表见表 4-15。

表 4-15 车辆保险业务资源明细表

序号	资源内容及目的	责任人	使用工具
1	找到本业务可以开发的所有客户，建立明细表		本业务组织意向客户明细表 表1
2	将本业务已经完成（销售）交易的客户列入此表，便于继续交易		客户明细表 表2
3	将本业务（销售）交易失败的客户列入此表，便于继续开发	部长	战败客户明细表 表3
4	当（万元保险代理费收入）销售利润低于竞争对手时，采用此表进行对比，找到原因，找到改善的方向 当竞争不过竞争对手时，采用产品对比表进行分析 当竞争不过竞争对手时，采用竞争管理表进行分析		客户对比表 表4

注：详细的车辆保险产品销售资源表见车辆保险业务管理制度附件中的车辆保险产品销售资源表。

经销商的车辆保险业务管理

一、车辆保险业务管理注意事项

1. 客户开发的重要性

1）现状：经销商的车辆保险部门大多不重视客户开发管理。只是被动地接受车辆营销部门和其他业务部门提供的客户对车辆保险产品需求的信息，进行产品销售和交付。

2）机会：由于好多经销商都不重视车辆保险业务，所以，就给这个业务进行客户开发提供了机会。

3）这是个好业务：购买过自己产品的客户、战败客户、其他经销商的客户都可以开发，因为保险产品所有车辆都是通用的。

4）为保险公司代理销售保险产品，保险公司可以将其服务站（或修理厂）纳入保险公司的定点修理厂名单中，给服务站带来客户和收益。

5）凡是没有签订客户购买保险产品合作协议或客户明确承诺购买经销商保险产品的所有客户都需要开发，不论其是否购买过公司的保险产品。

2. 编制客户开发计划

见第二章第三节的相关内容。

3. 进行意向客户拜访，了解意向客户有关保险产品需求的信息

这些信息包括但不限于：

1）客户拥有的车辆数量、车辆类型、品牌、车型、驱动形式、发动机品牌、排量、功率、变速器品牌及型号、后桥名称等，不同车辆分别列出。

2）客户是否需要保险产品销售明细表所列的保险产品（是／否）？

3）您认为我公司的保险产品销售明细表所列产品是多了还是少了？

4）您认为我公司的保险产品销售明细表所列产品不是客户需要的有哪些？

5）您认为我公司的保险产品销售明细表还应增加哪些产品？

6）客户以前购买的保险产品都是谁提供的？是购买车辆的经销商、我公司还是其他渠道？

7）购买这些产品的价格与我公司的试算价格表价格对比，是高还是低？

8）如果保险产品价格符合您的预期，是否愿意与本公司合作，购买本公司产品？

9）您和其他公司有长期的合作吗？有协议吗？（有／无）。

10）他们都是给您什么优惠政策？如有，请列出。

11）我们能签订一个长期的合作协议书吗？

12）您的保险产品购买模式是全款购买还是贷款购买？

13）我公司还有车辆销售服务产品、车辆运营项目贷款、车辆保养、车辆维修、二手车收购业务，如果价格合适，您愿意购买我公司的这些产品吗？

14）编制客户调查表（略）。

4. 产品试算、报价与购买方案推荐

1）产品报价的条件：在客户确认产品、项目后，才能进行产品的试算、报价。

2）产品报价：要根据客户能够享受的销售政策进行产品报价。计算公式：

$$报价 = 产品试算价格 - 客户能够享受到的销售政策$$

3）购买方案推荐：在试算报价的基础上，根据客户的资金能力，进行购买方案推荐（全款购买、贷款购买、分期付款购买等）。

4）价格试算，客户应提供必要的基础信息：

① 车辆公告载质量。

② 车辆性质。（营运车辆、非营运车辆）。

③ 一年内有无违章、罚款记录。

④ 一年内有无酒驾记录。

⑤ 自车辆投保之日起，多少年内没有发生过交通事故赔款。

⑥ 其他应提供的信息。

5）确定保险公司：如果没有发生过保险赔款，那么最优方案是不要更换保险公司。

① 确定保险公司。

② 确定"无赔款优待系数"：1年、2年、3年、4年、5年没有保险赔款，对应查优惠系数是多少。

③ 确定"交通违法系数"。如果没有违章、酒驾处罚记录，则系数应为"1"。

6）根据客户购买的保险险种、保额，进行初步保费计算。这就相当于网上保险代理公司的"保费试算"。可按照佐卡公司网站的保险产品试算价格表模板进行初步计算。

7）与保险公司进行询价，谈判：确定最优惠价格（保费）和保险合同。这就相当于网上保险代理公司的"报价比价"。

① 谈判的关键是以下几个系数：无赔款优待系数、交通违法系数、自主定价系数、附加费用率。其中，交通违法系数、自主定价系数应该在客户告知单中列明。

② 询价的关键是基准纯保险保费、基础纯保险保费、费率。

③ 确定最优惠的价格和条件（免费服务的项目等）。

④ 确定保险公司（正常情况下，客户原来的保险公司价格是最优惠的）。

8）向客户报价。

特别注意： 经销商代理销售保险公司的保险产品，由于客户的基础条件（前5年是否发生过理赔事故、前一年是否有酒驾及是否发生过违章等）不同，不同客户购买相同产品的价格也不同，只有保险公司给出的计算价格才是最终价格。

5. 客户开发（合同签订、产品交付）**完成后，建立客户明细表的重要性**

建立意向目标客户明细表、目标客户明细表、客户明细表，有以下好处。

1）积累客户群体，就是积累财富。一个企业，没有了客户，就没有了一切。

2）掌握了客户的基本情况，便于沟通。

3）建立客户购买保险产品的提醒时间，便于及时了解客户需求，提前准备产品。

4）便于掌握客户需求，便于及时掌握和调度客户产品及服务的交付情况。

6. 设置客户经理的重要性

见第二章第三节的相关内容。

7. 客户开发要有提前量

车辆保险业务的产品，客户都会重复购买。因此，一定要在客户没有购买前进行客户开发；否则，就来不及。同时，由于有些客户需要贷款购买，所以一定要提前开发，便于贷款手续的办理。

8. 代缴税费

客户购买保险产品，同时代客户缴纳车船使用税。

9. 客户再开发的重要性

1）增加客户黏性。

2）提高客户满意度。

3）增加经销商收入。

10. 客户回访的重要性

每一个客户开发完成、购买了产品或没有购买产品的客户，都要进行回访，其原因如下。

1）要知道为什么购买，总结经验以利于发扬光大。

2）要知道为什么不购买，找到不足以利于改善。

3）找到不足一定要改善，否则永远没有进步。

11. 客户管理、客户车辆监控的重要性

客户购买了车辆保险，不是希望车辆发生事故，是希望加强车辆管理，防止事故发生。

对购买了保险的运营车辆及驾驶员实施监控、提醒、告警，是有效防止车辆及驾驶员发生交通违法及事故发生的有效手段。

12. 客户事故管理

客户车辆发生事故，代理客户进行专业化的处理，在可能的情况下，将事故车辆拖回经销商的服务站进行维修，以保证质量和效率。

13. 为回来修理的客户提供代步车服务

为回来修理的客户提供代步车服务，特别是购买了金融服务产品的客户，提供这项服务是降低金融风险的非常好的措施。具体的管理方法见表4-16。

14. 建立库存管理的概念非常重要

车辆保险产品是无形产品，没有实物可以保管。这里讲的库存管理的概念是一个数量（能够允许销售多少个产品）或保费额度（允许销售多少保费）。也就是说，合作的保险公司允许经销商（或者保险代理商）在一定的条件下（如代理费、车辆类型等）销售保险产品的数量或保费。

注意：必须与保险公司签订代理（或者合作）的协议或合同。

二、车辆保险业务管理的内容、流程与工具

1. 组织管理

（1）责任部门　综合管理部。

（2）责任岗位　综合管理部部长。

（3）管理方法　评价法（见组织管理制度附件）。

（4）管理依据

1）建立管理制度：组织管理制度、车辆保险部工作制度。

2）综合管理部按照《组织管理制度》《车辆保险部工作制度》对车辆保险部进行管理。

（5）流程与工具（模板）　见表4-17。

表4-16 车辆保险业务用表——代步车管理表

序号	客户基本情况			客户投保车辆情况			事故车辆信息记录						为客户提供代步车管理										为客户提供服务的岗位人员		其他
	客户单位名称	客户编号	客户经理	车辆行驶证号	车辆编号	车辆保险提示时间	责任界定		保险公司赔付到位时间	事故结案时间	我方负责人员	客户申请	租赁合同签订	客户支付租赁款	事故车到现场	代步车交付	车辆维修完毕	客户交回代步车	车辆验收合格	客户提走维修车	租赁合同终止	客户经理姓名	产品经理姓名	
							我方责任占比	对方责任占比																
1																								
2																								
…																								
合计																								

表 4-17　**车辆保险部组织管理流程与工具**（模板）

序号	流程节点名称及目的	责任人	使用工具
1	公司组织设计	董事长	按区域进行公司组织规划表　表 1
2	按照业务进行业务组织设计	总经理	按业务进行公司组织设置表　表 2
3	按照业务不同，进行业务组织岗位设计	董事会，总经理	（独立法人的总公司）业务与组织设置　表 3
4	对每一个岗位，规范作业内容，明确作业项目	部长	岗位作业内容表　表 4
5	根据作业量不同，进行岗位人员数量设计	部长	岗位、人员设置（报）表　表 5
6	根据部门工作制度，设计部门工作任务	部长	部门任务计划（报）表　表 6
7	设计部门会议	部长	部门会议计划管理表　表 7
8	为及时了解部门计划工作进度，进行工作计划调度	部长	工作/业务计划实施情况周/月度调度、评价（报）表　表 8
9	在计划调度的基础上，为确保任务完成，进行计划分析	部长	月度计划完成情况分析（报）表　表 9
10	总结、改善计划工作	部长	持续改善、改进工作计划表　表 10

注：具体的组织管理流程与管理工具见车辆保险业务管理制度附件中的车辆保险部组织管理流程。

2.（意向）客户开发管理

（1）责任部门　车辆保险部。

（2）责任岗位　部长、计划员。

（3）管理方法　管理模板。

（4）管理依据

1）建立管理制度：车辆保险业务管理制度、车辆保险部工作制度。

2）车辆保险部按照《车辆保险业务管理制度》《车辆保险部工作制度》对意向客户的开发进行管理。

（5）流程与工具（模板）　见表 4-18。

表 4-18　**（意向）客户开发流程与工具**（模板）

序号	流程节点名称及目的	责任人	使用工具
1	建立意向客户开发明细表，防止漫无目的地跑客户	产品经理	意向客户开发明细表　表 1
2	编制客户开发计划，建立监督的基础，防止出工不出力	计划员	（××）月份意向客户开发计划表　表 2
3	编制客户拜访计划，提高开发有效率	计划员	意向客户开发，拜访计划表　表 3
4	编制客户拜访准备计划，提高开发成功率	计划员	意向客户开发，拜访准备计划表　表 4
5	拜访客户，收集客户购买信息，剔除明确不购买客户（包括不能卖的客户）	产品经理	意向客户拜访，购买产品信息收集表　表 5
6	针对客户购买意向，推荐产品，引导客户建立对产品的兴趣	产品经理	意向客户开发，产品推荐表　表 6

（续）

序号	流程节点名称及目的	责任人	使用工具
7	针对销售的产品（包括其他服务产品），征求客户意见，便于进行产品的改进	产品经理	向意向客户征求产品意见表　表7
8	根据客户意见，进行产品改进，确保客户满意	产品经理	产品改进（计划）表　表8
9	对改进后的产品进行再推荐	产品经理	意向客户开发，改进后产品推荐表　表9
10	客户满意，确认需要购买的产品	产品经理	意向客户开发，产品购买确认表　表10
11	试算报价，给出试算公式，进行商务洽谈。这是客户真正购买时的报价基础	产品经理	意向客户开发，产品试算报价及商务洽谈表　表11
12	客户对产品、试算公式、试算价格、服务满意，签订合作协议	产品经理	客户购买（车辆保险）产品合作协议书　表12
13	对开发完成后，签订协议的客户，建立明细表，准备进行产品销售	产品经理	意向目标客户明细表　表13
14	开发计划完成，进行考核	计划员	（××）月份意向客户开发计划完成考核兑现表　表14

注：详细的意向客户开发流程与工具，见车辆保险业务管理制度附件中的客户开发流程与表格。

3. 业务洽谈管理

（1）责任部门　车辆保险部。

（2）责任岗位　客户经理、产品经理、商务经理。

（3）管理方法　流程管理。

（4）管理依据

1）建立管理制度：车辆保险业务管理制度、车辆保险部工作制度。

2）车辆保险部按照《车辆保险业务管理制度》《车辆保险部工作制度》对意向目标客户的业务洽谈进行管理。

（5）流程与工具（模板）　见表4-19。

表4-19　意向目标客户业务洽谈流程与工具（模板）

序号	流程节点名称及目的	责任人	使用工具
1	根据保险到期提醒时间，收集客户购买产品信息	客户经理	意向目标客户，购买信息收集表　表1
2	确认客户购买信息，防止客户要求购买的产品疏漏	产品经理	意向目标客户，购买产品信息确认表　表2
3	按照客户需求，计算保费，签订保险合同	商务经理（部长兼）	意向目标客户，商务合同签订表　表3
4	收取保费	商务经理（部长兼）	意向目标客户，购买保险产品保费收据　表4
5	建立客户明细表，建立续保提醒时间	商务经理（部长兼）	目标客户签订合同明细（报）表　表5

注：详细的意向目标客户业务洽谈流程与工具见车辆保险业务管理制度附件中的客户业务洽谈流程与表格。

4. 产品交付管理

（1）责任部门　车辆保险部。

（2）责任岗位　客户经理、产品经理、计划员。

（3）管理方法　流程管理。

（4）管理依据

1）建立管理制度：车辆保险业务管理制度、车辆保险部工作制度。

2）车辆保险部按照《车辆保险业务管理制度》《车辆保险部工作制度》对目标客户的产品交付进行管理。

（5）流程与工具（模板）　见表4-20。

表 4-20　目标客户产品交付流程与工具（模板）

序号	流程节点名称	责任人	使用工具
1	根据目标客户明细表，制定目标客户保险产品交付计划	计划员	目标客户购买产品交付计划表　表1
2	建立交付流程，完成产品交付	产品经理	保险产品交付与管理流程　表1.0
3	交付保险合同	产品经理	车辆保险合同　表1.1
4	交付保单	产品经理	保险公司出具保单　表1.2
5	客户确认	产品经理	客户购买产品，交付确认表　表2
6	建立客户明细表，建立续保提醒时间，为下一次销售做好准备	客户经理	产品交付客户明细（日）报表　表3
7	客户回访，征求客户意见	客户经理	客户回访表　表4
8	进行改善	客户经理	客户回访，问题、经验总结改善表　表5
9	销售计划考核，不断提高业务人员积极性	计划员	（××）月份销售计划完成考核兑现表　表6
10	对保险车辆进行监控管理	产品经理	客户车辆监控记录及事故车辆记录表　表7
11	对客户事故车辆制定服务计划，维修事故车	产品经理	根据服务政策，制定客户服务计划表　表8
12	提供代步车	产品经理	代步车管理表　表9
13	代客户结算事故赔付款项	产品经理	事故处理结算表　表10

注：详细的目标客户产品交付流程与工具见车辆保险业务管理制度附件中的产品交付流程与表格。

5. 营销过程问题管理

见第二章第三节的相关内容。

详细的问题解决看板见车辆营销业务管理制度附件中的客户开发与销售过程遇到问题解决看板。不同业务遇到这些问题，都可以建立同样的看板。

6. 客户再开发

见第二章第三节的相关内容。

1）业务洽谈和产品交付流程见本节第二部分。

2）详细的客户再开发流程与工具见车辆营销业务管理制度附件中的客户再开发流程与表格。

本章小结与启示

由于第四次保险改革对保险产品调整很大，又增加了新能源汽车保险产品，所以新的知识点较多。希望通过本章的学习，能熟练掌握主要车险产品，掌握车险服务业务管理的流程，建立并夯实车险服务业务的基础，能有效开展客户开发与管理，并能为客户提供最好的车险服务产品，不断拓展车险服务业务，提高业绩。

本章学习测试与问题思考

一、判断题

（　　　）1.汽车保险的强制险就是交强险，全称是机动车交通事故责任强制保险。

（　　　）2.车险中的商业险分为主险和附加险两种，其中附加险不能独立投保。

二、问答题

1. 机动车保险的主险，一般包括哪些险种？

2. 附加险有哪些？

3. 简单介绍几种主要车险产品。

4. 车辆保险业务部一般要制定哪些管理制度？

第五章

商用车金融服务业务管理[○]

学习要点

1. 了解商用车金融服务业务产品的分类。
2. 了解商用车金融服务产品设计需要考虑的要素。
3. 掌握商用车金融服务业务的管理流程。

第一节　金融服务业务概述

一、汽车金融服务发展历程与资金来源

1. 汽车金融服务的发展历程

我国汽车金融市场起始于 20 世纪 90 年代，先后经历了初创期、爆发期、重塑期、深度发展期四个阶段。

（1）初创期（1993—1998 年）　自北方兵工汽贸于 1993 年首先提出分期贷款购车概念开始，中国汽车市场出现了金融服务的专项业务，国内一些理念较先进的经销商或集团开始了汽车分期付款的探索。在这个阶段，国家并没有任何监管措施和制度。金融服务的资金大部分源于经销商自有，也有经销商联合生产厂家用应收账款的方式开展汽车分期付款业务。由于没有可持续的资金保障，所以在这个阶段的汽车金融服务业务处于一个走走停停的阶段，并没有在全行业广泛应用。例如，国内某企业与生产厂联合推出的"首付一万八，松花江开回家"等，都是金融服务的雏形代表。

在此阶段，也有部分金融机构参与其中，但由于没有相关的监管措施和管理办法，此业务于 1995 年被中国人民银行（简称央行）叫停。

（2）爆发期（1998—2003 年）　1998 年 9 月，央行出台《汽车消费贷款管理办法》，标志着汽车消费贷款业务在监管的层面予以认可并实施。为了进一步加强管理办法的落实，又于 1999 年 4 月出台了《关于开展个人消费信贷的指导意见》。这两个文件的出台，无疑为中国的汽车消费信贷市场注入了一剂强心针。

在此期间，个人汽车消费贷款以金额小、风险分散为特点，成为银行及各个金融机构备受青睐的业务。同时保险公司也以保证保险的身份参与其中。但是，由于没有相关的法规及

标准，业务发展呈现出鱼龙混杂的局面。加之没有相关部门的保障，监管缺失，导致汽车消费贷款业务泛滥增长，出现了最初期的"套路贷""虚假贷"等非法现象。在此期间，银行界蒙受了大量的损失，一定程度上造成了银行业部分系统性风险。

（3）重塑期（2004—2008 年） 此期间的重要事件：① 2004 年，央行、中国银行业监督管理委员会（简称中国银监会）下发《汽车贷款管理办法》，首次从监管的角度确定了标准和规范；② 2004 年，央行发起设立全国性个人征信系统，并将系统逐步完善；③ 2004 年初，中国保险监督管理委员会（简称中国保监会）根据《汽车贷款管理办法》下发了《中国保险监督管理委员会关于规范汽车消费贷款保证保险业务有关问题的通知》；④公安部 2004 年 4 月 30 日下发《机动车登记规定》，首次明确了机动车抵押登记业务，将车辆登记物权与抵押权分立开来；⑤中国成立第一家汽车金融公司——上海通用汽车金融有限公司；⑥ 2004 年 10 月，中国银监会出台《汽车金融公司管理办法》。

上述标志性事件，使中国汽车金融行业从无序发展、泛滥回归到理性，也开始首次出现除银行、保险公司之外的金融机构参与其中。从监管部门、制度标准、公共平台到司法解释都有了大幅提升，最大限度地保障了参与者的合法权益，也使得汽车消费贷款业务回归了本源。

（4）深度融合与细分发展期（2008 年以后） 2008 年，中国银监会新一版《汽车贷款管理办法》下发，并于 2017 年 10 月份再次修订下发，2018 年 4 月 28 日，中国银行保险监督管理委员会（简称中国银保监会）成立后，重新修订下发了新版《汽车贷款管理办法》。2008 年 4 月，公安部重新下发《机动车登记规定》并于 2012 年再次修订。2013 年 9 月份，商务部汇同国家税务总局，下发了《融资租赁企业监督管理办法》。

中国的汽车行业从汽车贷款向汽车金融迈出了跨越性的一步。从过去的银行一家参与，到这一阶段形成银行、汽车金融公司、融资租赁公司多种机构参与其中。同时，2016 年，中国人民银行、中国银监会发布《关于加大对新消费领域金融支持的指导意见》，放宽了非银行金融机构的融资通道，也增加了金融借券、同业拆借、ABS[⊖]等新融资品种，极大地促进了非银行金融机构的发展，形成以银行、汽车金融公司、融资租赁公司、消费金融公司共同参与的多元化市场。汽车金融行业 10 年来复合增长率达到近 20%，至 2020 年已接近 2 万亿规模。

汽车金融行业不仅可以从参与主体的角度进行细分，也可以从客户及需求的角度进行细分，例如汽车贷款、以租代购、全租赁、纯租赁、保险、附加、衍生等，这些细分业务逐渐产生并得以发展。

未来的汽车金融业务，将会以消费者、参与者、行业、场景等诸多方面的不同，派生出越来越多的细分金融产品，以满足不同场景下的细分业务，并且金融业务的发展方向将围绕着商用汽车全生命周期成本进行深度的融合。

2. 汽车金融服务的资金来源

（1）自有资金 汽车金融参与主体利用自有资金开展的经营业务，主要是指汽车金融公司及融资租赁公司的实收资本，其计价标准与股东预期收益率及参与的业务行业有直接关系。自有资金虽然灵活，但是不具备可循环的条件。

（2）银行个贷资金 参与汽车金融业务的主体为汽车融资租赁公司或者不具备直接面

⊖ ABS 融资模式是以项目所属的资产为支撑的证券化融资方式，即以项目所拥有的资产为基础，以项目资产可以带来的预期收益为保证，通过在资本市场发行债券来募集资金的一种项目融资方式。

向消费者办理汽车贷款业务的机构，通过消费者担保增信的方式参与汽车金融服务业务。银行个人贷款资金大致分为个人信用贷款、个人抵押贷款、个人投资经营性贷款。虽然各个银行参与业务掌握的标准不同，但其经办的业务必须符合监管部门对上述分类的业务管理规定。

银行个贷资金的本质为银行直接对每一个自然人进行单独授信的业务，参与机构的担保仅作为消费者征信条件，不作为审批标准。银行要对自然人的资信情况进行单独的授信审批，使得该业务存在一定的不确定性；同时，审批周期长，受到合规性的影响，业务效率差。银行个贷资金是对单一自然人授信，所以授信规模影响不大，具备可循环利用的条件及可能；同时价格较为低廉，在商用车金融服务领域用户认可度较高，针对效率要求不高的金融服务业务具有较高的竞争力。

2019 年 10 月 9 日，中国银保监会联合七部委下发了《融资担保公司监督管理补充规定》，对于汽车贷款的担保进行了进一步规范，规定要求：未经监督管理部门批准，汽车经销商、汽车销售服务商等机构不得经营汽车消费贷款担保业务。

商用车属于作业工具或生产资料，2014 年税务部门在营改增时已经明确商用汽车作为生产资料可以抵扣企业的进项税额；同时，中国汽车流通协会也专门致函中国银保监会，强调商用汽车贷款不属于个人汽车消费贷款范围。

（3）银行或非银行金融机构资金　除银行个人贷款资金之外，具备授信条件的机构还可以利用银行或非银行金融机构对公授信资金开展业务，也包括同业拆借等。但前提是参与机构必须是有对消费者开展业务资质的法律主体。其优点与自有资金相同，但是要根据融资成本确定内部收益率（Internal Rate of Return，IRR），进而参与背动定价；同时，要根据监管部门的要求参与汽车金融业务，准入门槛较高。

（4）资本市场资金　随着央行、中国银保监、中国证券监督管理委员会（中国证监会）及相关部门对汽车金融行业的相关支持意见的出台，可利用的融资方式进一步增加，如发行金融或企业债券、信托、商业保理等，如果具备一定的循环规模，还可以向证券交易所或银行间交易商协会申请发行资产证券化（Asset Backed Securitization，ABS）或资产支持票据（Asset Backed Medium-term Notes，ABN）进行融资。

3. 汽车金融服务分类

汽车金融服务，分为广义汽车金融服务与狭义汽车金融服务。

（1）广义汽车金融服务　指汽车行业各个环节，包括研发、原材料采购、零部件制造、整车生产、经销商采购、商品车物流、消费者购买、车辆运营（或应用）与服务、二手车处置、报废车回收等所有环节全价值链的深度延伸金融服务。图 5-1 较好地表述了广义汽车金融服务的概念。

（2）狭义汽车金融服务　指汽车经销商（或者金融机构，或者金融机构通过经销商）在消费者购买、车辆运营（或应用）与服务、二手车处置等环节为客户提供融资的汽车金融服务产品。其又分为营运类汽车金融服务和消费类汽车金融服务两种。

1）营运类汽车金融服务：俗称商用车金融，是为营运车辆（载货或载客运营）的车主提供的、以融资模式为主的金融服务。

2）消费类汽车金融服务：俗称乘用车金融，是为个人购买家庭自用轿车提供的金融服务。

本章仅讲述营运类汽车金融服务业务，包括客户车辆购买、保险购买（本章仅指车辆保险贷款）、缴纳购置税、车辆运营、二手车处置过程中的商用车金融服务。

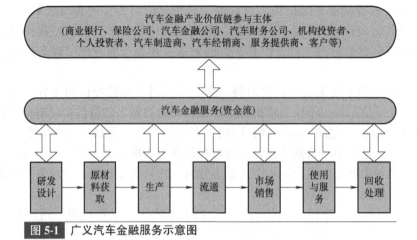

图 5-1 广义汽车金融服务示意图

二、商用车金融服务业务产品分类

1. 按照金融服务产品提供者分类

（1）银行汽车贷款产品

1）缺点：

① 首付高，一般首付款为车价的 30%。

② 需要资料多，贷款者条件要求高：需要提供户口本、结婚证、房产证等资料；要有固定住所，稳定的还款能力，个人社会信用良好。

③ 需要担保和抵押，通常还需以房屋做抵押，并找担保公司担保。

④ 缴纳保证金，需缴纳车价 10% 左右的保证金。

⑤ 贷款批复时间长、流程复杂，贷款时间最短需要 3~7 天，有时时间不确定。

⑥ 贷款年限最长为 3 年。

2）优点：利率低，银行的车贷利率是依照人民银行基准利率适当浮动确定的。

（2）汽车金融公司贷款产品

1）缺点：

① 利息高，一般为银行贷款利息的两倍左右。

② 需要经销商担保。

2）优点：

① 首付低，可以低于 20%。

② 贷款者条件要求一般，只要有固定职业和居所、稳定的收入及还款能力、个人信用良好即可。

③ 不需要客户担保。

④ 放款快，一般一个星期之内就放款。

⑤ 贷款时间长，最长可以到 4 年。

（3）整车厂财务公司、融资租赁公司融资租赁产品

1）缺点：

① 利息高，一般为银行贷款利息的两倍左右。

② 需要经销商担保。

2）优点：

① 首付低，可以为车价的 0~20%（包含车价＋购置税＋保险费用）。

② 贷款者条件要求一般，只要有固定职业和居所、稳定的收入及还款能力、个人信用良好即可。

③ 不需要客户担保。

④ 放款快，一般一个星期之内就放款。

⑤ 贷款时间长，最长可以到 4 年。

⑥ 可以做项目贷款（运费贷款、加油贷款、高速公路通行费贷款、维修贷款、购买轮胎贷款等）。

⑦ 可以做车辆购置税贷款。

⑧ 可以做车辆保险贷款等。

（4）独立的融资租赁公司融资租赁产品

有两种模式。

1）直租模式：汽车产权为融资租赁公司所有，租赁期满过户。

2）售后回租模式：客户将车辆销售给融资租赁公司，再从融资租赁公司租回来使用，租赁期满销售给客户。

优缺点如下。

1）优点：

① 不需要经销商担保。

② 不需要客户担保。

③ 首付低，可以为车价的 0~20%（包含车价＋购置税＋保险费用）。

④ 贷款者条件要求一般，只要有固定职业和居所、稳定的收入及还款能力、个人信用良好即可。

⑤ 放款快，一般 2~4 天之内就放款。

⑥ 可以做项目贷款（运费贷款、加油贷款、高速公路通行费贷款、维修贷款、购买轮胎贷款等）。

⑦ 可以做车辆购置税贷款。

⑧ 可以做车辆保险贷款等。

2）缺点：

① 利息高，一般为银行贷款利息的 2 倍以上。

② 贷款时间短，一般 2 年。

（5）厂家和经销商联合推出的以租代售／（租赁）产品　条件是经销商成立运输公司。车辆由运输公司（贷款）购买后再租赁给客户；租赁期结束，车辆免费过户给客户。

1）以租代售产品

① 缺点：利息高，需要客户担保。

② 优点：

a. 客户占用资金少，只需要缴纳租赁保证金。

b. 不用缴纳还款保证金。

c. 贷款者条件要求低，只要有稳定的货源（有长期的运输合同）和居所、预期收入稳定、盈利能力良好，个人信用良好即可。

d. 手续简单。

e. 没有贷款时间要求，随时可以缴纳保证金、签订合同、提车。

f. 如果车辆不好用，客户可以换车。

g. 租赁到期，客户将车辆买走过户。

h. 租金可以开具增值税发票，客户可以抵扣。

2）租赁产品

① 缺点：利息高，需要客户担保。

② 优点：

a. 租期灵活，可以短租、长租。

b. 客户占用资金少，只需要缴纳租赁保证金。

c. 不用缴纳还款保证金。

d. 贷款者条件要求低，只要有稳定的货源（有长期的运输合同）和居所、预期收入稳定、盈利能力良好、个人信用良好即可。

e. 手续简单。

f. 没有贷款时间要求，随时可以缴纳保证金、签订合同、提车。

g. 如果车辆不好用，客户可以换车。

h. 租赁到期，客户将车辆买走过户。

i. 租金可以开具增值税发票，客户可以抵扣。

专用运输机械多购买此种金融产品。

2. 按照贷款对象进行金融服务产品分类

（1）个人金融服务产品　贷款人为自然人。法人不可以贷款。

（2）法人金融服务产品　贷款人为法人。

3. 按照贷款的标的物进行的金融服务产品分类

（1）购车贷款产品

1）新车购车贷款产品

① 按照购车发票金额为依据进行贷款。

② 购车贷款＋车辆购置税贷款＋新车保险贷款。

2）二手车购车贷款产品。

（2）车辆运营项目贷款产品

1）续保贷款产品。

2）加油贷款产品。

3）ETC 贷款产品。

4）轮胎购买贷款产品。

5）维修贷款产品。

6）运输保证金贷款产品。

7）其他。

4. 按照还款方式进行的金融服务产品分类

（1）等额（本息、本金）还款　每次还款的金额相等。

（2）不等额还款

1）在还款期内，每年可以选择一定的月份减少还款，其余的月份加大还款。但当年不能欠款。

2）在还款期内，每年可以选择 2~3 个月不还本金，只还利息。其余的月份加大还款。

但当年不能欠款。还款开始后的前 3 个月内不允许选择不还款。

（3）一次性还款　对于项目小额贷款（贷款额原则上不超过 2 万元），可以选择到期一次性还款。

5. 按法律权利进行的金融服务产品分类

在汽车金融业务中，所涉及的法律权利大致有物权、债权、抵押权、实际占有权等。目前，司法部门对上述权利并没有明确的权利顺序，需要根据实际情况及当地的司法环境进行分析判断。参与汽车金融业务的机构与借款人之间所形成的法律关系，以及根据法律诉讼过程中为保护参与机构合法权利时所行使的权利，可做如下分类。

（1）担保追偿类金融服务产品　指参与机构并不是贷款人身份，而是以为借款人做增信担保的方式参与的业务，那么借款人如不能够按约定偿还贷款人贷款时，参与机构履行了担保义务后，即取得对借款人的债权担保追偿资格。行使这一权利泛指通过银行或其他金融机构的个人业务以机构增信方式参与汽车金融的业务。

（2）物权类金融服务产品　对于主张物权的金融服务业务，大部分为融资租赁业务。物权又分为登记物权和约定物权。其中，登记物权是将机动车登记在贷款人名下，供借款人使用，表现形式大部分为以租代购等；除登记物权外，还有约定物权。按照最高人民法院的解释，机动车注册登记，仅作为合法上路行驶的依据，并不作为机动车所有权的唯一判定标准，所以出现了约定物权。融资租赁企业开展的融资租赁售后回租业务大部分采取约定物权。需要注意的是，机动车约定物权时，必须在标的物上做明显标识。如办理抵押登记等方式，其目的是用于在法律诉讼过程中对抗善意第三人。

（3）债权　指贷款人将现金或现金等价物直接出借给借款人所形成的法律关系。贷款人需要满足相关资质要求，并且出借利率不超过相关监管部门的监管要求。一般来讲，约定借贷利率不超过人民银行基本利率的 4 倍；否则，在法律诉讼过程中可能会存在被认定为无效合同或对多余部分利息不予以支持的法律风险。

三、商用车金融服务业务的独特性与重要性

1. 充分认识商用车金融服务的独特性

商用车金融服务业务的独特性见表 5-1。商用车作为生产资料，是生产工具，是赚钱的机器，是还款的源泉。因此，商用车金融服务业务和乘用车消费金融服务业务还是有本质区别的。

表 5-1　商用车金融服务业务独特性分析表

序号	项目	乘用车金融服务的特点	商用车金融服务业务的特点
1	贷款人	自然人	自然人、法人
2	标的物	生活资料 / 消费品	生产资料 / 赚钱的工具
3	还款来源	贷款人的收入	车辆折旧 + 运输利润
4	还款能力	贷款人家庭收入减去家庭支出是否大于还款额	车辆的运输收入减去运输支出是否大于还款额
5	风控关注点	工作稳定性	货源稳定性
		收入稳定性	货主稳定性
		支出稳定性	收入稳定性
		财产稳定性	支出稳定性

（续）

序号	项目	乘用车金融服务的特点	商用车金融服务业务的特点
6	风险	工作不稳定导致收入不稳定	货源不稳定导致运输收入不稳定
		失业导致没有收入	大事故导致客户破产
		投资失败导致破产	货源不足导致收入不稳定
		其他原因导致的支出增加	经营、管理不善导致的支出增加／收入下降
			转移资金导致的不能还款
			恶意欠款
7	风控措施	查征信	查征信
		看银行流水	看运输合同
		看劳动合同	计算运输收入减去运输支出是否大于还款额
		看家庭财产	车辆是否有安全管理系统
			车辆是否有还款管理系统等
8	金融产品	少，只有新车、二手车金融产品	多，有新车、二手车，还有项目贷款
9	放款速度	没有要求	要求快，对利息要求低
10	价格敏感性	高	相对低
11	担保	没有担保或只有客户担保	多要求客户提供担保、经销商为客户担保等

特别强调：贷款者通过贷款的方式取得车辆的所有权或使用权，即取得营运从业资格。其还款能力取决于预期收入能力与还款金额是否匹配。其中包括行业平均盈利水平、运输业务稳定性、运费结算周期、现金流情况、还款时间（月底或月初最好）、还款方式、利息水平等。上述问题在办理业务时就应该进行分析。运营车辆贷款的还款一定是车辆本身的收入来满足还款，而不能通过其他方式筹资还款。

（1）车辆贷款的还款　商用车客户贷款的还款来源，是车辆运营本身产生的现金流入，主要指车辆运营收入的毛利，即运营总收入减去运营成本的差额。其中要考虑运营收入中是否全部为现金收入、应收账款占比及周转期限等因素。如果现金流入不能够支撑还款，就会出现拖欠还款情况。

（2）项目贷款的还款　项目贷款是指加油、ETC、保险、轮胎、维修等成本项目贷款，这部分还款是通过支出运营成本还款。客户办理专项贷款的目的是滞后支出成本，利用货币的时间价值，将现金流投入到扩大运营能力之中，因此项目贷款的还款来源于客户的成本支出。

（3）现有收入与预期收入的关系　现有收入是反映客户是否为行业从业者或与行业联系的紧密程度，利用现有收入情况可以预计客户未来收入的大致情况。在开展金融业务之前，进行意向客户统计时就要明确，是否应纳入意向客户管理，应进行甄别分类，从而有针对性地对不同客户输出不同的金融服务产品。

2. 商用车金融服务业务的重要性

（1）可以帮助物流运输从业者迅速扩大再生产　我国改革开放 40 年来，公路运输业的快速发展，使之成为物流行业的支柱，给广大从业者带来了巨大机遇。抓住机遇，迅速发展壮大自己就成为大家追求的目标。目前，公路运输业中的快递快运运输业，冷藏、冷冻、保鲜运输业，绿色通道运输业、日用品运输业、食品运输业、医药品运输业、危险品运输业、城市配送运输业等细分领域还在继续快速发展，商用车金融服务可帮助这些领域的从业者迅速扩大再生产，应引起广大商用车经销商的密切关注（各地区情况不同，仅供参考）。

（2）可以帮助想进入物流运输行业而又缺少资金的企业和自然人实现梦想 随着物流行业的发展、行业改革力度的加大，竞争更加激烈。一些没有竞争意识、管理不善、服务能力差、资金短缺的企业（或个体运输户）有可能被淘汰；一些早年的从业者由于年龄、货主等原因退出这个行业。这就为有竞争意识、有能力、缺资金的人士提供了机会。商用车金融服务正好能为这些人士实现梦想助一臂之力。

（3）解决物流运输业者的资金需求 物流运输企业或个人大部分没有土地、房屋等固定资产，车辆就是他们的最大资产。而车辆是流动资产，不符合固定资产抵押贷款的条件。这就决定了他们很难从银行或其他金融机构取得流动资金（或固定资产）贷款，而汽车金融服务产品正好满足了他们的需求。

（4）可以促使物流运输业者提高管理水平 合理的金融服务产品匹配可以帮助提高借款者的管理水平和运营能力，促使借款者精打细算，提高运营效率，降低成本和削减费用。

（5）可以促进车辆销售 汽车金融服务上述作用的最直接结果是可以提高整车销量。同一个品牌、同一个经销商，有没有汽车金融服务的支持，其销量是大不一样的。

（6）可以直接增加经销商利润 汽车金融服务业务可以促进车辆的销售，销量的增加又可以为广大经销商带来利润的增长。

（7）可以提高客户满意度 汽车金融服务业务满足了客户的需求，提高了客户的经营能力，客户满意度就会提高。

四、商用车金融服务产品设计

产品卖得不好，是由各方面的原因造成的。其中，产品设计不完整是重要原因之一。因此，在进行商用车金融产品设计时，一定要充分了解商用车金融服务对象的特点和独特性。

（1）产品好不好，交付时间非常关键 商用车金融服务的客户是运输业者。他们知道贷款对他们经营的压力，不到万不得已是不会贷款的，因此他们一旦决定贷款，就一定是有项目的，是急需的，交付时间越短越好。

（2）客户有没有能力还款，车辆非常关键 客户的还款来源是车辆运输产生的利润。因此商用车金融服务有没有风险，和车辆有没有能力满足货物、货主的要求，成本、出勤率是否有竞争力有着密切的关系。

（3）客户是否会产生逾期，货主、驾驶员很关键 货主有没有信誉、驾驶员有没有经验和责任心，直接影响着客户的还款。

（4）客户本身也很重要 客户有没有经营的意识、节约的意识、还款的意识，也会影响客户的还款。

因此，金融产品的设计必须包含以上内容要求。表5-2为金融服务产品设计表模板，供参考。

注意以下3点：

1）金融产品不同，对应的车辆要求不同。

2）表5-2中金融服务产品对应的车辆产品要求，以及对应货主、驾驶员和客户的要求等，因要素较多，本节略，详见佐卡软件。

3）金融产品对应的目标客户、车辆、货主、驾驶员都明确了，作业规范化了，业务人员就会销售了，金融风险也就降低了。

表 5-2　**金融服务**（商用车贷款）**产品设计表**（产品设计部分）（模板）

序号	1. 产品信息						贷款额/元	贷款余额年利息	还款能力要求
	贷款机构名称	产品名称	产品编号	功能	品种	首付（品种）			
1						1 首付 0%			
2						2 首付 10%			
3						3 首付 20%			
4						4 首付 30%			
5						5 首付 40%			
6					车辆购买贷款	6 首付 50%			
7						7 首付 60%			
8						8 首付 70%			
9						9 首付 80%			
10						10 首付 90%			
11	××品牌融资租赁公司	佐卡金融社会融资租赁产品	金融 03	见表 1		11 首付 100%			
12					购置税贷款	1 首付 10%			
13					车辆保险贷款	1 首付 10%			
14					加油贷款	1 首付 10%			
15					高速公路过路费贷款	1 首付 10%			
16					轮胎贷款	1 首付 10%			
17					配件/维修贷款	1 首付 10%			
18					货主运输押金贷款	1 首付 10%			
19					首付贷款	1 首付 10%			
20					停运贷款	1 首付 10%			
21					其他				

2. 产品性能										
贷款月数	月度还款额/元	贷款条件要求	贷款条件审查/征信查询时间要求	一次报卷批准时间	入户核实时间	面签时间	放款时间	一次报卷到放款时间	还款时间	还款保证金/元

序号	3. 主要合同										
	贷款申请书	还款计划表	银行借款合同	担保合同	借款借据	委托划款授权书（如需第三方代扣款）	共同还款承诺书（配偶）	担保承诺书（如有）	抵押合同	挂靠协议（挂靠）	其他资产抵押合同（如有）
1											
2											
3											
4											
5											
6											
7											
8											
9											
10											
11											
12											
13											
14											
15											
16											
17											
18											
19											
20											
21											

（续）

4. 对应的车辆产品								5. 软件产品		
车辆类别	品牌	子品牌	车型	产品（驱动形式）	品种（动力）	车辆名称	车辆名称编号	车辆监控软件	GPS管理系统	其他

（续）

序号	6. 服务政策		7. 服务能力			8. 产品卖点			
	服务政策	服务承诺	找货能力	帮助能力	管理能力	客户关注点	能给客户带来的利益	卖点标注	传播用语
1									
2									
3									
4									
5									
6									
7									
8									
9									
10									
11									
12									
13									
14									
15									
16									
17									
18									
19									
20									
21									

表 5-2 相关说明如下。

1）首付：车辆全部价款的首付，包括挂车、配件，当贷款包含车辆购置税、新车保险时，一并包括。

2）贷款额：全部贷款的金额。

3）贷款余额年利息（%/年）：贷款余额指没有还款的贷款额。已经还款的贷款没有利息。

4）还款能力：要求客户具备的还款能力是根据客户贷款申请书填写的要素计算出来的，这里是指要求客户必须具备的能力。

5）贷款月数：等于还款月数，也是还款的次数。

6）月度还款额：每月需要还款的金额。

7）贷款条件：客户贷款需要具备的基本条件，例如要有贷款申请书、无不良征信记录、已婚、有房产等。

8）征信查询时间：征信查询需要的最长时间。

9）报卷批准时间：贷款机构收到一次报卷、二次报卷资料后，最长批复的时间。

10）入户核实时间：客户提交资料，征信查询合格后，到客户家中进行入户调查、核实的最长间隔时间。

11）面签时间：一次报卷审批合格，到合同签订的最长间隔时间。

12）二次报卷到放款时间：从二次报卷到放款到账时间。

13）合计一次报卷到放款时间：贷款机构承诺一次报卷批准以后，到贷款到账的时间。有些贷款机构，只要一次报卷批准，合同签订后，先行放款，这就大大满足了客户的需求。

14）还款时间：有两个指标，一是放款当月是否还款；二是每月几号还款，最好不要在月中还款，在月初或月底为佳。考虑运费结算的时间，如果能让客户自己确定还款时间最好（还款时间是固定的）。

15）对应的车辆产品的相关项目解释见《商用车营销红宝书：营销基础篇》相关内容。

16）主要合同名称解释：略。

17）产品完整性：见《商用车营销红宝书：营销管理篇》第十章的相关内容。

18）产品名称、产品编号：详见佐卡管理制度《产品名称和产品编号管理制度》。

第二节 打好金融服务产品市场营销基础

一、建立营销组织

商用车金融服务的特点决定了商用车金融服务的复杂性，管理不好，其风险肯定要比乘用车金融服务的风险高。但是，只要根据商用车金融服务的特点、专业性，建立起科学、合理的管理组织、制度、流程、模板、工具（表格或软件），加强管控，其风险要远远小于乘用车金融服务的风险。

要管控商用车金融服务的风险，首先要建立金融服务业务组织。

1. 重视组织建设是做好商用车金融服务业务的保证

（1）建立组织的目的

1）满足客户需求。

2）为主营业务（车辆销售、车辆保险、配件／精品销售、车辆保养、车辆维修、运输公司、二手车经营业务服务）提供金融服务支持。只有银行、独立的融资租赁公司才是以利润为目的的。

3）防范、化解金融业务风险。

4）扩大营业额。

5）增加经营利润。

金融服务组织建立的目的，是为车辆销售与衍生业务两大主营业务服务，助力主营业务更好地发展。因此，设计产品时最好是将金融产品与主营业务融合在一起，与同业形成差异化的竞争格局。

（2）建立营销组织

1）建立组织：依据客户需求建立业务组织的原则，设置金融服务部。

2）设置岗位：岗位设置与岗位业务管理的主要职责，见表5-3。

表 5-3 金融服务部岗位设置及岗位业务管理的主要职责

序号	部门名称	岗位名称	主要职责	备注
1		部长	部门管理、业务管理、客户开发、风险控制	可兼风险控制经理
2		计划员	计划、费用、工资、激励管理	可兼档案管理员
3		风险控制经理	客户评价与批准管理	
4		产品经理	产品管理、产品推荐、业务治谈管理	
5	金融服务部	商务经理	政策、价格管理、商务治谈管理、客户合同管理	
6		档案及报卷经理	组卷、报卷、档案、放款管理	
7		客户经理	客户管理	
8		法务经理	不良客户管理（财产保全、起诉等管理）车辆处置管理	可兼催收经理
9		监控管理员	监控管理、监控报告管理、逾期收车客户车辆锁车管理	兼任其他部门（保险、运输公司）的车辆监控
10		信息员	客户信息收集管理	

注：具体的岗位职责见各岗位作业制度。

2. 聘任干部和岗位人员

1）聘用原则见第一章采购业务管理的相关内容。

2）设置风险控制经理的重要性：在贷前控制风险。

3）设置法务经理的重要性：在贷后管控风险。

4）设置监控管理员的重要性：在车辆日常运营（行驶里程低于平均数、不断更换行驶路线、较长时间的停驶、违章驾驶等）中控制风险。

5）设置客户经理的重要性，可以提醒客户及进行客户的再开发。

① 按时还款。

② 及时年审和购买车辆保险。

③ 道路提醒。

④ 天气提醒。

⑤ 违章提醒。

⑥ 可以提供小额贷款提醒等。

⑦ 客户（或驾驶员）需要帮助直接找客户经理，不用再找其他人。

⑧ 进行客户的再开发，提高客户满意度。

二、制定金融服务业务管理制度

重要性见第二章的相关内容。

金融服务业务相关管理制度包括业务管理制度、部门工作制度、岗位作业制度见表5-4。

表 5-4　金融服务部需要制定和执行的管理制度、工作制度、岗位作业制度列表

序号	制度名称	制度性质	执行本制度的部门	本制度的管理部门
1	金融服务业务管理制度	业务制度	金融服务部	综合管理部
2	金融服务部工作制度	业务制度	金融服务部	综合管理部
3	金融服务部部长作业制度	业务制度	金融服务部	综合管理部
4	金融服务部计划员作业制度	业务制度	金融服务部	综合管理部
5	金融服务部风险控制经理作业制度	业务制度	金融服务部	综合管理部
6	金融服务部产品经理作业制度	业务制度	金融服务部	综合管理部
7	金融服务部商务经理作业制度	业务制度	金融服务部	综合管理部
8	金融服务部档案及报卷经理作业制度	业务制度	金融服务部	综合管理部
9	金融服务部客户经理作业制度	业务制度	金融服务部	综合管理部
10	金融服务部催收经理作业制度	业务制度	金融服务部	综合管理部
11	金融服务部监控管理员作业制度	业务制度	金融服务部	综合管理部
12	金融服务部法务经理作业制度	业务制度	金融服务部	综合管理部

注：上述相关的制度（模板）见佐卡公司网站。

三、建立客户评定标准

建立客户评定标准，从而筛选出优秀客户，去伪存真是防范金融服务风险的有效手段。

1. 建立购车金融服务客户评定标准

购车贷款客户评定标准见表5-5。

表 5-5　购车贷款客户评定标准汇总表

序号	标准名称及目的	责任人	使用工具
1	建立不符合贷款条件标准，剔除不合格客户		非目标客户判定标准表　表0
2	建立客户基础条件标准，剔除不合格客户		个人客户基础情况调查（判定）标准表　表1
3	建立法人客户基础条件标准，剔除不合格客户	部长	法人客户基础情况调查（判定）标准表　表2
4	建立客户货款能力标准，剔除不合格客户		"还款能力"判定标准表　表3
5	建立客户运输能力管理标准，剔除不合格客户		"运输能力"判定标准表　表4

（续）

序号	标准名称及目的	责任人	使用工具
6	建立逾期客户明细表，剔除不合格客户		逾期客户明细表　表5
7	建立协议书模板，预防批准后，金融机构不放款风险		客户购买（金融服务）产品合作协议书　表6
8	建立征信信息查询表，剔除不合格客户		借款人（客户）信息查询表　表7
9	建立如何调查、核实标准，剔除不合格客户	部长	入户考察、家访、核实表　表8
10	建立客户担保人条件标准，剔除不合格客户		客户贷款担保人信息提报与审查表　表9
11	建立客户加盟运输公司标准，剔除不合格客户		客户准备加盟运输公司信息提报审查表　表10
12	建立经销商同运输公司合作，签订合作协议书，降低风险		经销商同运输公司合作，给运输公司客户（驾驶员）提供贷款，合作协议书　表11

注：详细的购车金融服务客户判定标准表（模板）见金融服务业务管理制度附件中的车贷客户判定标准表。

2. 建立项目（小额）贷款客户判定标准

项目贷款客户判定标准见表5-6。

表 5-6　项目贷款客户判定标准汇总表

序号	标准名称及目的	责任人	使用工具
1	小额贷款客户标准		目标客户判定标准表　表0
2	小额贷款的客户基本情况标准		个人客户基础情况调查（判定）表　表1
3	小额贷款法人客户基本情况标准		法人客户基础情况调查（判定）标准表　表2
4	小额贷款的客户还款能力标准	部长	"还款能力"判定标准表　表3
5	（不在）逾期客户明细表中		逾期客户明细表　表4
6	（签订）合作协议书		客户购买（金融服务）产品合作协议书　表5
7	小额贷款客户信息查询标准		借款人（客户）信息查询表　表6

注：详细的项目贷款客户判定标准表（模板）见金融服务业务管理制度附件中的项目客户判定标准表。

四、确定金融服务业务管理范围

1. 确定金融服务业务管理的区域范围

建立区域管理的原则：

1）根据车辆市场营销业务管理的区域，建立管理的区域：其范围不能小于车辆营销业务管理的区域范围。

2）根据二手车业务销售的区域范围，建立管理的区域：其范围不能小于二手车业务管理的区域范围。

2. 确定产品经营范围

经销商根据自己的资金能力、采购能力建立产品经营的范围，并根据产品的经营范围建立销售明细表。推荐的产品经营范围见表5-7。

3. 确定业务管理的范围

金融服务业务全流程的管理，包括但不限于以下几方面。

1）贷前管理：包括客户标准建设（什么样的客户是目标客户，什么样的客户不是）、建立意向客户明细表管理、客户开发管理、意向目标客户明细表管理。

表 5-7　金融服务产品的经营范围

序号	产品线名称	责任人	使用工具
1	银行贷款产品		银行贷款产品销售明细表　表1
2	融资租赁公司产品		融资租赁公司产品销售明细表　表2
3	厂家融资租赁产品	数据收集与市场调研管理员	厂家融资租赁产品销售明细表　表3
4	运输公司租赁产品		运输公司租赁产品销售明细表　表4
5	运输公司以租代售产品		运输公司以租代售产品销售明细表　表5
6	销售分期产品		销售分期产品销售明细表　表6

2）贷中管理：包括客户申请管理、客户评价管理、条件查询管理、客户能力管理、收入利润管理、客户贷款管理、客户明细表管理。

3）贷后监督管理：包括车辆运营监控管理、客户回访管理、优秀客户关怀管理、困难客户保证管理。

4）风险处置管理：包括欠款催收管理、风险评估管理、风险化解管理、风险处置管理。

4. 确定意向客户（车主）**范围**

1）已经购买过金融服务产品、在贷款（或融资租赁等）期内正常还款、没有逾期的客户。

2）符合金融服务客户判定标准，准备开发的"意向客户"。

5. 确定学习的标杆

1）确定业务学习标杆：经销商的金融服务业务学习标杆。

2）建立金融服务产品学习标杆。

6. 确定竞争对手

1）确定业务竞争对手。

2）确定产品竞争对手。

五、确定营销方案、营销模式和营销方法

1. 制定营销方案

1）组合产品营销方案：将经销商所经营的产品，只要是客户需要的一并组合起来进行营销。

2）单一产品营销方案：只进行金融服务产品的营销。

2. 确定营销模式

营销模式包括：收取服务费营销模式、免费营销模式。

3. 确定销售方法

金融服务产品必须采用流程销售法。具体流程如下。

1）客户开发流程（贷前管理）。

2）客户申请与业务核准流程（贷中管理）。

3）产品交付流程（贷中管理）。

4）客户监管流程（贷后管理）。

六、制定营销政策

1. 组合产品销售优惠政策

建议同其他产品一起制定销售政策。如将不同的产品（车辆、销售服务、车辆保险、金融服务、车辆保养、车辆维修、配件、车队产品等）组合在一起制定销售政策。

2. 单项销售政策

对于老客户、大客户，建议制定单独的优惠政策，如老客户购买政策、大客户购买政策等。

七、确定产品销售价格制定方法

（1）定价依据及计算公式　见财务管理部制定的《价格管理制度》中的规定。见《商用车营销红宝书：营销管理篇》第九章第三节的相关内容。

（2）确定定价方法　竞争定价法、差别定价法。

（3）销售价格　销售价格包括商务经理销售价格、部长销售价格、总经理销售价格、最高销售限价。

1）不同的岗位有不同的价格权限。

2）防止出现价格混乱和乱签批价格的行为。

八、建立营销目标

1. 根据自己的能力和以往的业绩，建立销售目标

1）新车金融服务销售率（％）。

2）二手车金融服务销售率（％）。

3）小额贷款余额（元）。

4）贷款客户逾期率（％）。

5）贷款客户收车率（％）。

6）收车客户起诉率（％）。

7）按照车辆平均，贷款损失额（元）。

8）万元贷款损失额（元）。

2. 建立销售目标

按照新车销售金融服务，二手车销售金融服务、小额贷款销量（按照车辆计算）建立销量计划。

九、编制产品销售明细表、销售价格表，制定销售计划

1. 产品销售明细表、销售价格表、销售计划编制的责任部门

1）产品销售明细表、销售计划的管理权、批准权在市场管理委员会，由金融服务部进行编制，报市场管理委员会批准。

2）产品销售价格表按照财务管理部给出的计算公式，由金融服务部编制，报财务管理部审核，由市场管理委员会批准。

2. 编制产品销售明细表

产品销售明细表是产品推荐的依据，是按照产品完整性原则编制的；是在产品名称和产品编号下，产品与品种的组合。

建立产品销售明细表模板，建立销售明细表。具体见佐卡公司网站业务管理制度附件产品销售明细表金融服务产品销售明细表。

3. 编制产品销售价格表

1）计算公式见《商用车营销红宝书：营销管理篇》第九章商用车经销商的财务管理第三节。

2）产品销售价格表模板见佐卡公司网站业务管理制度附件产品销售价格表金融服务产品销售价格表。由于表格太大，这里不再展示。

4. 制定产品销售计划

（1）销售计划制定的原则

1）销售计划销量原则上不能低于上年销量。

2）销售计划下，利润计划不能亏损。

（2）销售计划模板　产品销售计划表模板见佐卡公司网站业务管理制度附件中的产品销售计划表中的金融服务产品销售计划表。由于表格太大，这里不再展示。

十、建立金融服务产品销售资源

1. 建立意向客户明细表

按照下列方向，建立意向（目标）市场：

1）新购车客户的意向（目标）市场，有两个意向（目标）市场，分别是本公司车辆营销部开发的新购车目标客户和没有此项业务的经销商的新购车目标客户。

2）已购车客户的（项目贷款产品）意向目标市场，也有两个意向（目标）市场，分别是本公司已购车客户和没有此项业务的经销商的已购车客户。

注意：这个明细表非常重要，是金融服务业务最基础的资源。

2. 建立已有客户明细表

将所有在金融服务部购买过金融服务产品的客户进行统计，建立金融服务业务已有客户明细表。

3. 建立战败客户明细表

将所有在金融服务部洽谈过购买金融服务产品事宜，但没有成交的客户进行统计，建立金融服务业务战败客户明细表。

4. 建立客户等级名单

将所有购买过金融服务产品但出现过逾期、收车、和解、起诉，给公司造成金融服务损失的客户，按照是否收车、是否起诉、是否造成损失分别建立客户黄名单、红名单、黑名单。

5. 建立客户对比表

客户对比表作为一个工具，当本业务的销售收入、利润不如竞争对手时，看看自己的客户和竞争对手的客户有什么差距。

6. 建立贷款首付比例管理

按照客户的还款能力，建立首付比例管理。还款能力强的客户，首付比例低，月度还款额大；还款能力弱的客户，首付比例高，月度还款额小。这样才能确保客户每月有能力还款（而不是看客户有多少现金用于购车，缺额部分就做贷款）。

金融服务产品销售资源明细表见表5-8。

表 5-8 金融服务产品销售资源明细表

序号	资源内容及目的	责任人	使用工具
1	找到本业务可以开发的所有客户，建立明细表		本业务组织意向客户明细表 表1
2	将本业务已经完成（销售）交易的客户列入此表，便于继续交易		客户明细表 表2
3	将本业务（销售）交易失败的客户列入此表，便于继续开发		战败客户明细表 表3
4	建立客户黑名单制度，建立逾期客户明细表	部长	逾期客户明细表 表4
5	当（万元金融服务收入）销售利润低于竞争对手时，采用此表进行对比，找到原因，找到改善的方向 当竞争不过竞争对手时，采用产品对比表进行分析 当竞争不过竞争对手时，采用竞争管理表进行分析		客户对比表 表5
6	按照客户能力，建立对应得首付比例管理表		客户运输能力评分对应贷款首付比例表 表6

注：详细的金融服务产品销售资源表见金融服务业务管理制度附件中的金融服务产品销售资源表。

第三节　经销商的金融服务业务管理

一、金融服务业务管理注意事项

1. 建立客户评定标准是做好金融服务业务的关键

这是一项基础性的工作。客户的评定标准主要有三个：基础情况调查评定标准、还款能力评定标准、运输管理能力评定标准、黑名单、征信查询评定标准、入户调查评定标准等。建立这些评定标准的目的是防范风险。

1）建立意向客户基础情况调查评定表，将健康状况不佳、职业记录差、有不良嗜好、在当地口碑不佳的意向客户排除，见表5-9。

表 5-9 意向客户基础情况调查评定表（部分内容）

序号	项目／分值	1	2	3	4
1	年龄在 20~55 周岁的合法公民	20~30 岁	51~55 岁	31~40 岁	41~50 岁
2	身体健康，没有家庭病史	观察本人身体不健康	身体健康＋医疗保险	身体健康＋医疗保险＋没有家庭病史	身体健康＋医疗保险＋没有家庭病史＋职业保险
3	有 B 类驾驶证，有 2 年以上的驾龄	B 以上 +2~5 年	B 以上 +6~10 年	B 以上 +11~20 年	B 以上 +21 年
4	职业记录良好	有致人死亡事故	有伤人事故	有赔款事故	无任何事故
5	是否为共产党党员	一般公民	是共产党党员	是共产党党员＋村干部	是共产党党员＋公务员

（续）

序号	项目/分值	1	2	3	4
6	是否为社会名流	一般公民	政协委员	人大委员	劳动模范/致富带头人
7	是否为行业带头人	村行业带头人	乡行业带头人	县行业带头人	地区行业带头人
8	无不良嗜好	开快车+酗酒+赌博+其他	开快车+赌博	开快车+酗酒	无

2）建立还款能力评定标准，将没有还款能力的客户排除或者帮助客户建立还款能力；同时，利用还款能力计算，确定购车客户的首付金额标准。还款能力高的客户，首付比例可以低一些。

3）建立运输管理能力评定标准，将没有管理能力、有可能由于管理不善造成亏损而不能按时还款的客户排除。同时，利用此标准建立购车客户首付比例标准指标。

4）建立客户黑名单，降低风险。这个黑名单将不良客户的直系亲属包括在内为好。

5）建立征信查询评定标准，将列入金融机构、执法机关黑名单的客户排除，降低风险。

6）建立入户调查评定标准，将没有道德的客户排除，降低风险。

7）建立评定结果输出：由风控经理负责，根据评定结果，输出评定意见，见表5-10。

注意：（1）这是由风险控制经理负责的工作，具有一票否决权。所有客户想要购买金融服务产品，必须提出申请，通过评定。

（2）建立独立的风险审批人制度十分重要。

（3）在客户的评价完成之后，是否对业务进行客观的评估，以及对产品经理、商务经理、客户经理的道德风险进行监督，则成为风险控制的关键。

（4）风险控制应重点把握以下几点：

1）客户评分、评价、还款能力计算的复核；重点将客户的盈利能力与本行业平均数进行对比，看是否超出平均数太多。若超出太多，则不正常。

2）审核业务人员所推荐的产品是否违反审批的相关原则或管理办法。

3）客户收入与还款能力匹配，测算产品经理所推荐的金融产品与客户的收入预期是否相匹配，防止因还款周期不匹配而给客户造成持续的现金流负数，进而产生业务风险。

具体的评定标准，不同区域的经销商可以根据当地实际建立。其模板扫描前言中的二维码，进入佐卡公司网站，打开"产品与服务"部分查看。

2. 客户开发的重要性

1）现状：经销商的金融服务部门大都不重视客户开发的管理，只是被动地接受车辆营销部门和其他业务部门提供的客户对金融服务产品需求的信息，进行产品销售和交付。

2）机会：由于不少经销商都不重视金融服务产品的对外营销业务，所以就给这项业务进行客户开发提供了机会。

3）是个好业务：购买过自己产品的客户、战败客户、其他经销商的客户都可以开发。因为金融服务产品对所有客户都是通用的。

4）经销商利用金融服务业务开发客户，开发的成功率更高，带来的收益更大。

表5-10 评定结论表

序号	车型	上照标准	客户基础情况评定		客户运输管理能力评定		客户还款能力评定（计算）			评定结论（意见）		
			评分分值	等级	评分分值	等级	还款额/元	还款能力/元	评定	允许最低首付比例	贷款期限/年	贷款产品名称
1	牵引车	上照	100	优秀	130及以上	I级	15000	30000	有能力	不低于0%	3	
2	载货车		90	良好	110~129	II级	15000	20000	有能力	不低于10%	3	
3	轻卡		68	合格	80~109	III级	15000	15000	增加首付	不低于20%	3	
4	客车		50	不合格	60~79	IV级	15000	12000	没有能力	不提倡		
5			40	不合格	60以下	V级	15000	10000	没有能力	禁止		
6	自卸车	上照	100	优秀	130及以上	I级	15000	20000	有能力	不低于10%	3	
7	专用车		90	良好	110~129	II级	15000	15000	增加首付	不低于20%	3	
8			68	合格	80~109	III级	15000	12000	没有能力	不低于30%		
9			50	不合格	80以下	IV级	15000	10000	没有能力	禁止		
10	矿用运输机械	不上照	90	良好	130及以上	I级	15000	15000	增加首付	不低于40%	1	
11	工程机械		68	合格	110~129	II级	15000	12000	没有能力	不低于50%	1	
12			50	不合格	110以下	III级	15000	10000	没有能力	禁止		
...	...	...	...	...	...	...	...	...	...	...	...	...

5）客户购买金融服务产品后，通过客户每月还款，增加了客户黏性；同时，通过监控客户的经营和车辆的运营，更能找到优质客户、发现不良客户。

3. 客户调研的重要性

客户调研就是要摸清楚客户的基本情况、还款能力、管理能力、社会道德，客户需要的金融产品，调查清楚客户的下列（主要）问题：

1）客户是干什么的？做哪个运输细分市场？

2）运输什么货物？一次装载质量、装载方量是多少？

3）走什么道路？运输距离是多少？回程运输什么？

4）用什么样的车最合适？什么样的功能、性能、配置、公告、价格最合适？

5）客户需要什么样的服务？我们能提供什么？

6）如果客户同意与我们合作，我们还需要在哪些方面提高、改善？提高、改善到什么程度客户才能满意？

4. 客户开发过程管理的重要性

金融服务产品由于其产品的特殊属性，不是谁想买就能买，必须在尽量确保无风险的条件下销售。因此：

1）客户开发的过程，就是进行客户调查的过程、了解客户需求的过程，想办法提高自己的服务能力满足客户需求的过程。

2）客户开发的过程，就是发现客户不足的过程，就是帮助客户提高、改善的过程，就是建立客户关系的过程。

3）客户开发的过程，就是发现双方是否适合合作的过程。如果发现双方不适合合作，就要及时终止，那样还能维持现有的关系（买卖不成情谊在）；否则，硬要勉强，就有可能造成双方的不满意。

4）客户开发管理，就是将意向客户变成意向目标客户的过程

5. 重视项目（小额）贷款

（1）项目（小额）贷款的重要性

1）满足不同客户需求，项目贷款产品主要从以下四方面进行设计。

① 对于有货源的客户，通过项目贷款，增加购车数量，帮助扩大经营规模。这方面的产品品种有保险贷款、车辆购置税贷款等。

② 对于有还款能力的客户，通过项目贷款，降低贷款成本。这方面的产品品种有首付贷款、尾款贷款等。

③ 对于缺少部分资金的客户，通过项目贷款，能够迅速购车。这方面的产品品种有保险贷款、车辆购置税贷款、尾款贷款等。

④ 对于缺少流动资金的客户，通过项目贷款，能够解决流动资金短缺问题。这方面的品种有加油贷、高速公路过路（ETC）贷、轮胎购买贷、购买配件贷、保险续保贷等。

2）提高了客户的黏性。

3）增加了商品的销售。通过项目贷款，会增加轮胎、燃油、配件、保险、年审等产品（品种）的销售。

（2）项目贷款产品的特点

1）项目贷款产品贷款额较小（不高于5万元）。

2）项目贷款期限较短（一般低于半年，最长不超过1年）。

3）项目贷款是助力主营业务的发展而经营的产品（自己不经营的项目，不做项目

贷款）。

提醒：做其他一级经销商的二级经销商而经营的项目，也是自己经营的项目，例如销售轮胎、销售燃油等。

4）项目贷款产品不是直接给借款者现金，而是公司给借款者一个信用额度，让其来公司消费或购物。

提醒：所经营的项目、产品要有竞争力，价格应与市场同类产品相当。

（3）项目贷款的评定标准　相对于车辆购买贷款要简单。项目贷款所要求的客户标准见表5-11。

表 5-11　项目贷款客户评定标准表（仅供参考）

序号	项目	判定依据	判定标准	备注
1	购买的车辆	装有车辆管理系统	通过	
2	基础情况	评分合格以上	通过	
3	还款能力	还款能力与还款额相等及以上	通过	
4	黑名单	不在黑名单上	通过	
5	金融服务协议书	签订了金融服务协议书	通过	
6	征信查询	银行没有不良记录	通过	

注：1. 这是项目贷款客户评定标准。已经做过贷款的、没有不良记录的优质老客户再做贷款（包括车贷、项目贷款），进行审查时可以参照这个判定标准。

2. 在做客户贷款审查时，这5项合格，就通过审查。

（4）项目贷款的流程　相对于车辆购买贷款，项目贷款的流程要短。简述如下：①签订服务协议书→②向客户经理提交贷款申请，注明贷款产品、项目名称→③客户经理评定，向产品经理提交评定表→④产品经理审查合格，报风控经理申请批准→⑤风控经理批准→⑥报计划员列入计划→⑦计划员下达计划→⑧商务经理负责同客户签订贷款合同→⑨转产品经理负责准备产品→⑩客户办理借款手续完成，产品经理交付实物：加油卡、ETC卡、轮胎、续保保单/合同、配件提货单/发票（必须在指定的服务站进行保养、维修）等。

（5）完成时间　1天之内。

6. 签订合作协议的重要性

1）签订合作协议的客户，如果购买了金融服务产品，经销商就有了监督车辆运行的权力。

2）明确贷款不能通过银行审批时处置抵押资产的权力。这一条很重要，有时候金融机构没有放款，经销商就把车放给客户运营了。当金融机构不放款时，这辆车如何处置就成了问题。

3）具有了向客户进行产品传播的理由。

7. 全面进行信息查询

1）信息真实性非常重要：通过可利用的各类查询平台，例如央行征信、行业大数据、在用车运营能力查询、公安、法院、身份与联系方式一致性比对等，确定客户申请信息的真实性。

2）客户信息必须符合金融业务资金提供方的审批标准及监管部门的硬性要求。

3）客户信息必须符合经销商自己的管理要求。

8. 尽职调查，一定要全面

（1）客户调查

1）客户所提供身份资料、联系方式等基础信息的真实性比对。

2）居住、家庭关系人等情况的真实性比对，包括但不限于父母、子女等，并了解其社会关系、社会道德情况。

3）现有财产，包括但不限于房产、在用车辆等真实性比对。

4）申请人预期收入情况复核。

（2）挂靠运输公司调查

1）协议真实性。

2）如果出现了收车的情况，是否配合过户。

（3）货主调查

1）是否有长期的运输合同。

2）货主对客户是否满意、运价是否真实，是否能按时付款。

（4）担保人调查

1）担保人是否具有担保资格。

2）担保人是否具有担保能力。

（5）其他调查项目　其他审批部门要求尽职调查的项目。

注意：**（1）尽职调查**："担保人""运输公司""入户核实"项目中只要有否决项的内容，就是调查不合格。

（2）尽职调查由风控经理组织实施，每次调查，催收经理、法务经理、部长岗位中必须有一个岗位人员参加。

（3）尽职调查越严谨、细致，风险越小，催收经理、法务经理的工作量才能越低。如果部门完成公司下达的金融服务计划，同时又没有逾期的客户，公司可将风险准备金的**30%**奖励给这三个岗位的人。

（4）落实风险前提条件。如果客户申请的贷款为银行贷款产品，应调查客户的"条件"是否符合金融机构及监管部门的审批标准，避免因超过标准不能放款而给客户造成后续影响。

（6）出调查结论　尽职调查完成，出具报告，见表 5-12。

9. 建立合作的运输公司非常重要

1）建立挂靠（加盟）运输公司审查标准，明确运输公司不能参与购车贷款。

2）明确双方为客户提供服务的项目，防止重复提供和双方都不提供。

3）明确运输公司在客户不能按时还款需要收车、拍卖时，应配合过户。防止出现不配合过户造成车辆贬值的风险。

10. 签订法律文书齐全性非常重要

1）法律文书的类别。法律文书应包括如下类别。

① 主合同，包括但不限于借款合同（或融资租赁合同）、借款借据等。将债权人与债务人的相关权利、义务约定清晰；如果由于借款人自身条件不足而增加担保人，应将担保条款一并约定清晰。

② 委托扣款协议，约定债务人的还款方式与还款信息，由债务人授权债权人按照主合同之约定扣划还款。

表 5-12 尽职调查结论模板

借款人基本情况				
姓名		住址		
身份证号		联系方式		…
借款在用车辆情况				
品牌		车牌号		
型号		…		…
借款人在用车使用情况				
承运行业		主要货物		
年行驶里程		…		…
…				
…	…	…	…	…
考核结论				
结论	□合格　□追加合格　□不合格		理由：	签字：

③ 抵押类合同，将涉及车辆到车辆管理部门办事抵押登记业务，其目的用于后续诉讼过程中对抗善意第三人。

④ 还款计划类合同：为借贷双方公平约定，应将还款期限内的还款计划公示，并由借款人签字。

⑤ 担保类合同，适用于参与金融业务的机构没有从事借款或融资租赁资格，需要通过担保的方式参与汽车金融业务。参与者应与债务人签订相关协议，用于证明担保行为得到了债务人的认可。

⑥ 挂靠类合同适用于车辆没有登记在借款人本人名下，而是由于运营或其他需求，登记在某运输公司或他人名下的情形。挂靠协议的主要内容应约定物权所有，物权法对于动产登记有了相关规定，但是实际司法解释中仅为对抗主义，而非生效或公示主义，所以需要对挂靠车辆的物权归属约定清楚。

⑦ 共同还款类合同，适用于有共同还款或偿债人的业务，应签订该类合同，用于认定为共同债务。一般情况下，配偶为共同还款人，而除配偶之外的家庭成员为共同偿债人。

⑧ 其他资产抵押类合同，适用于由于借款人本人资信能力不足，需增加资产担保作为增信措施的合同。

⑨ 居间服务协议，此协议用于办理担保类业务时使用。因为在金融机构放款之前，存在着因银行审批政策、监管部门政策变化等诸多因素导致不能放款的风险，所以如果没有专属协议用于约束借款人与公司的权利与义务，将会产生较大纠纷。本协议是专门约束双方在银行贷款发放之前的权利与义务的法律文书。

⑩ 其他合同，如 GPS、保证金、保险续保等与金融服务业务相关的合同，如果在相关法律文书中没有约定的，应单独签署法律文书加以约定。

2）注意事项：

① 必须面签或网上面签。

② 必须安装、使用人脸识别系统进行真实身份识别，防止找代替人面签。在签字的环节必须做到本公司（或金融机构）人员亲签及借款人亲签，并留存签字图像或视频。只要是

找代替人面签的，合作立即终止，将其记入"黑名单"。

③ 借款人为自然人的金融业务，虽说《物权法》及其相关司法解释对于夫妻一方单签所产生的不超过一定范围的家庭债务，可以认定为共同债务，但是为了防范司法环境的不同而产生的法律风险，需借款人夫妻双方签字并加按指印。

④ 借款人为法人的金融业务，应根据法律文书生效条件约定，加盖有效印件（应比对印件真实性），法定代表人或代表人（授权代表人要求有《法人委托授权书》）签字。

⑤ 如果涉及法人客户对外担保的，应根据提供担保企业的公司章程相关规定，要求担保的企业提供股东会决议；否则，担保行为不产生法律效力。

11. 做金融业务的经销商必须有销售服务业务的重要性

1）安装车辆运行监控（锁车）设备，当客户不能按时还款，满足收车条件时，能够及时锁车、收车。

2）办理抵押登记。

① 对于上照车辆，按照公安部机动车登记管理办法，到车辆注册登记机关办理机动车抵押登记业务，用于法律诉讼过程对抗善意第三人和保证优先受偿权。

② 不上照车辆或机械设备，应到车辆或设备所在地工商部门办理动产备案登记手续，其效力等同于机动车抵押登记。需要注意的是，司法公证并不具备上述效力。

③ 专项或小额贷款业务涉及的车辆抵押，车辆应作为专项业务的担保品，按照前述要求办理相关登记工作。

3）防止在车辆完成注册登记到车辆办理抵押登记过程中出现短暂的失控期，造成车辆被盗风险。在这期间，如果借款人私自补办登记证书，并将车辆过户给其他第三人，那么债权人将丧失对车辆的追索权。因此，金融业务的参与者应尽量避免或缩短这一失控期（也就是说，营运证及抵押登记的办理必须由经销商负责，不能由客户自己办理）。

12. 车辆交付管理的重要性

在车辆交付过程中，应将完成注册登记之后的车辆相关贷款合同，以及保养、行车、运营手续一并交付给客户，要求客户出具确认书。确认书的内容应包括车辆状态确认、车辆手续交接确认、贷款合同交接确认等项目。曾有国内某企业由于空白合同或客户没有合同一事造成群体性事件。应当注意，机动车登记证书和保险合同应交付给客户复印件，便于客户后期的年检、营运、事故索赔等业务。

13. 档案管理的重要性

（1）交接时限

所有法律文书，应及时办理交接给金融服务部门相应组织或岗位，也就是办完一项业务随时交接，统一整理并按照清单汇总，如有遗漏的情况，应及时补充完善。在产品交付流程完成之后（担保类业务需要银行放款）的一定时间内，必须将档案移交给档案管理部门，统一进行管理。

（2）合同的规范性

1）要保证所有的客户资料清晰、规范，相关法律文书所填写内容准确；在相应位置加盖印鉴并签字，如有多页合同，应加盖骑缝章以示完整性。

2）需要注意的是，交给客户的合同与公司存档的合同一定要保证一致性，即使是复印件，也要注意不要出现空白合同。曾经有过案例：某公司客户持有未加盖公司印鉴的复印件合同主张法院判令无效合同（公司工作人员将没有加盖公章的合同复印后，将复印件交给客户，公司留存的合同为后期自行补盖公章），司法部门支持了该诉求。

（3）档案的完整性

一整套档案应分为客户基础资料部分、法律文书部分、车辆手续部分和银行放款资料部分。因为档案的完整性是金融服务业务风险的最后一道防线，如果不能保证档案的完整性，将直接对法律诉讼造成风险，所以档案管理应设立专属人员，并且保证其完整性。

客户档案清单登记表，见表 5-13，仅供参考。

表 5-13　客户档案清单登记表

大类	类别	资料名称	份数	备注
基础资料	借款人	身份证	1	复印件
		…	…	…
	配偶	身份证	1	复印件
		…	…	…
	担保人	身份证明	1	复印件
		…	…	…
	…	…	…	…
法律文书		借款或担保合同	2	原件
		…	…	…
车辆手续		车辆登记证书	1	原件
		行车本	1	复印件
	…	…	…	…
银行放款手续		借款借据	1	原件
		放款凭证	1	原件
		…	…	…

（4）档案保管要求

1）时效性。指在一般情况下普遍适用的时效，这类时效不是针对某一特殊情况规定的，而是普遍适用的，如我国《民法总则》第一百三十五条规定的："向人民法院请求保护民事权利的诉讼时效期限为 3 年，法律另有规定的除外。"这表明，我国民事诉讼的一般诉讼时效为 3 年。所以一般情况，对于正常的业务已经结清并且无其他纠纷，合同保管期限，为自该笔业务完全结束之日起 3 年。

特殊情况，可以结合合同的生效日期、法律的诉讼时效或具体的欠款情况自行确定档案的保管期限。例如，由于客户欠款，已经取得生效的法院判决书（生效的法院判决书没有失效限制），合同就需要一直保管至客户完全履行判决之后。

2）保管与出借。档案的保管应建立完善的保管、出借、审批、归还流程，并设立台账。档案的出借必须履行出借审批手续，严格按照出借审批时限归还档案，防止档案遗失而给公司造成不必要的损失。将档案的保管、出借、审批、归还督导责任明确。

14. 建立 GPS 运营监控系统

建立 GPS 运营监控系统，对客户车辆（包括其他所有部门的客户车辆）进行管理、监督、监控。管理内容包括但不限于以下方面。

（1）运营管理　装货地点、行驶的路线（是否偏离）、卸货地点、加油情况、行驶里程、运营天数、ETC 使用、油耗、电子围栏报警等。

（2）车辆管理 年审时间提醒、保养时间提醒、故障提醒、故障报警等。

（3）贷款管理 还款时间提醒等。

（4）监控管理 监控的内容包括但不限于以下方面。

1）车辆异常监控：车辆长时间停驶监控（事故？故障？驾驶员有问题？没有货源？）。

2）车辆行驶路线异常监控。

3）行驶里程异常监控。

4）其他异常监控等。

（5）监督的内容

1）驾驶习惯。

2）安全行驶（是否有危险驾驶情况）。

3）休息情况（是否有疲劳驾驶）。

4）违章情况。

每月出具车辆监控、管理报告。报告的内容如上所述。

（6）日常监控工作内容

1）每日监控：主要是针对 GPS 所反馈的各种信号进行判断，是否出现各类预警情况，如 GPS 断电、长时间停驶、道路大幅偏离等。如果出现预警情况，应第一时间对预警产生的原因进行排查，并确定客户联系方式是否失联，对客户是否存在欠款隐患进行第一时间确认。

2）每周监控：每周监控的目的是对客户的行驶线路、区域进行统计，分析客户的大致作业环境和范围，是否存在行驶异常的情况。通过累计的统计数据比较，对车辆的行驶路线进行有效的掌握，有助于部分失联客户或车辆的后期查找；也可以分析出车辆运营状况是否正常，例如车辆存在停驶情况，应安排专人对客户情况进行了解，防止客户因无运营收入而影响还款。

3）每月监控：主要通过客户的月度行驶里程、轨迹及客户的还款情况，对客户进行分类管理。如果行驶里程明显低于同行业水平，则应对客户的运营情况进行研判，分析具体原因，判断是否有不还款的可能性等。同时，对欠款客户的 GPS、联系方式等进行重点关注，查看是否有失联情况存在。

15. 正常客户动态评价的重要性

应从正常还款的期数、车辆行驶轨迹是否规律、车辆出勤天数及行驶里程是否与本行业吻合等多个角度判断，找到优质客户，建立优质客户明细表，建立优质客户通道；建立不正常客户明细表，进行跟踪以防范风险。

（1）优质客户关怀 连续正常还款三期以上，车辆出勤天数及里程均与本行业车辆吻合，并且行驶线路规律，基本上可以判断出客户的运营业务收入及现金流稳定，还款来源充足。我们可以将其列为优质客户进行管理，加大对该客户的关注度，并且为客户提供例如保险、加油等专项的金融服务业务，以帮助客户提高运营能力；通过降低收益率的方式，提升优质客户的黏性。

（2）一般客户关注 针对连续三期正常还款，但运营线路不稳定或出勤天数不足的客户，我们应将其作为一般客户进行管理，对其进行持续的关注。这是因为一段时间的连续正常还款不代表其运营收入稳定，应延长评价周期进行综合判定。

（3）不正常客户跟踪 如果客户首期还款就出现欠款或车辆运营情况明显不正常，那么公司应加强对该客户的关注。如果排除非客观因素而产生上述结果，则可以将其列为劣质客户。一旦其被列为劣质客户，首先要考虑的是通过哪种方式降低损失，措施包括但不限于扣车、诉讼、和解、增加担保等。

（4）走访周期　客户经理应该最长2个月走访客户一次，进行座谈，了解情况。

16. 如何对风险进行预警及分类

（1）风险预警　所有金融业务产生实质性风险之后，大部分都会出现一些异常情况。对于风险的预警，就是要对即将或可能出现的风险进行预判，第一时间对可能出现风险的业务进行重点关注，将风险消灭在萌芽状态，最大限度降低公司损失。可以从如下方面入手进行预判。

1）车辆运营是否正常。每周对所有贷款车辆进行监控。查看车辆的运营，应从行驶轨迹的规律性、出勤天数、是否停运等三个方面判断。行驶轨迹规律代表着车辆的运输业务稳定，收入可期；出勤天数是运营收入的保障，如果出勤天数低于行业标准，则可能会导致运营收入不足；一旦发生停运情况，则应第一时间关注客户的停运情况及原因，进而有针对性地采取下一步措施。

2）电话失联。每周对所有贷款客户进行关怀，检查电话联系是否正常。借款人的电话失联，也是可能产生欠款的一个预警信号，一旦出现失联情况，要通过对共借人、担保人、紧急联系人的联络进行信息修复。如果失联信息修复成功，则无须采取下一步措施；如修复不成功，则要第一时间确定车辆状态，为下一步采取果断措施做准备。

3）设置GPS失联报警（即使车辆安装内置贷款管理系统，失联情况较少，也可能出现）。现阶段商用车大部分安装的GPS具备很强的防拆除能力，一旦发生断电报警的情况，排除维修等情况所产生的断电报警后判断是否为故意拆除，这将作为一个影响潜在风险的重要因素。

4）月还款断供。在发生客户未正常还款情况后，要对客户的运营情况及未正常还款的原因进行综合评价，要对客户的运营能力、运输质量、车辆情况、运输收入现金流情况等影响还款的因素区别对待，以便于有针对性地采取措施。

5）行业发生变化。当某一特定行业发生变化，或者由于政策的变化而影响到某种车型的发展，应引起警觉。例如，轿运车超限运输的限制等对轿运行业的影响、计重收费对长途物流6×2车型的影响、城市渣土车管理对渣土清运行业的影响等。因为政策会对某个行业或某种车型产生本质上的影响，所以作为金融服务业务人员，要对行业的变化有充分的敏感度。

（2）风险分类　按五级分类标准进行管理。

银行或金融机构将所有贷款分为两类、五级进行分类管理，分别是正常类贷款和不良类贷款。其中，正常类贷款包括正常和关注；不良类贷款分为次级、可疑、损失，共五级。

1）正常：借款人能够履行合同，一直能正常还本付息，不存在任何影响贷款本息及全额偿还的消极因素，银行对借款人按时足额偿还贷款本息有充分把握。贷款损失的概率为0。

2）关注：尽管借款人有能力偿还贷款本息，但存在一些可能对偿还产生不利影响的因素，如果这些因素继续下去，借款人的偿还能力受到影响。贷款损失的概率不会超过5%。

3）次级：借款人的还款能力出现明显问题，完全依靠其正常营业收入无法足额偿还贷款本息，需要通过处分资产或对外融资乃至执行抵押担保来还款付息。贷款损失的概率在30%~50%。

4）可疑：借款人无法足额偿还贷款本息，即使执行抵押或担保，也肯定要造成一部分损失，只是因为存在借款人重组、兼并、合并、抵押物处理和未决诉讼等待定因素，损失金额的多少还不能确定。贷款损失的概率在 50%~75%。

5）损失：指借款人已无偿还本息的可能，无论采取什么措施和履行什么程序，贷款都注定要损失，或者虽然能收回极少部分，但其价值也是微乎其微。从银行的角度看，也没有意义和必要再将其作为银行资产在账目上保留下来，对于这类贷款在履行了必要的法律程序之后应立即予以注销。贷款损失的概率在 75%~100%。

我们可以参照上述分类标准，加上欠款的期数进行分类管理，针对不同类型的客户分部门管理，采取不同的应对措施。一方面避免由于业务人员的感情而放大风险；另一方面避免清收部门的强制措施而损失部分优质客户。

也可以将以往的客户按照这个标准进行分类，和欠款损失进行挂钩，建立自己的风险金（提取与使用）管理。

（3）机动性分类管理　由于机动车的特定属性，机动车抵押贷款不同于普通的抵押类贷款，所以还要对不同的情况加以灵活掌握。应将借款人的联系方式、车辆运营、GPS 等要素引入到五级分类中，建立标准＋机动性做动态的五级分类并进行管理，例如表 5-14。

表 5-14　风险管理表

分类	正常	关注	次级	可疑	损失	备注
逾期天数	0~7 天	7~30 天	31~60 天	61~90 天	90 天以上	暂时达到期数、未扣车的晋级为"次级"欠款，扣车的为"可疑"
垫款期数	0	1	2	3	4	暂时达到期数、未扣车的晋级为"次级"欠款，扣车的为"可疑"
GPS 状态	正常	正常	离线	离线	离线	确定离线后，直接可以越级，同时把每月越级的业务做统计（是否离线由 GPS 确认）
电话状态	正常	正常	失联	失联	失联	通过借款人、共借人、紧急联系人进行判断
车辆状态	未扣	未扣	未扣	扣押	变现有损失	车辆是否被我公司或我公司指定第三方扣押

（4）建立逾期客户统计与管理、逾期客户表现分析、逾期客户决策管理

1）风控经理负责：建立逾期客户管理表，对所有出现逾期的客户进行管理。

2）催收经理负责：组成由催收经理为组长，客户经理、信息员参加的催收小组，进行催收，并根据客户表现，建立逾期客户表现管理表。通过统计、分析客户表现，进行下一步的决策。

3）法务经理负责：建立由法务经理为组长，催收经理、风控经理、部长参加的逾期客户分析、决策小组，对逾期客户的表现进行分析、做出决策表，随时进行逾期客户分析，并做出决策。

17. 风险化解工作

（1）查找问题　当客户出现欠款风险后，公司首先应分析产生风险的原因，一方面是为下一步开展金融业务提供更多建议；另一方面为化解风险所采取的具体措施提供支持，有助于公司损失最小化。

1）自身的问题：

① 公司的风险控制体系是否存在问题。包括客户的初调、调查是否完善；信息查询覆

盖纬度是否完整准确；客户评价是否客观、科学；车辆收入与还款的匹配是否合理等；针对所出现的问题是否需要进行修改和完善；对于风险评价的环节、流程是否存在漏洞，有哪些方面需要加强等。如果存在上述方面问题，应向公司提出书面报告，对相关标准进行完善和修改。

② 公司是否存在从业人员道德风险。目前，除银行或非银行金融机构，对于参与类金融业务的从业人员，还没有对其进行道德评价的体系。而从业人员的道德风险，也是发生风险的一个重要因素。每笔业务，都要逐一进行道德风险排查，防止由于个别人员的道德风险而引发公司一定范围内的系统性风险。

在《商用车营销红宝书：营销管理篇》第六章第四节岗位评价、培训与员工淘汰管理中，介绍了定期进行岗位评价的内容。这在经济领域非常重要。

③ 贷款车辆是否存在质量问题，欠款的发生是否由于车辆质量问题而导致。

④ 其他由于公司自身的原因而导致客户欠款。

2）客户问题：

① 是否为客户的道德风险。出现道德风险的客户，其真实目的并非购买车辆，而用通过贷款的方式以实现其他目的。在实际的业务过程中，此类客户即可视为诈骗类客户。

② 有部分客户的还款意识不强，对于征信逾期还款的记录没有充分认识，导致客户可能会经常或间断性地不按期还款。

③ 商用运营车辆的还款来源于预期运营收入，如果车辆运输收入不能达到预期，还款将无法得到保障，这就对从业者，特别是新从事商用车运输的从业者带来了经营上的风险。

3）市场或其他问题。行业政策变化导致贷款车辆的收入、成本等发生巨大变化，或者该行业发生了巨大变化。例如，国家对化石能源行业的相关政策变化，直接导致煤炭行业的变化等，进而影响到整个煤炭运输行业。

4）货源问题：

① 客户的货源不足而导致客户的收入不足以支撑正常的还款。

② 货主欠款：客户所从事的运输业务产生大量的应收款，所回笼的现金流不够，无法保障还款等。

5）其他问题为可预见的问题，例如：

① 驾驶员的违法导致车辆涉案。

② 驾驶员的责任心不强导致车辆事故或故障。

③ 标的车辆的不可预见风险等。

注意：客户问题在金融产品设计中已经强调过，即必须要在金融产品设计中明确金融产品对应的车辆、货主、驾驶员、客户标准；否则，出现风险在所难免。

（2）找到解决方案

1）增加增信措失继续履行合同。

① 针对部分有偿还能力，并且有还款意愿的客户，在还清所有拖欠款项的前提下，可以通过增加保证金、其他财产抵押的方式，在降低公司风险的同时，让客户继续履行原合同。

② 如果客户无法支付保证金，也可以用奖励的方式达成协议，如利用老客户带新客户的奖励当做保证金，使公司既不因欠款损失老客户，也用新客户的收入弥补因欠款而造成的部门损失。

2）增加增信措施延期还款，达成延期还款协议。如果客户暂时不能全额偿还拖欠款项，但客户的未来发展可期，公司可以要求客户以提供担保、增加抵押物等方式，对所拖欠款项进行担保。达到条件的可以与之签订延期还款协议。延期还款协议必须约定延期还款的期限，以及延期还款后如何弥补公司损失和再次出现欠款的措施等。

3）帮助客户寻找货源，通过运输业务收入还款。如果因为客户的货源不足导致收入不足而不能及时还款，在客户仍有运营意愿的前提下，公司可以利用自身的客户资源为客户打造一个信息共享平台。例如，公司将货源不足的客户介绍给有运力需求的客户，通过信息共享，利用欠款客户未来的运输收入偿还欠款及未来还款，这样既解决了部分客户的货源不足问题，又解决了部分客户的运力不足问题，同时化解了公司的业务风险。

4）车辆主动交回，达成合同解除协议。对于已经丧失了运营能力的客户，要最大限度地与之达成合同解除协议。达成合同解除协议的前提是客户主动交回车辆并配合公司实现车辆变现，同时客户要对变现不足以覆盖欠款的债务承担继续履行的义务。只有车辆快速变现，公司的损失才能降到最低，同时客户未来承担的预计债务也最小；否则，客户不但将承担诉讼、逾期变现的大量费用，还要承担因延后变现而导致的车辆减值风险。

5）司法诉讼。在上述途径均无法实现的情况下，公司可以通过法律诉讼的方式解决。但以法律诉讼的方式化解风险存在着司法资源不足、司法程序过长、执行困难等诸多不利因素。

诉讼过程包括起诉、立案、诉前保全、开庭、审理、判决、执行、评估、拍卖等程序，这仅是一审的程序，还不包括二审、申诉等程序。另外，开庭、执行、评估、拍卖均需要送达被告人，如果被告人拒收或无法接收，则只能进行公告送达，将延长司法诉讼时间。

（3）关于逾期客户决策、帮助、化解、诉讼解决风险的管理

1）法务经理负责：建立决策执行表，明确决策执行人，限期完成任务。

2）法务经理负责：建立逾期客户执行处理顺序、处理方法及项目、内容表，用于指导执行人在执行任务过程中应采取的措施和注意事项，防止出现违法行为，引起法律纠纷。

3）法务经理负责：建立逾期客户收回车辆处置表。按照标准的流程进行车辆的处置。

① 优先由运输公司收购，进行租赁。

② 其次是交给二手车业务部进行整备，以租代售；或由其负责处置。

③ 最后是直接拍卖。

18. 客户开发（合同签订、产品交付）**完成，建立客户明细表的重要性**

建立意向目标客户明细表、目标客户明细表、客户明细表，有以下好处。

1）积累客户群体，就是积累财富。一个企业，没有了客户，就没有了一切。

2）掌握了客户的基本情况，便于沟通。

3）建立客户购买保险产品的提醒时间，便于及时了解客户需求，提前准备产品。

4）便于掌握客户需求，便于及时掌握和调度客户产品及服务的交付情况。

19. 设置客户经理的重要性

具体见第二章第三节的相关内容。

20. 客户开发要有提前量

1）金融服务产品，从客户需求的提出，到客户调查、征信查询，再到产品交付，相对流程较长，建立提前量，有利于产品的及时交付，提高客户满意度。

2）提前进行客户开发，有利于按照流程进行产品的交付，防止仓促交付和由于尽职调查不严格导致的客户风险。

21. 了解商用车相关法律法规

了解商用车金融服务涉及、需要掌握的相关法律、规定，防止因法律风险造成损失；同

时也有利于利用法律武器减少损失。这些法律法规如下。

1）《中华人民共和国民法典》特别是其中涉及物权、婚姻、合同、担保等方面的法律条款。

2）2015 年《最高人民法院关于人民法院办理执行异议和复议案件若干问题的规定》。

3）《汽车消费贷款管理办法》。

4）《关于开展个人消费信贷的指导意见》。

5）《汽车贷款管理办法》。

6）《汽车金融公司管理办法》。

22. 客户再开发的重要性

1）增加客户黏性。

2）提高客户满意度。

3）增加经销商收入。

23. 客户回访的重要性

每一个客户开发完成、购买了产品或没有购买产品的客户，都要进行回访。其原因如下。

1）要知道为什么购买，总结经验以利于发扬光大。

2）要知道为什么不购买，找到不足以利于改善。

3）找到不足一定要改善，否则永远没有进步。

二、金融服务业务管理的内容、流程与工具

1. 组织管理

（1）责任部门　综合管理部。

（2）责任岗位　综合管理部部长。

（3）管理方法　评价法（见组织管理制度附件）。

（4）管理依据

1）建立管理制度：组织管理制度、金融服务部工作制度。

2）综合管理部按照《组织管理制度》《金融服务部工作制度》对金融服务部进行管理。

（5）流程与工具（模板）见表 5-15。

表 5-15　金融服务部组织管理流程与工具（模板）

序号	流程节点名称及目的	责任人	使用工具
1	公司组织设计	董事长	按区域进行公司组织规划表　表1
2	按照业务进行业务组织设计	总经理	按业务进行公司组织设置表　表2
3	按照业务不同，进行业务组织岗位设计	董事会　总经理	（独立法人的总公司）业务与组织设置表　表3
4	对每一个岗位要规范作业内容，明确作业项目	部长	岗位作业内容表　表4
5	根据作业量不同，进行岗位人员数量设计	部长	岗位、人员设置（报）表　表5
6	根据部门工作制度，设计部门工作任务	部长	部门任务计划（报）表　表6

（续）

序号	流程节点名称及目的	责任人	使用工具
7	设计部门会议	部长	部门会议计划管理表　表7
8	为及时了解部门计划工作进度，进行工作计划调度	部长	工作/业务计划实施情况周/月度调度、评价（报）表　表8
9	在计划调度的基础上，为确保任务完成，进行计划分析	部长	月度计划完成情况分析（报）表　表9
10	总结、改善计划工作	部长	持续改善、改进工作计划表　表10

注：具体的组织管理流程与管理工具见金融服务业务管理制度附件中的金融服务部组织管理流程。

2.（意向）客户开发管理

（1）责任部门　金融服务部。

（2）责任岗位　部长、计划员。

（3）管理方法　管理模板。

（4）管理依据

1）建立管理制度：金融服务业务管理制度、金融服务部工作制度。

2）金融服务部按照《金融服务业务管理制度》《金融服务部工作制度》对意向客户的开发进行管理。

（5）流程与工具（模板）　见表5-16。

表5-16　（意向）客户开发流程与工具（模板）

序号	流程节点名称及目的	责任人	使用工具
1	建立意向客户开发明细表，防止漫无目的地跑客户	部长	意向客户开发明细表　表1
2	编制客户开发计划，建立监督的基础，防止出工不出力	计划员	（××）月份意向客户开发计划表　表2
3	编制客户拜访计划，提高开发效率	计划员	意向客户开发，拜访计划表　表3
4	编制客户拜访准备计划，提高开发成功率	计划员	意向客户开发，拜访准备计划表　表4
5	拜访客户，收集客户支出、收入信息，计算还款能力，剔除没有能力的客户，防范风险	产品经理	意向客户开发拜访，收集信息，进行"还款能力计算"表　表5
6	拜访客户，收集客户运输管理能力信息，进行打分评定，剔除没有能力的客户，防范风险	产品经理	意向客户开发拜访，收集信息，运输能力打分评定表　表6
7	针对客户购买意向，推荐产品，引导客户建立对产品的兴趣	产品经理	意向客户开发，产品推荐表　表7
8	针对销售的产品（包括其他服务产品），征求客户意见，便于进行产品的改进	产品经理	向意向客户征求产品意见表　表8
9	根据客户意见，进行产品改进，确保客户满意	产品经理	产品改进（计划）表　表9
10	对改进后的产品进行再推荐	产品经理	意向客户开发，改进后产品推荐表　表10
11	客户满意，确认需要购买的产品	产品经理	意向客户开发，产品购买确认表　表11
12	初步报价，进行商务洽谈。防止以后购买时，出现较大的价格偏差 这是客户真正购买时的报价基础	产品经理	意向客户开发，产品报价及商务洽谈表　表12

（续）

序号	流程节点名称及目的	责任人	使用工具
13	客户对产品、价格、服务满意，签订合作协议	产品经理	客户购买（配件）产品合作协议（代合同）书 表13
14	对开发完成后签订协议的客户，建立明细表，准备进行产品销售	产品经理	意向目标客户明细表 表14
15	开发计划完成，进行考核	计划员	（××）月份意向客户开发计划完成考核兑现表 表15

注：详细的意向客户开发流程与工具见金融服务业务管理制度附件中的客户开发流程与表格。

3. 客户购买金融服务产品核准管理

（1）责任部门　金融服务部。

（2）责任岗位　客户经理、计划员、产品经理、风控经理。

（3）管理方法　管理模板。

（4）管理依据

1）建立管理制度：金融服务业务管理制度、金融服务部工作制度。

2）金融服务部按照《金融服务业务管理制度》《金融服务部工作制度》对意向目标客户购买产品进行核准管理。

（5）流程与工具（模板）　见表5-17。

表5-17 客户购买金融服务产品核准流程与工具（模板）

序号	流程节点名称及目的	责任人	使用工具
1	收集客户购买信息	客户经理	意向目标客户，购买信息收集表 表1
2	确认客户购买信息	产品经理	意向目标客户，购买产品信息确认表 表2
3	客户申请	客户经理	借款人（客户）贷款申请表 表3
4	提交资料	客户经理	借款人（客户）贷款申请需要提交资料表 表3.1
5	审核资料，审核合格者列入贷款审查计划	计划员	××月客户贷款业务核准计划表 表4
6	进行客户基础情况调查，评分	客户经理	个人客户基础情况调查（判定）表 表5
7	进行客户还款能力调查，计算、评分	产品经理	"还款能力计算"复核表 表6
8	进行客户运输能力调查，计算、评分	产品经理	运输能力复核表 表7
9	上述满足要求，推荐产品	产品经理	客户购买产品推荐、确认表 表8
10	客户同意购买产品，提供担保人信息，并进行审查	产品经理	客户贷款担保人信息提报与审查表 表9
11	向担保人宣读担保法相关知识	产品经理	担保人应具备的知识（宣读） 表9.1
12	对不符合条件的贷款人，可以通过增信措施，满足贷款条件	产品经理	不符合贷款条件客户，继续增信措施表 表9.2
13	需要加盟运输公司的客户，提供运输公司信息并审查通过	产品经理	客户准备加盟运输公司信息提报审查表 表10
14	运输公司通过审查，同客户签订加盟协议并提交审核通过	产品经理	贷款人同运输公司，合作协议书 表10.1

（续）

序号	流程节点名称及目的	责任人	使用工具
15	收集"客户征信查询授权书"	客户经理	银行个人征信查询授权书（模板）　表11
16	查询客户征信	风控经理	借款人（客户）信息查询表　表12
17	查询合格客户，建立明细表	风控经理	（查询合格）目标客户明细表　表13

注：详细的产品销售核准流程与工具见金融服务业务管理制度附件中的产品销售核准流程与表格。

4. 产品交付管理

（1）责任部门　金融服务部。

（2）责任岗位　客户经理、计划员、风控经理、商务经理、档案与报卷经理。

（3）管理方法　管理模板。

（4）管理依据

1）建立管理制度：金融服务业务管理制度、金融服务部工作制度。

2）金融服务部按照《金融服务业务管理制度》《金融服务部工作制度》向目标客户交付产品进行管理。

（5）流程与工具（模板）　见表5-18。

表5-18　**金融服务产品交付流程与工具**（模板）

序号	流程节点名称及目的	责任人	使用工具
1	编制贷款计划，报相关贷款机构、下发相关业务人员	计划员	××月客户贷款计划表　表1
2	上报贷款机构，批准客户贷款申请	风控经理	客户贷款申请、建议批准表　表2
3	贷款机构批准贷款，下达通知书，通知客户	风控经理	同意贷款通知书（模板）　表3
4	通知客户交付贷款定金	商务经理（部长兼）	客户定金交付通知书　表4
5	收取客户贷款定金	商务经理（部长兼）	收款收据　表4.1
6	入户考察，核实	风控经理	入户考察、家访、核实表　表5
7	考察、核实合格，通知客户提交同运输公司签订的合作协议书	客户经理	客户加盟运输公司合作协议书（模板）表6
8	签订（敞口）贷款合同，上报贷款机构	风控经理	客户贷款合同签订表　表7
9	一次组卷（包括合同），上报贷款机构审批	档案与报卷经理	一次报卷资料明细表　表8
10	审批通过，通知客户交首付款，收款使用（收款收据表4.1）	商务经理（部长兼）	客户交款通知书　表9
11	车辆办理手续	产品经理	车辆手续办理表　表10
12	车辆手续齐全，二次报卷	档案与报卷经理	二次报卷资料明细表　表11
13	贷款机构批准贷款，贷款到位。下达通知书，通知客户，交付产品	产品经理	产品交付表　表12
14	建立客户档案	档案与报卷经理	客户档案管理表　表13

（续）

序号	流程节点名称及目的	责任人	使用工具
15	建立客户明细表	档案与报卷经理	（产品交付）客户明细（报）表 表14
16	进行客户回访	客户经理	客户回访表 表15
17	总结经验，改善不足	部长，客户经理	客户回访，问题、经验总结改善表 表16
18	考核	计划员	（××）月份销售计划完成考核兑现表 表17

注：详细的产品交付流程与工具见金融服务业务管理制度附件中的产品交付流程与表格。

5. 贷款（客户）监管管理

（1）责任部门　金融服务部。

（2）责任岗位　监控管理员、法务经理、客户经理、档案与报卷经理、产品经理。

（3）管理方法　管理模板。

（4）管理依据

1）建立管理制度：金融服务业务管理制度、金融服务部工作制度。

2）金融服务部按照《金融服务业务管理制度》《金融服务部工作制度》对贷款客户进行监督管理。

（5）管理的流程与工具（模板）　见表5-19。

表 5-19　贷款（客户）监管管理流程与工具（模板）

序号	流程节点名称及目的	责任人	使用工具
1	建立监管明细表	档案与报卷经理	监管客户明细表 表1
2	每月出具监管报告	监控管理员	车辆运营监控报告表 表2
3	对优质客户每季度进行一次关怀	客户经理	优质客户管理、关怀表 表3
4	对逾期客户进行报告	档案与报卷经理	逾期客户管理（报）表 表4
5	对逾期客户进行分析，找到逾期原因，找到解决逾期的方法，防范风险	法务经理	逾期客户表现分析决策表 表5
6	建立分析模板	法务经理	逾期客户表现分析，决策表（举例）表5.1
7	根据决策意见，由催收经理执行，确保风险降到最低	法务经理	决策执行表 表6
8	对催收情况进行调度，防止失控	法务经理	逾期客户决策执行调度管理表 表7
9	催收不力，收回车辆，处置车辆，减少损失	法务经理	逾期客户收回车辆处置（报）表 表8
10	客户贷款结束，解除抵押	产品经理	贷款客户还款完成管理表 表9
11	对逾期客户欠款处置进行总结，接受教训	法务经理	逾期客户欠款处置总结（报）表 表10

（续）

序号	流程节点名称及目的	责任人	使用工具
12	建立逾期客户黑名单，直接关联 9.1 客户资源表　表 4	法务经理	逾期客户黑名单　表 11
13	建立优质客户明细表，直接关联 9.1 客户资源表　表 2 客户明细表	档案与报卷经理	优质客户明细（报）表　表 12
14	按照计划进行考核	计划员	（××）月份意向客户开发计划完成考核兑现表　表 13

注：详细的贷款监督管理流程与工具见金融服务业务管理制度附件中的客户监管流程与表格。

6. 营销过程问题管理

见第二章第三节的相关内容。

详细的问题解决看板见车辆营销业务管理制度附件中的客户开发与销售过程遇到问题解决看板。不同业务遇到这些问题，都可以建立同样的看板。

7. 客户再开发

见第二章第三节的相关内容。

1）产品销售核准流程和产品交付流程见本节第二部分。

2）详细的客户再开发流程与工具见车辆营销业务管理制度附件中的客户再开发流程与表格。

本章小结与启示

本章主要介绍了商用车金融服务产品的分类及不同产品的优缺点，希望为金融从业者进行产品设计、建立差异化产品优势打下良好基础。

本章将乘用车与商用车金融服务的差异进行了比较。从业者应充分认识商用车金融服务的特点，在进行产品设计和营销过程中有针对化地进行产品推广和客户营销活动。

商用车金融服务管理的关键，取决于其组织建设和从业者的职业道德。因此要求从业者应具有较高的素养和职业道德。

商用车风险控制中，对困难客户的帮助非常重要，可以大幅度降低风险。

本章学习测试与问题思考

1. 按金融服务产品提供者不同分类，金融服务产品有哪些？

2. 项目（小额）贷款流程是什么？

3. 车辆贷款中相关的法律文书包括哪些？

4. 金融服务部一般要制定哪些管理制度？

5. 金融服务部有几个管理流程？名称分别是什么？

第六章

商用车保养业务管理[⊖]

第一节 基本概念与基本内容

一、车辆保养的重要性与国家相关规定

1. 车辆保养的重要性

1）车辆保养可以保证车辆性能始终处于良好状态，可以随时出车，不用担心车辆的技术状态问题。

2）车辆保养可以有效提高车辆的效率，降低油耗及其零件和轮胎的消耗。例如，经常保养发动机，其油耗不会增加，反而更加省油。

3）车辆保养可以增加行车安全。保养的作用就是避免行车途中突然发生故障，从而保证人身安全。

4）车辆保养可以避免车辆发生小故障的风险，从而降低发生大故障的概率。

① 车辆保养时的整车检查，可以及时发现车辆存在的问题或者故障隐患。

② 车辆维护时可以及时排除这些"问题"或者"故障隐患"。例如四漏问题、螺栓松动问题、早期磨损问题等。

③ 通过消除这些问题或隐患，可以大幅度降低车辆故障发生的概率，消除大故障，从而降低维修费用，提高车辆出勤率，实现"以养代修"的目的。

5）车辆保养可以减少噪声和对环境的污染。保养车辆，会对其排气系统等进行养护，可有效减少污染物的排放。

6）车辆保养可以保持车辆外观整洁，防止不应有的损伤，主动查询隐患并及时排除。

7）车辆保养是按照国家的《道路运输车辆技术管理规定》进行的。

⊖ 本章作者：崔士朋、赵旭日。

134

2. 国家有关管理规定

《道路运输车辆技术管理规定》（中华人民共和国交通运输部 2016 年首次发布，2019 年 6 月 21 日经修改后再次发布），对车辆维护与修理有专门的规定，摘要如下（有删节）。

第三章 技术管理的一般要求

第十四条 道路运输经营者应当建立车辆技术档案制度，实行一车一档。档案内容应当主要包括：车辆基本信息，车辆技术等级评定、客车类型等级评定或者年度类型等级评定复核、车辆维护和修理（含《机动车维修竣工出厂合格证》）、车辆主要零部件更换、车辆变更、行驶里程、对车辆造成损伤的交通事故等记录。档案内容应当准确、详实。

车辆所有权转移、转籍时，车辆技术档案应当随车移交。

道路运输经营者应当运用信息化技术做好道路运输车辆技术档案管理工作。

第十五条 道路运输经营者应当建立车辆维护制度。

车辆维护分为日常维护、一级维护和二级维护。日常维护由驾驶员实施，一级维护和二级维护由道路运输经营者组织实施，并做好记录。

第十六条 道路运输经营者应当依据国家有关标准和车辆维修手册、使用说明书等，结合车辆类别、车辆运行状况、行驶里程、道路条件、使用年限等因素，自行确定车辆维护周期，确保车辆正常维护。

车辆维护作业项目应当按照国家关于汽车维护的技术规范要求确定。

道路运输经营者可以对自有车辆进行二级维护作业，保证投入运营的车辆符合技术管理要求，无需进行二级维护竣工质量检测。

道路运输经营者不具备二级维护作业能力的，可以委托二类以上机动车维修经营者进行二级维护作业。机动车维修经营者完成二级维护作业后，应当向委托方出具二级维护出厂合格证。

按照上述规定，车辆保养必须做好保养记录、建立档案。例保（一级维护）、定保（二级维护）的检验单、合格证必须随车携带（复印件），以备查（道路交通管理部门、车辆年审部门）。

二、车辆保养的分类与相关名词解释

1. 车辆保养的定义

车辆保养，是以下四项技术工作的统称。

1）检查：进行全车检查。

2）维护：进行全车维护（包括清洁、紧固、润滑、调整等）。

3）更换和加注：就是按照保养手册、维修手册等的要求，对需要更换的所有油品、滤芯等易损件、安全件进行定期的更换；对不需要更换的冷却液、液压油等易耗液体进行补加。

4）预警：对在全车检查中发现的存在问题的部件、零件进行警示。警示的内容包括：零部件名称、存在的问题、预计还能行驶的里程，继续使用过程中应注意的事项、建议处理方案等。

以上四项的具体项目明细见《商用车营销红宝书：营销管理篇》第十章业务管理制度附件 4.2 中产品销售明细表中的保养产品销售明细表。

2. 车辆保养的分类

车辆保养通常分为日常保养、新车强制保养（简称强保）、例行保养（简称例保）、定期保养（简称定保）、停驶保养、封存保养等。

1）日常保养：出车前检查、途中检查和回场后的保养。主要是维护车辆清洁，确保行车安全。

2）新车强制保养：新车、大修后的车辆在使用初期，各零部件磨合后及时进行的保养。

3）例行保养：根据车辆生产厂家保养手册、维修手册中的有关保养规定，在行驶一定里程（一般 1 万~3 万 km，甚至更长）后所进行的周期性保养。也就是车辆的一级维护。

一级维护由专业维修企业负责执行，作业内容除日常维护作业外，以清洁、润滑、紧固为主，并检查有关制动、操纵等安全部件。一级维护应按照交通运输部《道路运输车辆技术管理规定》的规定执行。

注意：使用的保养用品及配件的规格、型号、质量要求不同，保养间隔里程也不一样。

4）定期保养：根据车辆生产厂家保养手册、维修手册中的有关保养规定，在行驶了较长里程后（一般进行了两三次例保后，或 5 万~10 万 km）所进行的周期性保养，就是对车辆的二级维护。

二级维护由专业维修企业负责执行，作业内容除一级维护作业外，以检查、调整为主，并拆检轮胎，进行轮胎换位和制动系统的维护。二级维护前应进行检测诊断和技术评定，根据结果，确定附加作业或小修项目，结合二级维护一并进行。

各级保养（维护）的周期，依车辆生产企业的规定和运行条件以及保养用品的质量而定。

二级维护应按照交通运输部《道路运输车辆技术管理规定》的规定执行。

5）停驶保养：对停驶车辆的定期保养。军车、季节性使用的专用车多有此项保养。

6）封存保养：车辆封存前的保养。军车、季节性使用的专用车、工程机械等多有此项保养。

三、车辆保养的主要内容

（一）车辆保养的主要内容

（1）检查　进行全车检查。

① 检查是否有"四漏"：漏油、漏液、漏气、漏电。

② 检查所有的紧固件是否牢固。

③ 检查轮胎是否正常。

④ 检查转向系统是否正常。

⑤ 检查车辆的工作性能和局部工作状态，如制动距离和制动蹄片的磨损量、发动机功率和气缸压力、油路和电路技术状况是否符合规定等。

（2）清扫　汽车内外表面的打扫、清洗和擦拭，以及各种滤清器滤垢、燃烧室积炭和冷却系统水垢的清除等。

（3）润滑　向各润滑点加注或填充润滑脂，以及加添或更换发动机、变速器、转向器、主传动器等的润滑油。

（4）紧固　主要是紧固各螺纹连接的螺栓、螺母。

（5）调整　根据检查作业结果，把汽车总成或零件调整到符合规定的技术状态。

（二）车辆的日常保养

日常保养，即日常维护，是出车前、行车中、收车后的作业，由驾驶员负责执行，作业中心内容是清洁、补给和安全检视，是保持车辆正常工作状况的经常性、必须的工作。

车辆日常保养非常重要。对日常保养稍有大意不仅会给车辆造成无谓的损伤，而且会危及行车安全。例如，润滑油缺乏会引起"拉缸、烧瓦"，车辆某一部分功能失常会引发交通事故等。反之，如果日常保养工作做得仔细认真，不仅能使车辆保持常新，而且还能掌握车辆各部分的技术状况，避免机械事故和交通事故。

由于日常保养是由驾驶员负责执行的，又非常重要，所以在这里做重点介绍。

其实，日常保养工作很简单，归纳起来就是：清洁、紧固、检查、补充。

1. 清洁

空气中含有大量灰尘、泥沙和酸性物质，不仅容易被泄漏的燃油黏附，在高温烘烤下容易形成坚硬的油泥层，使机件的散热性能变差，而且容易被车身静电吸引而侵蚀油漆面，使其过早褪色。

（1）清洁空气滤清器 空气滤清器（简称空滤）过脏会阻碍新鲜空气进入气缸，导致混合气过浓、燃烧不完全、功率下降、排气超标。现代空气滤清器一般都采用纸质滤芯，清洁时注意：不用水或油洗，应采用轻拍法和吹洗法。轻拍法即轻轻拍打滤芯端面，使灰尘脱落。吹洗法即用压缩空气从滤芯内部往外吹。空气压力不应超过 0.3N/Pa（仅供参考）。

（2）清洁机油滤清器 机油滤清器（简称机滤）堵塞，会阻碍机油的流动，使发动机润滑不良、磨损加大甚至"烧瓦"等。为此，应定期清洗或更换。汽油机通常每行驶 8000km左右更换一次，若气候干热，应缩短为 5000km 更换一次（仅供参考）。

（3）清洁蓄电池 一般都采用免维护蓄电池。首先清洁蓄电池顶部，避免极柱间因电解液或其他杂质而造成短路；其次清洁蓄电池接线柱，防止接头产生氧化物而导致接触不良。通气孔应畅通，以免蓄电池内压力或温度过高而发生爆裂。

2. 紧固

车辆清洗干净后，就要对各连接处进行紧固。车辆行驶过程中的振动、颠簸、摇摆等原因，必然造成连接件松动、磨损。因此，在日常保养中要及时紧固。连接件的日常紧固工作直接关系到行车安全，特别是转向、制动、传动等重要部件，切不可掉以轻心。

1）对各胶管的接头进行紧固，防止跑、冒、滴、漏。

2）紧固各线路及用电设备的连接件，防止断路、短路、搭铁等情况影响用电设备的正常工作。

3）对主要运动部件的连接件进行检查、紧固，如气泵传动带，转向系统及制动系统、传动系统连接件以及轮胎螺栓等。

3. 检查

连接件紧固后，应检查各种油液的液面高度和品质，因各种油液在高温下都会逐渐损耗与氧化，导致液面降低和性能变差。

（1）蓄电池液面高度 用一个直径为 5~6mm 的试管，从加液口垂直向下至与滤网接触后，用大拇指封闭住试管的上端，提起管，测其液柱的高度即为蓄电池液面高度，标准应为10~15mm（仅供参考）。

（2）润滑油液面的高度 冷车时取出机油尺，擦净后，插入油底壳底部，抽出后观察其高度，应在上下标线之间。热车时应熄火，待机油全部流入油底壳后再进行测量。

（3）冷却液液面的高度 冷车时，膨胀水箱中的冷却液液面高度应在标线之间。热车时，液面高度应略高于上标。

（4）制动液、转向液液面高度　旋下螺栓，直接观察液面是否在规定标线范围内。

（5）油液的品质　无论是何种油液，均可采用下列方法检查。

1）外观法：查看取出的油液样品，若比较透明，表明污染不严重；若呈雾状，则油液中渗有水；若呈灰色，可能是被铅或其他磨料污染；若呈黑色，则是被高温废气所污染。

2）扩散法：将取出的油液样品滴一滴于滤纸上，若扩散很宽且油滴区与扩散区无明显的区别，表明油液的洁净性良好；反之，则为油液洁净性变差。

4. 补充

（1）油液的补充　检查时若没有发现油液有明显的缺少，应查找是否泄漏。若有，应予以排除，并及时补足同等级别的油液。

（2）油液的更换　若油液变质或超过更换周期，应及时更换。

1）汽油机通常每行驶 8000~10000km 或半年需要更换一次机油；轻（微）型货车通常每行驶 2 万 ~4 万 km 或每 2 年更换一次制动液；使用 1~2 年更换一次冷却液；每使用一年或行驶 10000km 更换一次液压油（仅供参考，以保养手册为准）。

2）高端柴油机通常每行驶 3 万 ~10 万 km 需要更换一次机油。油液的型号不同，参数不同，质量不同。制动液、转向助力液、离合助力液、冷却液等的更换按照产品说明书。以上仅供参考，请以保养手册为准。

第二节　打好车辆保养产品市场营销基础

车辆保养业务和车辆保险业务一样，是为车辆服务的业务。做好车辆保养服务工作，让客户"买得放心，用着省心"，是以客户为中心的具体体现。在车辆保养业务中，能够帮助用户真正实现"以养代修"，降低车辆的使用成本、保养成本、维修成本，在产品和服务上实现创新和差异化经营，这是经销商保养业务提高竞争力的关键。如何实现差异化和创新经营？打好基础是关键，在打好基础的同时，也就实现了产品的差异化。实现服务的差异化，需要做好服务管理（详见《商用车营销红宝书：营销管理篇》第一章服务营销）。

一、建立营销组织

1. 建立组织的重要性

见第二章的相关内容。

2. 建立营销组织

（1）建立组织　依据客户需求建立业务组织的原则，设置车辆保养部。

（2）设置岗位　岗位设置与岗位业务管理的主要职责，见表6-1。

3. 聘任干部和岗位人员

1）聘用原则：见第一章采购业务管理的相关内容。

2）设置客户经理的重要性：

① 车辆保养产品是客户重复购买的产品（例行保养、定期保养），需要经常提醒客户。

② 车辆保养产品中的配件产品是在不断升级的，需要客户经理不断向客户进行推荐。

③ 客户在购买产品的过程中需要客户经理一直提供服务，以减少客户跑腿。

④ 客户经理可以不断地向客户推荐其他业务产品，提高销售收入。

表 6-1　车辆保养部岗位设置及岗位业务管理的主要职责

序号	部门名称	岗位名称	主要职责	备注
1	车辆保养部	部长	部门管理、业务管理、客户开发、风险控制	兼计划员
2		计划员	计划、派工、费用、工资、激励管理	
3		产品经理	客户开发、产品管理、业务洽谈、车辆保养	兼商务经理
4		商务经理	政策、价格管理、商务洽谈、合同签订、客户回访	
5		客户经理	客户开发、信息收集、客户接待、服务费/货款结算	
6		车辆保养员	车辆检查、维护、更换、加注、补加、预警、保养派工单交回	
7		信息员	信息收集	

二、制定车辆保养业务管理制度

制定车辆保养业务管理制度的重要性见第二章的相关内容。

车辆保养业务相关管理制度包括业务管理制度、部门工作制度、岗位作业制度，见表 6-2。

表 6-2　车辆保养业务相关管理制度列表

序号	制度名称	制度性质	执行本制度的部门	本制度的管理部门
1	车辆保养业务管理制度	业务制度	车辆保养部	综合管理部
2	车辆保养部工作制度	业务制度	车辆保养部	综合管理部
3	车辆保养部部长岗位作业制度	业务制度	车辆保养部	综合管理部
4	车辆保养部计划员岗位作业制度	业务制度	车辆保养部	综合管理部
5	车辆保养部产品经理岗位作业制度	业务制度	车辆保养部	综合管理部
6	车辆保养部商务经理岗位作业制度	业务制度	车辆保养部	综合管理部
7	车辆保养部客户经理岗位作业制度	业务制度	车辆保养部	综合管理部
8	车辆保养部保养工岗位作业制度	业务制度	车辆保养部	综合管理部

注：上述相关的制度（模板）见佐卡公司网站。

三、确定车辆保养业务管理范围

1. 确定车辆保养业务管理的区域

1）根据车辆营销业务管理的区域范围，确定车辆保养业务管理的区域范围。其范围不能小于车辆营销业务管理的区域范围。

2）根据客户车辆的运营区域范围，确定车辆保养业务管理的区域范围。其范围不能小于客户车辆运营的区域范围。根据谁的产品谁负责服务的原则，建议经销商按照客户车辆的运营范围确定车辆保养业务的区域范围。

2. 确定保养产品的经营范围

（1）整车保养，建立产品经营范围

1）强制保养。

2）例行保养。

3）定期保养。

（2）整车保养下，按系统建立经营的品种范围

1）动力系统保养产品（品种）。

2）离合操纵系统保养产品（品种）。

3）变速操纵系统保养产品（品种）。

4）传动系统保养产品（品种）。

5）转向系统保养产品（品种）。

6）制动系统保养产品（品种）。

7）悬架系统保养产品（品种）。

8）前桥系统保养产品（品种）。

9）后桥系统保养产品（品种）。

10）电器系统保养产品（品种）。

11）驾驶室系统保养产品（品种）。

12）货箱及举升系统保养产品（品种）。

13）浮动桥系统保养产品（品种）。

14）车轮系统保养产品（品种）。

15）车架及其他系统保养产品（品种）。

（3）整车保养下，按品牌建立车辆保养产品范围

1）按品牌确定产品的经营范围，如福田品牌车辆保养产品、解放品牌车辆保养产品、东风品牌车辆保养产品等。

2）在品牌产品下，按照车辆类型建立经营品种范围，如福田品牌的微型商用车保养产品、轻型商用车保养产品、中型商用车保养产品、重型商用车保养产品等。

3）在产品类型下，建立分车型的经营范围。如福田品牌欧曼重型商用车的牵引车保养产品、自卸车保养产品、搅拌车保养产品等。

确定车辆保养业务产品经营范围见表6-3，并依此建立产品组合、产品销售明细表。

3. 确定意向客户（车主）范围

明确客户范围：车辆保养业务可以满足的所有意向客户，是指车辆保养产品销售明细表所列产品能够覆盖的所有意向客户。包括但不限于以下三类。

1）公司已有客户、公司战败的客户、公司熟悉的客户、朋友推荐的客户、网站收集的客户、顾客推荐的客户。

2）业务组织可以开发的新客户。

3）在经销商覆盖的区域内，所有车辆，包括但不限于：

① 在当地从事运输的车辆。

② 路过当地的车辆。

③ 可以到经销商所在地进行年审、购买车辆保养产品的客户。

④ 所有商用车包括微型、轻型、中型、重型、客车、挂车（包括半挂车、中置轴车）、专用作业车。

4. 确定学习的标杆

1）确定业务学习标杆：经销商的车辆保养业务学习标杆。

2）建立产品学习标杆。

表 6-3　车辆保养业务产品、品种、项目列表

序号	整车保养产品名称	功能	性能	保养产品、品种、项目信息		保养项目			
				需要保养的系统	保养品种名称	检查	维护	更换、加注	预警
1	强制保养产品			—	无	✓	✓	✓	✓
2	例行保养产品	保证车辆的功能、性能保持在100%的状态。通过保养，争取消灭由正常磨损产生的故障维修，确保车辆出生的故障率达到95%以上	365天/24h。进站随时保养，6h完成一个定保。4h完成一个例保、强保。保养完成，强保1万km里内成确保没有正常磨损故障	1 动力系统	佐卡例保、动力系统保养产品	✓	✓	✓	✓
				2 离合操纵系统	佐卡例保、离合操纵系统保养产品	✓	✓	✓	✓
				3 变速操纵系统	佐卡例保、变速操纵系统保养产品	✓	✓	✓	✓
				4 传动系统	佐卡例保、传动系统保养产品	✓	✓	✓	✓
				5 转向系统	佐卡例保、转向系统保养产品	✓	✓	✓	✓
				6 制动系统	佐卡例保、制动系统保养产品	✓	✓	✓	✓
				7 悬架系统	佐卡例保、悬架系统保养产品	✓	✓	✓	✓
				8 前桥系统	佐卡例保、前桥系统保养产品	✓	✓	✓	✓
				9 后桥系统	佐卡例保、后桥系统保养产品	✓	✓	✓	✓
				10 电器系统	佐卡例保、电器系统保养产品	✓	✓	✓	✓
				11 驾驶室系统	佐卡例保、驾驶室系统保养产品	✓	✓	✓	✓
				12 货箱系统	佐卡例保、货箱及举升系统保养产品	✓	✓	✓	✓
				13 浮动桥系统	佐卡例保、浮动桥系统保养产品	✓	✓	✓	✓
				14 车轮系统	佐卡例保、车轮系统保养产品	✓	✓	✓	✓
				15 车架及其他系统	佐卡例保、车架及其他系统保养产品	✓	✓	✓	✓

（续）

序号	整车保养产品名称	功能	性能	项目信息		保养项目			
				需要保养的系统	保养品种名称	检查	维护	更换、加注	预警
3	定期保养产品	保证车辆的功能、性能保持在100%的状态。通过保养，争取消灭由正常磨损产生的故障，确保车辆维修。确保1万km里内没有正常磨损故障勤率达到95%以上	365天/24h。进站随时保养。6h完成一个定保。4h完成一个例保。强保、保养完成确保养达到95%以上	1 动力系统	佐卡定保、动力系统保养产品	√	√	√	√
				2 离合操纵系统	佐卡定保、离合操纵系统保养产品	√	√	√	√
				3 变速操纵系统	佐卡定保、变速操纵系统保养产品	√	√	√	√
				4 传动系统	佐卡定保、传动系统保养产品	√	√	√	√
				5 转向系统	佐卡定保、转向系统保养产品	√	√	√	√
				6 制动系统	佐卡定保、制动系统保养产品	√	√	√	√
				7 悬架系统	佐卡定保、悬架系统保养产品	√	√	√	√
				8 前桥系统	佐卡定保、前桥系统保养产品	√	√	√	√
				9 后桥系统	佐卡定保、后桥系统保养产品	√	√	√	√
				10 电器系统	佐卡定保、电器系统保养产品	√	√	√	√
				11 驾驶室系统	佐卡定保、驾驶室系统保养产品	√	√	√	√
				12 货箱系统	佐卡定保、货箱及举升系统保养产品	√	√	√	√
				13 浮动桥系统	佐卡定保、浮动桥系统保养产品	√	√	√	√
				14 车轮系统	佐卡定保、车轮系统保养产品	√	√	√	√
				15 车架及其他系统	佐卡定保、车架及其他系统保养产品	√	√	√	√

3）建立品种学习的标杆。

5. 确定竞争对手

1）确定业务竞争对手。

2）确定产品竞争对手。

3）确定品种竞争对手。

四、确定营销方案、营销模式和营销方法

1. 制定营销方案

1）组合产品营销方案：将经销商所经营的产品，只要是客户需要的一并组合起来进行营销。

2）单一产品营销方案：只进行车辆保养产品的营销。

2. 确定营销模式

营销模式包括：全款销售（车辆保养完成，付全款）、定期付款销售（针对大客户，车辆保养完成，按月付全款）。

3. 确定销售方法

1）9步销售法：一个组织的不同人员分工合作完成下列销售流程的方法。

① 客户开发。

② 信息收集。

③ 信息确认。

④ 产品确认。

⑤ 交付（时间、地点、购买方式）确认。

⑥ 价格确认。

⑦ 合同确认。

⑧ 付款。

⑨ 产品交付。

2）销售顾问法：一个人完成上述9步流程的方法。

五、制定营销政策

1. 组合产品销售优惠政策

对于个人客户、个体客户，建议同其他产品一起制定销售政策。例如，将不同的产品（车辆、销售服务、保险、金融服务、保养、维修、配件、物流运输公司产品等）组合在一起制定销售政策。

2. 单项销售政策

相对于老客户、大客户，建议制定单独的优惠政策，如老客户购买政策、大客户购买政策等。

六、确定产品销售价格制定方法

（1）定价依据及计算公式　定价依据见财务管理部制定的《价格管理制度》中的规定。计算公式见《商用车营销红宝书：营销管理篇》第九章商用车经销商的财务管理第三节的相关内容。

（2）确定定价方法　竞争定价法。

（3）销售价格　包括商务经理销售价格、部长销售价格、总经理销售价格、最高销售限价。

1）不同的岗位有不同的价格权限。

2）防止出现价格混乱和乱批价格的行为。

七、建立营销目标

1. 根据自己的能力和以往的业绩，建立销售目标

销售目标指标如下。

1）经销商自己销售车辆目标市场占有率（%）。

2）产品覆盖车辆目标市场占有率（%）或车辆保养数量（辆）。

3）品种覆盖车辆目标市场占有率（%）或系统保养数量（个）。

2. 根据市场销售数据、市场占有率计划，建立销售目标

按照车辆分类、车辆类别，建立品牌、子品牌、车型、产品、动力（马力）段、车辆名称下的目标市场销量计划（车辆保养数量计划）。

八、编制产品销售明细表、价格表，制定销售计划

1. 产品销售明细表、价格表、销售计划编制的责任部门

1）产品销售明细表、销售计划的管理权、批准权在市场管理委员会，由车辆保养部负责编制，报市场管理委员会批准。

2）产品销售价格表按照财务管理部给出的计算公式，由车辆保养部负责编制，报财务管理部审核，由市场管理委员会批准。

2. 编制产品销售明细表

产品销售明细表是产品推荐的依据，是按照产品完整性原则编制的；在产品（品种）名称和产品（品种）编号下，是产品与品种的组合，见表6-4（部分模板）。

表 6-4 强保产品、检查项目销售明细表（模板）

序号	品种（系统）名称	检查项目名称	作业内容
1	1 整车	资料	检查保修手册、购车发票（或发票复印件）
2		里程	检查购车日期、行驶里程是否在规定范围之内
3	2 动力系统	检查空气滤清器	检查空气滤清器清洁度
4		怠速	检查发动机怠速；起动发动机，倾听发动机在怠速、中速和高速运转时有无杂声异响
5		连接件、插接件	检查发动机各部位连接螺栓及各连接管路管夹及连接件
6		限速装置	检查限速装置
7		进、排气门	检查进、排气门间隙，需要时调整
8		传动带	检查发动机各种传动带的张紧度，需要时调整
9		冷却液	检查冷却液品质、液位
10		燃油 - 水分离器	检查燃油 - 水分离器排放是否正常
11		检查"三漏"	机油、柴油、冷却液是否泄漏
12		曲轴箱呼吸管	曲轴箱呼吸管是否堵塞

（续）

序号	品种（系统）名称	检查项目名称	作业内容
13		进气管	检查进气管有无磨损点、管路损坏、卡箍松动或管路破裂、腐蚀
14		冷却风扇	冷却风扇有无裂纹、铆钉松动、叶片弯曲或松动，安装是否牢固
15		空 - 空中冷器管路	空 - 空中冷器管路：检查空 - 空中冷器管路有无泄漏、孔洞、裂纹或连接松动。如有必要，拧紧软管卡箍
16		空 - 空中冷器	空 - 空中冷器：检查空 - 空中冷器中有无污垢和碎屑堵塞叶片。检查有无裂纹、孔洞或其他损害
17		检查增压器	检查增压器
18		检查空气压缩机	检查空压机锁紧螺栓、螺母和制动系统是否泄漏，检查空气压缩机排气管、压缩机传动带
19		检查散热器、中冷器	检查散热器、膨胀箱、百叶窗、冷却液泵、节温器工作是否正常；散热器、中冷器链接支架安装有无松动
20	2 动力系统	检查供油系统	检查供油系统
21		检查燃油蒸发控制装置	检查燃油蒸发控制装置
22		检查故障码	国四以上发动机需检查发动机当前故障和历史故障
23		后处理系统	国四以上发动机需检查后处理系统，补充添加车用尿素
24		检查天然气发动机气瓶与支架	检查天然气发动机气瓶与支架、燃气管路与支架固定是否牢固，天然气气管接头是否漏气
25		检查燃气表压力	检查燃气表压力是否正常，压缩天然气（CNG）车辆燃气压力需高于 3MPa，液化天然气（LNG）车辆燃气压力需高于 7bar（1bar=10^5Pa）
26		检查火花塞	检查火花塞电极燃烧情况，清理电极头部杂质并调整间隙
27		检查高压线	检查高压线表面及接头端内外面是否清洁
28		检查电子节气门	检查、清洁电子节气门
29		检查电磁阀	检查、清洁电磁阀
30		检查化油器	检查化油器及联动机构
31		检查发动机支架	检查支架、链接螺栓
32		看说明书，有无要求的漏项	发动机使用说明书中列明的其他定保检查内容
33		离合器踏板自由行程	检查离合器踏板自由行程，分离轴承间隙
34	3 离合系统	离合器分离	检查离合器分离是否彻底、结合是否平稳且不打滑
35		离合器液压油	检查离合器液压油（制动液）油位、离合助力器行程
36		离合器分泵行程	检查离合器分泵行程

(续)

序号	品种（系统）名称	检查项目名称	作业内容
37	4 变速操纵系统	检查变速器	检查变速器油面
38		变速器通气孔	检查和清洗变速器通气孔
39		检查操纵机构	检查操纵机构是否失灵或损坏
40		检查变速器拨叉轴	检查变速器拨叉轴
41		检查变速器固定螺栓	检查变速器固定螺栓
42	5 传动系统	检查防尘罩	检查防尘罩有无裂纹、损坏，卡箍是否可靠，支架有无松动
43		检查传动轴万向节工作状况	检查万向节有无松旷、卡滞、异响
44		检查传动轴承支架	检查传动轴承支架有无松动
45		检查中间轴承间隙	检查中间轴承间隙是否符合规定
46	6 转向系统	固定螺栓	检查所有固定螺栓
47		检查转向管路	检查转向管路胶管和接头有无老化或渗漏
48		检查是否漏油	检查转向管路及接头是否漏油
49		检查转向横、直拉杆	检查转向横、直拉杆，直拉杆臂转向臂各接头的连接和紧固情况
50		检查转向油壶油面高度	检查转向油壶油面高度
51		检查转向盘	检查转向盘的转动量和游隙
52	7 制动系统	检查蹄片	检查、调整前、中、后桥制动蹄片间隙
53		检查气压	检查全车制动气压是否达到规定值
54		检查行车、驻车状态气密性	检查行车、驻车状态气密性是否正常
55		检查贮气筒	贮气筒放水
56		检查防抱死制动系统（ABS）	检查 ABS 和牵引力控制（ASR）系统是否工作正常
57		检查制动管路	检查制动管路胶管和接头有无老化、裂纹和软管易擦伤的部位是否破损
58		检查制动阀	检查紧圆制动阀和管路接头
59		检查液压制动管路	检查液压制动管路内是否有气
60		检查制动踏板	检查制动踏板自由行程
61		检查行车制动、驻车制动	检查行车制动、驻车制动和辅助制动效能（试车时进行）
62	8 悬架系统	U 形螺栓、卡子	满载情况下检查各 U 形螺栓、卡子
63		推力杆螺栓	检查推力杆链接螺栓
64		检查稳定杆	检查稳定杆组件连接螺栓
65		检查全车钢板弹簧	检查全车钢板弹簧销及衬套
66		钢板弹簧挡板间隙	检查钢板弹簧挡板间隙

（续）

序号	品种（系统）名称	检查项目名称	作业内容
67	8 悬架系统	平衡轴固定螺栓	检查平衡轴固定螺栓的紧固情况
68		检查板簧与车架导向板	检查板簧与车架导向板间隙，更换过度磨损的导向板
69		检查外露连接螺栓	检查外露连接螺栓紧固情况
70		检查高度阀（空气悬架车）	检查高度阀工作情况（空气悬架车）
71		检查空气悬架气囊的（空气悬架车）	检查空气悬架气囊的工作情况（空气悬架车）
72		检查减振器	检查减振器工作情况
73	9 前桥系统	检查前轮前束	检查前轮前束
74		检查双前桥同步工况	检查双前桥同步工况
75		检查轮毂轴承间隙	检查轮毂轴承间隙
76		检查摩擦片磨损情况，检查制动底板紧固情况	检查摩擦片磨损情况，检查制动底板紧固情况
77		检查制动间隙	检查制动间隙
78		检查前驱动桥通气孔	检查全驱车的前驱动桥通气孔是否畅通
79		检查前轴	检查前轴（工字梁）有无弯曲、断裂现象
80	10 后桥系统	检查驱动桥通气孔并清洗	检查驱动桥通气孔并清洗
81		检查反向调整力矩（配自调臂车型）	检查反向调整力矩（配自调臂车型）
82		检查主减速器和轮边减速器油面	检查主减速器和轮边减速器油面
83		检查轮毂轴承间隙	检查调整轮毂轴承间隙
84		检查摩擦片磨损情况	检查摩擦片磨损情况
85		检查制动底板的紧固情况	检查制动底板的紧固情况
86		检查制动间隙	检查制动间隙
87	11 电器系统	检查各部线束	检查各部线束是否有刮磨现象，干涉现象；确定线束远离热源、尖锐物
88		检查各线束、用电器插接件	检查各线束、用电器插接件连接情况
89		检查蓄电池	检查蓄电池电解液的液面高度和比重以及蓄电池各单元的电压
90		检查蓄电池的固定、电缆接头	检查蓄电池的固定、电缆接头的紧固情况
91		检查蓄电池、发电机、起动机、电源总开关电源线、搭铁线紧固情况	检查蓄电池、发电机、起动机、电源总开关电源线、搭铁线紧固情况
92		检查灯光	检查各灯光工作是否正常，包括小灯、远近光灯、前后雾灯、左右转向灯、危险报警指示灯、制动灯、倒车灯及蜂鸣器、示廓灯、标志灯、踏步灯、室内灯、后照灯及车速灯等

（续）

序号	品种（系统）名称	检查项目名称	作业内容
93	11 电器系统	检查保险、继电器、熔丝、灯光、仪表、开关、传感器、电磁阀、闪光器、收放机、线束及其他电器件是否工作正常	检查保险、继电器、熔丝、灯光、仪表、开关、传感器、电磁阀、闪光器、收放机、线束及其他电器件是否工作正常
94		发动机电控系统自检	发动机电控系统自检
95		检查内外循环过滤网	检查或更换内外循环过滤网，补加制冷剂
96		检查暖风、空调	检查暖风（包括独立热源）、空调（包括独立空调）是否正常工作
97		检查电源插座	检查电源插座工作是否正常
98		检查车载蓝牙	检查车载蓝牙工作是否正常
99	12 驾驶室系统	检查刮水器的动作	检查刮水器的动作
100		检查发动机散热器罩	检查发动机散热器罩
101		检查前面罩	检查前面罩开启、驾驶室（电动或手动）翻转、锁紧机构是否工作正常
102		检查车门操纵机构	检查车门操纵机构、车窗升降、（电动或手动）天窗开启是否工作正常
103		检查驾驶室翻转机构	检查翻转机构螺栓、液压锁、驾驶室上锁体，涂润滑脂
104		检查座椅工作是否正常	检查座椅调整装置、安全带工作是否正常。座椅调节机构滑槽内加锂基润滑油
105		检查车身悬置气囊、高度调节、减振器	检查车身悬置气囊、高度调节、减振器是否工作正常
106		检查车身悬置前、后气囊气管路	检查车身悬置前、后气囊气管路是否畅通
107		检查转向盘	检查转向盘及转向传动机构是否工作正常
108		检查导流罩、导流板	检查、紧固导流罩、导流板安装螺栓，导流板可正常调节
109		检查卧铺	检查卧铺的各部位螺栓、螺母是否松动，气弹簧工作是否正常
110		检查卧铺	检查卧铺是否能正常使用
111	13 货箱举升系统	检查渗漏	检查液压缸、泵、阀各管路接头，排除渗漏
112		检查固定螺栓	检查副车架U形螺栓，连接螺栓，缸、泵、阀固定螺栓
113		检查润滑脂加注点	检查各润滑脂加注点
114	14 浮动桥	转向主销和制动调整臂及凸轮轴	检查转向主销和制动调整臂及凸轮轴
115		检查前束	检查和调整前束

（续）

序号	品种（系统）名称	检查项目名称	作业内容
116	14 浮动桥	检查转向阻尼减振器	检查转向阻尼减振器工作是否正常
117		检查浮桥升降	检查浮桥升降是否正常及转动随动性
118		轮毂轴承	检查轮毂轴承
119		检查转向横拉杆	检查转向横拉杆及卡箍，润滑各球头
120	15 轮胎与轮辋	检查车轮螺栓	检查车轮螺栓、车轮螺母
121		检查轮胎气压	检查轮胎气压
122		检查轮胎摩擦	检查轮胎与钢板弹簧、车厢、挡泥板或其他部分有无摩擦碰挂现象
123		轮胎磨损	检查轮胎磨损是否均匀
124	16 车架及其他系统	检查车架各标准件	检查车架各标准件是否松动
125		检查各部位"三漏"情况	检查各部位漏油、漏气、漏水情况
126		牵引座润滑脂状况	检查牵引座润滑脂状况，必要时涂脂
127		检查鞍座牵引钩	检查鞍座牵引钩的状况，必要时更换
128		检查鞍座上橡胶衬套	检查鞍座上橡胶衬套的状况，必要时更换
129		检查鞍座楔块	检查鞍座楔块的状况，必要时更换
130		检查鞍座固定螺栓	检查鞍座固定螺栓的紧固状况
131		检查鞍座上拉杆弹簧、回转弹簧及小拉簧	检查鞍座上拉杆弹簧、回转弹簧及小拉簧的状况
132		牵引车备胎	检查牵引车备胎安装螺母是否松动
133		工程车备胎	检查工程车备胎升降器
134		检查燃油箱	检查燃油箱的固定

3. 编制产品销售价格表

1）销售价格计算公式见《商用车营销红宝书：营销管理篇》第九章商用车经销商的财务管理第三节。

2）产品销售价格表模板，详见佐卡公司网站业务管理制度附件产品销售价格表中的"车辆保养产品销售价格表"。

4. 制定产品销售计划

（1）销售计划制定的原则

1）销售计划不能低于新车销量计划（每一辆新车都有强保）。

2）销售计划不能低于上年销量。

3）销售计划下，利润计划不能亏损。

（2）销售计划模板　产品销售计划表模板见佐卡公司网站业务管理制度附件产品销售计划表中的"车辆保养产品销售计划表"。

九、建立车辆保养产品销售资源

1. 建立意向客户明细表

1）新购车客户的意向（目标）市场有两个，分别是本公司车辆营销部开发的新购车目标客户和没有此项业务的经销商的新购车目标客户。

2）已购车客户的意向目标市场有三个，分别是本公司已购车客户、没有此项业务的经销商的已购车客户和其他（销售服务、车辆保险、金融服务等）业务的已有客户。

注意：这个明细表是车辆保养业务最基础的资源。

2. 建立已有客户明细表

将所有在车辆保养部购买过车辆保养产品的客户进行统计，建立车辆保养业务已有客户明细表。

3. 建立战败客户明细表

将所有在车辆保养部洽谈过购买车辆保养产品事宜，但没有成交的客户，建立车辆保养业务战败客户明细表。

4. 建立客户对比表

此表作为一个工具，当本业务的销售收入、利润不如竞争对手时，看看自己的客户和竞争对手的客户有什么差距。

车辆保养产品销售资源明细表见表6-5。

表 6-5　车辆保养产品销售资源明细表

序号	资源内容及目的	责任人	使用工具
1	找到本业务可以开发的所有客户，建立明细表	部长	本业务组织意向客户明细表　表1
2	将本业务已经完成（销售）交易的客户列入此表，便于继续交易		客户明细表　表2
3	将本业务（销售）交易失败的客户列入此表，便于继续开发		战败客户明细表　表3
4	当（万元保养费收入）销售利润低于竞争对手时，采用此表进行对比，找到原因，找到改善的方向 当竞争不过竞争对手时，采用产品对比表进行分析 当竞争不过竞争对手时，采用竞争管理表进行分析		客户对比表　表4

注：详细的车辆保养产品销售资源表见车辆保养业务管理制度附件中的车辆保养产品销售资源表。

第三节　经销商的车辆保养业务管理

一、车辆保养业务管理注意事项

1. 客户开发的重要性

1）现状与机会：很多经销商的车辆保养部门不重视客户开发的管理，只是被动地接受车辆营销等部门提供的客户车辆保养产品需求信息开展业务，这就给车辆保养业务进行客户开发提供了机会。

2）业务前景好：凡是没有签订客户购买车辆保养产品合作协议或客户明确承诺购买经销商车辆保养产品的所有客户都需要开发，不论其是否购买过公司车辆或车辆保养产品。不同品牌、相同车辆类别下很多系统（动力系统、离合操纵系统、变速操纵系统、前桥系统、后桥系统、悬架系统、制动系统等）都是通用的。保养的品种，就是针对系统设计的，系统通用，保养的品种通用。

3）容易提升竞争力：保养产品的价格，取决于旧润滑油能否回收，只要是能回收，就有竞争力（"统一"品牌的润滑油从2023年开始就是可以回收的了）。

4）客户开发取决于客户对服务的体验和保养工、客户经理的服务能力和服务态度。相对于其他业务，车辆保养业务进行客户开发比较容易。

5）通过保养车辆进行客户开发，可以给其他业务提供大量的客户资源（信息）。

2. 编制客户开发计划

见第二章第三节的相关内容。

3. 进行意向客户开发拜访，了解意向客户有关车辆保养产品需求的信息

由产品经理负责，进行意向客户拜访，了解意向客户有关车辆保养产品需求的信息。这些信息包括但不限于以下方面。

1）客户有几辆车？车辆类型？品牌？车型？驱动形式？发动机品牌？排量？功率？变速器品牌、型号？后桥名称和传动比？不同车辆分别列出。

2）客户是否需要保养产品销售明细表所列的保养产品？

3）您认为我公司的保养产品销售明细表所列产品是多了还是少了？

4）您认为我公司的保养产品销售明细表所列产品不是客户需要的有哪些？

5）您认为我公司的保养产品销售明细表还应增加哪些产品？

6）客户以前购买的保养产品都是谁提供的？是购买车辆的经销商、自己还是其他渠道。

7）购买这些产品的价格同我公司的价格表价格对比是高还是低？

8）如果保养产品价格符合您的预期，是否愿意同本公司合作，购买本公司产品？

9）您和其他公司有长期的合作吗？有协议吗？

10）他们都是给您什么优惠政策？如有，请列出。

11）我们能签订一个长期的合作协议书吗？

12）您的保养产品的购买模式是全款购买还是贷款购买？

13）我公司还有车辆年审服务产品、车辆运营项目贷款、车辆保险、车辆维修、二手车收购产品，如果价格合适，您愿意购买我公司的这些产品项目吗？

14）编制客户调查表（略）。

找到客户购买的核心产品、重点产品、期望产品（也是经销商的改进方向）。

4. 产品报价与购买方案推荐

1）产品报价的条件：在客户确认产品、品种、项目后，才能进行产品的报价。

2）产品报价：要根据客户能够享受的销售政策进行产品报价。计算公式：

$$报价 = 产品销售价格 - 客户能够享受到的销售政策$$

3）购买方案推荐：在报价的基础上，根据客户的资金能力，进行购买方案推荐（全款购买、贷款购买、分期付款购买等）。

5. 客户开发（合同签订、产品交付）**完成，建立客户明细表的重要性**

建立意向目标客户明细表、目标客户明细表、客户明细表有以下几方面好处。

1）积累客户群体，就是积累财富。一个企业，没有了客户，就没有了一切。

2）掌握了客户的基本情况，便于沟通。

3）建立客户购买车辆保养产品的提醒时间，便于及时通知客户，提前准备产品。

4）便于掌握客户需求，便于及时掌握和调度客户产品及服务的交付情况。

6. 设置客户经理的重要性

见第二章第三节的相关内容。

7. 客户开发要有提前量

车辆保养业务的产品，客户都会重复购买。因此，一定要在客户没有购买前进行客户开发；否则，就来不及了。同时，由于有些客户需要贷款购买（保养产品），就一定要提前开发，便于办理贷款手续。

8. 客户再开发的重要性

1）增加客户黏性。

2）提高客户满意度。

3）增加经销商收入。

9. 客户回访的重要性

每一个客户开发完成、购买或没有购买产品的客户，都要进行回访。其原因如下。

1）要知道其为什么购买，以总结经验发扬光大。

2）要知道其为什么不购买，以找到不足，进行改善；否则，没有进步。

10. 建立派工单管理的重要性

1）明确责任人。

2）明确销售的产品（强保、例保、定保）、品种、项目，便于工作，减少失误。

3）明确完成时间、工时，便于结算和工资核算。

4）便于追究责任。

派工单模板见表 6-6。

11. 建立预警单的重要性

1）便于建立差异化。

2）便于扩大维修业务量。

3）便于传播（提高客户满意度，带给客户惊喜）。

预警单模板见表 6-7。

二、车辆保养业务管理的内容、流程与工具

1. 组织管理

（1）责任部门　综合管理部。

（2）责任岗位　综合管理部部长。

（3）管理方法　评价法（见组织管理制度附件）。

（4）管理依据

1）建立管理制度：组织管理制度、车辆保养部工作制度。

2）综合管理部按照《组织管理制度》《车辆保养部工作制度》对车辆保养部进行管理。

（5）流程与工具（模板）　见表 6-8。

表6-6　派工单模板

1. 用户信息	1.1. 用户名称/开户银行/账号/税号	1.2. 地址	1.3. 电话	1.4. 驾驶员姓名	1.5. 驾驶员电话	
2. 车辆信息	2.1. 车牌号	2.2.VIN码	2.3. 车辆类别	2.4. 品牌	2.5. 车型	2.6. 车辆编号
3. 计划信息	3.1. 计划编号	3.2. 配件单编号	3.3. 配件领用人姓名	3.4. 保养价格	3.5. 发票编号	3.6. 客户签字确认
4. 作业信息	4.1. 客户经理签字	4.2. 保养地点	4.3. 保养开始时间	4.4. 保养完成时间	4.5. 行驶里程	4.6. 保养名称

强保检查项目及作业内容、工时标准

序号	需要检查的产品（系统）名称	检查项目名称	作业内容	检查工艺流程	检查工艺标准	使用设备名称/编号	使用工具名称/编号	检查用辅助材料	工时标准/h	工时费标准（元/h）	强保检查工时费/元	保养价格
合计												

检查完成需要在维护时的事项			保养工签字		产品经理验收签字		客户/驾驶员确认签字		客户签字		保养验收人	
实施保养单位名称/服务站/修理厂编号	服务站站长/服务经理		保养单位地址		保养单位电话		保养单位开户银行		保养单位账号		保养单位税号	

注：1. 派工单必须按照与客户签订的合同执行。

2. 派工单一式四联：留底、客户、保养工、产品经理各一联。

3. 保养工一联用于记录工时，开具发票。

4. 客户一联用于提车。

5. 强保如果厂家免费，发票用于从厂家收款。

表6-7 预警单模板

车辆保养业务、车辆检查、维护后发现问题需要维修预警单（模板）

客户单位名称	客户法人姓名	客户联系人	客户联系人手机号码	客户编号	客户经理

客户地址					单位电话	法人电话	客户接收人姓名
省	市（地区）	县	乡	门牌号			

预警车辆信息

车辆类别	品牌	子品牌	车型	驱动形式	动力	主要配置	购买时间	车辆已经使用年限/年	车辆保有量/辆	车辆平均淘汰年限/年	车辆置换提示时间

预警系统名称

动力系统	离合系统	变速系统	传动系统	制动系统	前桥系统	转向系统	后桥系统	悬架系统	车轮系统	其他系统

系统下预警零件名称

动力系统	离合系统	变速系统	传动系统	制动系统	前桥系统	转向系统	后桥系统	悬架系统	车轮系统	其他系统

预警原因

动力系统	离合系统	变速系统	传动系统	制动系统	前桥系统	转向系统	后桥系统	悬架系统	车轮系统	其他系统

建议

建议继续行驶里程	建议维修时间	建议维修的项目名称

注：
1. 有些零件产生了磨损、老化，还没有达到更换、维修的程度，但是为了客户节省维修费用，进行预警。
2. 预警就是在行驶里程没有达到下一次保养时间前，对可能发生的故障装前提示。
3. 预警不负责，只是提醒。
4. 本模板仅供参考。厂家有标准的预警单，推荐使用。

表 6-8 车辆保养部组织管理流程与工具（模板）

序号	流程节点名称及目的	责任人	使用工具
1	公司组织设计	董事长	按区域进行公司组织规划表　表1
2	按照业务进行业务组织设计	总经理	按业务进行公司组织设置表　表2
3	按照业务不同，进行业务组织岗位设计	董事会 总经理	（独立法人的总公司）业务与组织设置表　表3
4	对每一个岗位规范作业内容，明确作业项目	部长	岗位作业内容表　表4
5	根据作业量不同进行岗位人员数量设计	部长	岗位、人员设置（报）表　表5
6	根据部门工作制度，设计部门工作任务	部长	部门任务计划（报）表　表6
7	设计部门会议	部长	部门会议计划管理表　表7
8	为及时了解部门计划工作进度，进行工作计划调度	部长	工作/业务计划实施情况周/月度调度、评价（报）表　表8
9	在计划调度的基础上，为确保任务完成，进行计划分析	部长	月度计划完成情况分析（报）表　表9
10	总结、改善计划工作	部长	持续改善、改进工作计划表　表10

注：具体的组织管理流程与管理工具见车辆保养业务管理制度附件中的车辆保养部组织管理流程。

2.（意向）客户开发管理

（1）责任部门　车辆保养部。

（2）责任岗位　产品经理、计划员。

（3）管理方法　管理模板。

（4）管理依据

1）建立管理制度：车辆保养业务管理制度、车辆保养部工作制度。

2）车辆保养部按照《车辆保养业务管理制度》《车辆保养部工作制度》对意向客户的开发进行管理。

（5）流程与工具（模板）　见表6-9。

表 6-9 （意向）客户开发流程与工具（模板）

序号	流程节点名称及目的	责任人	使用工具
1	建立意向客户开发明细表，防止漫无目的地跑客户	产品经理	意向客户开发明细表　表1
2	编制客户开发计划，建立监督的基础，防止出工不出力	计划员	（××）月份意向客户开发计划表　表2
3	编制客户拜访计划，提高开发有效率	计划员	意向客户开发，拜访计划表　表3
4	编制客户拜访准备计划，提高开发成功率	计划员	意向客户开发，拜访准备计划表　表4
5	拜访客户，收集客户购买信息，剔除明确不购买客户（包括不能卖的客户）	产品经理	意向客户拜访，购买产品信息收集表　表5
6	针对客户购买意向，推荐产品，引导客户建立对产品的兴趣	产品经理	意向客户开发，产品推荐表　表6
7	针对销售的产品（包括其他服务产品），征求客户意见，便于进行产品的改进	产品经理	向意向客户征求产品意见表　表7

（续）

序号	流程节点名称及目的	责任人	使用工具
8	根据客户意见，进行产品改进。确保客户满意	产品经理	产品改进（计划）表 表8
9	对改进后的产品进行再推荐	产品经理	意向客户开发，改进后产品推荐表 表9
10	客户满意，确认需要购买的产品	产品经理	意向客户开发，产品购买确认表 表10
11	初步报价，进行商务洽谈。防止以后购买时，出现较大的价格偏差。这是客户真正购买时的报价基础	产品经理	意向客户开发，产品报价及商务洽谈表 表11
12	客户对产品、价格、服务满意，签订合作协议	产品经理	客户购买（保养）产品合作协议（代合同）书 表12
13	对开发完成后签订协议的客户，建立明细表，准备进行产品销售	产品经理	意向目标客户明细表 表13
14	开发计划完成，进行考核	计划员	（××）月份意向客户开发计划完成考核兑现表 表14

注：1. 表12《客户购买（保养）产品合作协议（代合同）书》也可以作为合同。作为合同时，协议中确定的价格就是产品的最终销售价格。

2. 详细的意向客户开发流程与工具见车辆保养业务管理制度附件中的客户开发流程与表格。

3. 业务洽谈管理

（1）责任部门　车辆保养部。

（2）责任岗位　客户经理、产品经理、商务经理。

（3）管理方法　流程管理。

（4）管理依据

1）建立管理制度：车辆保养业务管理制度、车辆保养部工作制度。

2）车辆保养部按照《车辆保养业务管理制度》《车辆保养部工作制度》对意向目标客户的业务洽谈进行管理。

（5）流程与工具（模板）　见表6-10。

表6-10　意向目标客户业务洽谈流程与工具（模板）

序号	流程节点名称及目的	责任人	使用工具
1	收集客户购买维修产品信息，这些信息被动收集（客户找你）	客户经理	意向目标客户，购买信息收集表 表1
2	确认客户购买信息，防止错领配件	产品经理	意向目标客户，购买产品信息确认表 表2
3	按照客户需求，签订保养合同	商务经理（部长兼）	意向目标客户，商务合同签订表 表3
4	编制合同范本	商务经理（部长兼）	保养（维修）合同范本 表3.1
5	收取保养款项	商务经理（部长兼）	意向目标客户，购买保养产品收款收据 表4
6	建立客户明细表	商务经理（部长兼）	目标客户明细（日报）表 表5

注：1. 当在客户开发时已经明确合作协议代替合同时，这里就不需要再签订合同。

2. 详细的意向目标客户业务洽谈流程与工具见车辆保养业务管理制度附件中的客户业务洽谈流程与表格。

4. 产品交付管理

（1）责任部门　车辆保养部。

（2）责任岗位　客户经理、保养工、产品经理、计划员。

（3）管理方法　流程管理。

（4）管理依据

1）建立管理制度：车辆保养业务管理制度、车辆保养部工作制度。

2）车辆保养部按照《车辆保养业务管理制度》《车辆保养部工作制度》对目标客户的产品交付进行管理。

（5）流程与工具（模板）　见表6-11。

表6-11　目标客户产品交付流程与工具（模板）

序号	流程节点名称	责任人	使用工具
1	根据目标客户明细表，制定目标客户车辆保养计划	计划员	目标客户购买产品交付计划表　表1
2	建立交付流程，完成产品交付	保养工	产品交付（流程）　表2
3	客户确认产品交付	产品经理	客户购买产品，交付确认表　表3
4	建立客户明细表，便于客户管理	客户经理	客户明细（日报）表　表4
5	客户回访，征求客户意见	客户经理	客户回访表　表5
6	进行改善	客户经理	客户回访，问题、经验总结改善表　表6
7	销售计划考核，不断提高业务人员积极性	计划员	（××）月份销售计划完成考核兑现表　表7

注：详细的目标客户产品交付流程与工具见车辆保养业务管理制度附件中的产品交付流程与表格。

5. 派工单管理

（1）责任部门　车辆保养部。

（2）责任岗位　部长。

（3）管理方法　模板管理。

（4）管理依据

1）建立管理制度：车辆保养业务管理制度、车辆保养部工作制度。

2）车辆保养部按照《车辆保养业务管理制度》《车辆保养部工作制度》对派工单模板进行管理。

（5）派工单（模板）汇总表　见表6-12。

表6-12　派工单（模板）汇总表

序号	派工单名称	责任人	表格名称
1	强保检查项目派工单		车辆保养　强保检查项目派工单　表1
2	强保维护项目派工单		车辆保养　强保维护项目派工单（续表1）　表1.1
3	强保更换、加注、补加项目派工单	部长	车辆保养　强保更换、加注、补加项目派工单　依据此单开具配件领用单（续表1.1）　表1.2
4	例保（一级维护）检查项目派工单		车辆保养　例保（一级维护）检查项目派工单　表2
5	例保（一级维护）维护派工单		车辆保养　例保（一级维护）维护派工单（续表2）　表2.1

（续）

序号	派工单名称	责任人	表格名称
6	例保（一级维护）更换、加注、补加派工单	部长	车辆保养 例保（一级维护）更换、加注、补加派工单 依据此单开具配件领用单（续表2.1） 表2.2
7	定保（二级维护）检查派工单		车辆保养 定保（二级维护）检查派工单 表3
8	定保（二级维护）维护派工单		车辆保养 定保（二级维护）维护派工单（续表3） 表3.1
9	定保（二级维护）更换、加注、补加派工单		车辆保养 定保（二级维护）更换、加注、补加派工单 依据此单开具配件领用单（续表3.1） 表3.2
10	定保验收合格单（模板）		车辆保养 定保验收合格单（模板） 表3.4
11	维修预警单（模板）		车辆保养 车辆检查、维护后发现问题需要维修预警单（模板） 表4

注：详细的派工单见车辆保养业务管理制度附件中的车辆保养派工单。

6. 营销过程问题管理

见第二章第三节的相关内容。

详细的问题解决看板见车辆营销业务管理制度附件中的客户开发与销售过程遇到问题解决看板。不同业务遇到这些问题，都可以建立同样的看板。

7. 客户再开发

见第二章第三节的相关内容。

1）业务洽谈和产品交付流程见本节第二部分。

2）详细的客户再开发流程与工具见车辆营销业务管理制度附件中的客户再开发流程与表格。

本章小结与启示

本章介绍了车辆保养的重要性、车辆保养的内容、车辆保养业务管理流程等，希望读者参考车辆保养业务的管理流程和管理制度，制定出自己的车辆保养业务管理与作业流程，为客户提供更好的车辆保养服务。

建立完善的保养流程，严格执行检查、维护、更换、预警流程，才能实现"以养代修"，才能建立保养的"三包"期，实现保养产品差异化。

本章学习测试与问题思考

1. 简述车辆保养的重要性。

2. 车辆保养品种有哪些？

3. 车辆保养部相关管理制度有哪些。

4. 如何才能实现"以养代修"？

第七章

车辆维修业务管理[⊖]

学习要点

1. 掌握维修产品分类，建立维修产品组合。
2. 掌握维修管理流程。
3. 了解维修流程。
4. 掌握维修业务的管理流程。

第一节 维修业务分类与管理流程

一、维修业务分类

1. 维修的定义

维修是为保持或恢复产品原有形状、结构、功能等而进行的所有技术和管理活动的组合。其中的管理活动包含监督活动。

维修分为保养与修理两部分工作。其中保养是预防性维修，详见本书第六章。

本章中的车辆维修指的是车辆修理，是指车辆随机发生的恢复性维修，是恢复车辆原有的形状、结构或功能等的技术和管理活动。

本章的车辆包括汽车，还包括运输型工程机械、低速汽车、专用车、场地作业车等，比商用车包含的范围更广。

2. 车辆维修的分类

车辆维修，是为消除故障和故障隐患，恢复车辆总成规定的技术状况或工作能力，对损伤的零部件和总成进行修复或更换作业的总称。

车辆维修的目的是补偿和恢复有形磨损，延长车辆的使用寿命。

车辆维修包括：故障诊断、拆卸、清洗、鉴定、修理、更换、装配、磨合、调试、涂装等基本作业，并严格执行有关修理工艺规范、修理质量检查评定标准等国家和行业标准。

按照付款方式车辆维修分为保修期内（"三包"期内）维修、保修期外（"三包"期外）维修、事故车维修三类。

⊖ 本章作者：崔士朋、王玉刚。

（1）保修期内（"三包"期内）维修

1）车辆保修期：是指车辆生产厂商向消费者卖出商品时承诺的，对该商品因质量问题而出现故障时提供免费修理及保养的时间段。

2）保修期内维修：是指车辆在保修期内因质量问题而发生故障时，由生产厂支付维修费的维修（项目）。主要包括总成修理和小修。

（2）保修期外（"三包"期外）维修　车辆某一零件或总成在超出了保修期发生故障时，由客户（车主）支付维修费的维修（项目）。主要包括小修。

（3）事故车维修　车辆在运行过程中发生交通事故，由保险公司支付维修费的维修（项目）。主要包括总成修理和小修。

二、车辆维修管理流程

1. 标准维修管理流程

1）客户电话预约、描述车辆故障或故障现象，并实时创建维修委托单。

2）根据维修委托单，编制维修项目计划、配件使用计划。

3）根据维修项目和汽车配件报价，计算总的维修价格，给客户形成维修报价单。

4）检查所需的配件是否有库存，没有库存的要紧急采购。

5）给客户报价，经客户确认同意后，打印维修委托单并请客户签名，必要时需支付定金。

6）预约车辆进厂，凭维修委托单由客户经理按照计划直接引领进入维修车间安排检测、维修。

7）如果没有预约，从第一步开始走流程。

8）车间按维修项目计划进行派工，打印维修派工单给维修工。维修工开始实施维修项目。

9）根据配件使用计划开领料单，并打印出来，领料人员向仓库领取配件，签名后可取走。

10）根据维修进度，车间进行一定的调度。

11）维修完工后，进行维修检测。经质量检验员检验合格后，检验员在维修派工单、维修结算单上签字确认，并签发质检单。

12）财务人员根据维修结算单，确认领用配件和维修项目后，计算实际维修收费金额。

13）打印维修结算单，经客户确认，可开具发票，并记录发票信息。

14）财务开具出门证（可以利用发票代出门证）。

15）车主凭出厂证经门卫确认后出厂。

2. 简化的维修管理流程

1）客户接待。

2）车辆检验，故障鉴定。

3）确定维修项目。

4）双方签订维修合同。

5）计划员下达维修派工单。

6）车辆维修。

7）成车验收竣工，签发出厂合格证。

8）客户结算。

9）建立车辆档案、存档。

10）交车。

3. 维修作业流程

1）确定车辆。

2）故障诊断。

3）车辆进入维修工位。

4）确定维修工、设备、工具。

5）维修工接收派工单。

6）故障鉴定员初步确定车辆故障。

7）确定故障件。

8）故障件拆卸。

9）维修部位清洗、旧件清洗。

10）故障鉴定，填写故障鉴定单。

11）计划员根据故障鉴定单开出配件领用单。

12）配件领用。

13）配件更换。

14）装配、恢复车辆完好状态（包括磨合、调试、涂装等）。

15）维修质量检验合格。

16）车辆开出维修工位。

17）旧件回收。

18）派工单交计划员，计算工时、工资，开具结算单、发票等。

19）汽车钥匙交计划员。

20）清理场地，回收保养工具、设备。

21）维修结束。

第二节　打好车辆维修产品市场营销基础

一、建立车辆维修业务营销组织

汽车故障一般分为两类：非行驶部分故障、行驶部分（动力系统、离合操纵系统、变速操纵系统、传动系统、前后桥系统、悬架系统、车轮系统等）故障。

一旦出现行驶部分故障，车辆停在路途中，不仅影响货物及时交付甚至出现违约，还会对驾驶员的生活和安全造成麻烦。

因此，为客户制定每一辆车的维修预案（在什么路线、地点、时间、发生什么故障、由哪个修理厂负责修理、配件如何准备），管控好维修作业质量尤为重要。这就要求经销商要组建一支优秀的维修队伍，并建立严格的管理制度做保障。

1. 建立组织的重要性

见第二章的相关内容。

2. 建立营销组织

（1）建立组织　依据客户需求建立业务组织的原则，设置车辆维修部。

（2）设置岗位　岗位设置与岗位业务管理的主要职责，见表7-1。

表 7-1 车辆维修部岗位设置及业务管理的主要职责

序号	部门名称	岗位名称	主要职责	备注
1	车辆维修部	部长	部门管理、业务管理、客户开发、风险控制	兼计划员、故障鉴定员
2		计划员	计划、派工、费用、工资、激励管理	计划员
3		产品经理	客户开发、产品管理、业务洽谈、故障鉴定、质量检验	兼商务经理
4		故障鉴定员	维修故障确认、维修流程管理、维修检验	
5		商务经理	政策及价格管理、商务洽谈、合同签订、客户回访	
6		客户经理	客户开发、信息收集、客户接待、维修费与货款结算	
7		车辆维修工	接车、验车、故障判断、故障确定、配件领取、车辆维修、试车、维修派工单交回	
8		信息员	信息收集	

3. 聘任干部和岗位人员

（1）聘用原则　见第一章采购业务管理的相关内容。

（2）设置客户经理的重要性

1）车辆维修产品是客户重复购买的产品，车辆出现故障驾驶员会第一时间联系客户经理，需要客户经理随时接听电话。

2）驾驶员更换新车或新驾驶员初次开车，都会有疑难问题需要咨询，有了客户经理，他们就有了依靠。

3）客户在购买产品的过程中需要客户经理一直提供服务，以减少客户跑腿。

4）客户经理可以不断地向客户推荐其他业务产品，提高销售收入。

二、制定车辆维修业务管理制度

制定车辆维修业务管理制度的重要性见第二章的相关内容。

车辆维修业务相关管理制度包括业务管理制度、部门工作制度、岗位作业制度，见表 7-2。

表 7-2 车辆维修业务相关管理制度列表

序号	制度名称	制度性质	执行本制度的部门	本制度的管理部门
1	车辆维修业务管理制度	业务制度	车辆维修部	综合管理部
2	车辆维修部工作制度	业务制度	车辆维修部	综合管理部
3	车辆维修部部长作业制度	业务制度	车辆维修部	综合管理部
4	车辆维修部计划员作业制度	业务制度	车辆维修部	综合管理部
5	车辆维修部产品经理作业制度	业务制度	车辆维修部	综合管理部
6	车辆维修部商务经理作业制度	业务制度	车辆维修部	综合管理部
7	车辆维修部客户经理作业制度	业务制度	车辆维修部	综合管理部
8	车辆维修部维修工作业制度	业务制度	车辆维修部	综合管理部

注：上述相关的制度（模板）见佐卡公司网站。

三、确定车辆维修业务管理范围

1. 确定车辆维修业务管理的区域

1）根据车辆营销业务管理的区域范围，确定车辆维修业务管理的区域范围。其范围不能小于车辆营销业务管理的区域范围。

2）根据客户车辆运营的区域范围，确定车辆维修业务管理的区域范围。其范围不能小于客户车辆运营的区域范围。根据谁销售的产品谁负责服务的原则，建议经销商按照客户车辆的运营范围确定车辆维修业务的经营范围。

2. 确定产品的经营范围

根据维修的车辆类别、维修的产品、维修项目，建立产品经营范围，其模板见表 7-3。

表7-3　产品经营范围列表（模板）

维修车辆类别	维修产品名称	维修系统名称	维修总成名称	维修分总成名称	维修部件名称	维修项目名称	维修项目编号
重卡	"三包"内维修						
	"三包"外维修						
	事故车维修						
中卡	"三包"内维修						
	"三包"外维修						
	事故车维修						
轻卡	"三包"内维修						
	"三包"外维修						
	事故车维修						
微卡	"三包"内维修						
	"三包"外维修						
	事故车维修						
其他	挂车维修						
	专用车上装、挂车维修						

注：1. 维修系统：需要维修的组成车辆的各个系统。

2. 维修总成：需要维修的组成系统的各个总成。

3. 维修分总成：需要维修的组成总成的各个分总成。

4. 维修部件：需要维修的组成分总成或总成的各个部件。

5. 维修项目：维修内容，或者叫故障名称——由作业方法＋配件名称组成，如：维修散热器、维修风扇、更换风扇传动带等。不论是维修系统、总成、分总成、部件或零件，都叫维修项目。

6. 对维修项目进行编号管理，叫维修项目名称编号。在"三包"维修中，对维修项目进行编号管理，可以提高索赔管理的效率，减少失误。

3. 确定意向客户（车主）**范围**

范围：车辆维修业务可以满足的所有意向客户，是指车辆维修产品销售明细表所列产品能够覆盖的所有意向客户。包括但不限于以下方面。

1）公司已有客户、公司战败的客户、公司熟悉的客户、朋友推荐的客户、网站收集的客户、顾客推荐的客户。

2）业务组织可以开发的新客户。

3）在经销商覆盖的区域内，所有车辆，包括但不限于：

① 在当地从事运输的车辆。

② 路过当地的车辆。

③ 可以到经销商所在地进行年审、购买车辆维修产品的客户。

④ 所有商用车包括微型、轻型、中型、重型、客车、挂车（包括半挂车、中置轴车）、专用作业车。

4. 确定学习的标杆

1）确定业务学习标杆：经销商的车辆维修业务学习标杆。

2）建立产品学习标杆。

3）建立项目学习标杆。

5. 确定竞争对手

1）确定业务竞争对手。

2）确定产品竞争对手。

3）确定项目竞争对手。

四、确定营销方案、营销模式和营销方法

1. 制定营销方案

（1）组合产品营销方案　将经销商所经营的产品，只要是客户需要的一并组合起来进行营销。

（2）单一产品营销方案　只进行车辆维修产品的营销。

2. 确定营销模式

营销模式包括：全款销售（车辆维修完成，付全款）、定期付款销售（针对大客户，车辆维修完成，按月付全款）。

3. 确定销售方法

1）9 步销售法：一个组织的不同人员分工合作完成下列销售流程的方法。

① 客户开发。

② 信息收集。

③ 信息确认。

④ 产品确认。

⑤ 交付（时间、地点、购买方式）确认。

⑥ 价格确认。

⑦ 合同确认。

⑧ 付款。

⑨ 产品交付。

2）销售顾问法：一个人完成上述 9 步流程的方法。

五、制定营销政策

1. 组合产品销售政策

对于个人客户、个体客户，建议同其他产品一起制定销售政策。例如，将不同的产品

（车辆、销售服务、保险、金融服务、保养、维修、配件、物流运输公司产品等）组合在一起制定销售政策。

2. 单项销售政策

相对于老客户、大客户，建议制定单独的销售政策。例如老客户购买政策、大客户购买政策等。

六、确定产品销售价格制定方法

（1）定价依据及计算公式　定价依据见财务管理部制定的价格管理制度中的规定。计算公式见《商用车营销红宝书：营销管理篇》第九章第三节的相关内容。

（2）确定定价方法　竞争定价法。

（3）销售价格　包括商务经理销售价格、部长销售价格、总经理销售价格、最高销售限价。

1）不同的岗位有不同的价格权限。

2）防止出现价格混乱和乱签批价格的行为。

七、建立营销目标

1. 根据自己的能力和以往的业绩，建立销售目标

销售目标指标如下。

1）经销商自己销售车辆目标市场占有率（%）。

2）产品覆盖车辆目标市场占有率（%）或车辆维修数量（辆）。

3）项目覆盖车辆目标市场占有率（%）或项目维修数量（个）。

2. 根据市场销售数据、市场占有率计划，建立销售目标

按照车辆分类、车辆类别，建立品牌、子品牌、车型、产品、动力（马力）段、车辆名称制定目标市场销量计划（车辆维修数量计划）。

八、编制产品销售明细表、价格表，制定销售计划

1. 产品销售明细表、价格表、销售计划编制的责任部门

1）产品销售明细表、销售计划的管理权、批准权在市场管理委员会，由车辆维修部负责编制，报市场管理委员会批准。

2）产品销售价格表按照财务管理部给出的计算公式，由车辆维修部负责编制，报财务管理部审核，由市场管理委员会批准。

2. 编制产品销售明细表

产品销售明细表是产品推荐的依据，是按照产品完整性原则编制的。在产品（项目）名称和产品（项目）编号下，是产品与项目的组合。表7-4是车辆维修项目销售明细表的（部分）模板，仅供参考。

3. 制定车辆维修产品价格表

（1）价格计算公式　见《商用车营销红宝书：营销管理篇》第九章第三节。

（2）建立价格表　与明细表相对应，建立价格表：

① "三包"期内维修产品价格表（一般厂家定价）。

② "三包"期外维修产品价格表（一般按照市场价格定价，要具有竞争力）。

③ 事故车维修产品价格表同"三包"期外维修产品价格表一致。

表 7-4　车辆维修项目销售明细表（部分）模板

序号	维修项目信息								维修项目对应的配件信息	
	维修系统名称	维修总成名称	总成编号	零件（部件）名称	零件图号	"三包"维修项目编码	维修项目	维修项目编号	配件名称	配件编号
1	1 动力系统	1.1 发动机总成	10000	发动机总成	10000010	1000001010	更换发动机	维修 0101001-轻汽	发动机总成	配件 0201001-轻汽
2			10000		10000010	1000001020	试验检查发动机性能	维修 0101002-轻汽	发动机总成	
3			10000		10000010	1000001040	发动机大修	维修 0101003-轻汽	发动机总成	
4			10000		10000010	1000001070	保养发动机总成	维修 0101004-轻汽	发动机总成	
5			10000		10000010	1000001073	清洗发动机总成或除积炭	维修 0101005-轻汽	发动机总成	
6		1.2 气缸体、飞轮壳	10001	发动机铭牌	10001002	1000100210	更换发动机铭牌	维修 0101006-轻汽	发动机铭牌	配件 0201002-轻汽
7			10001	气缸体	10001010	1000101010	更换气缸体	维修 0101007-轻汽	气缸体	配件 0201003-轻汽
8			10001		10001010	1000101020	气缸体漏水检查	维修 0101008-轻汽	气缸体	
9			10001		10001010	1000101050	气缸体上平面研磨	维修 0101009-轻汽	气缸体	

注：1. 零件图号就是配件图号。
2. 由于表格较大，仅展示示部分内容，下同。

（3）产品销售价格表模板　详见佐卡公司网站业务管理制度附件产品销售价格表中的"车辆维修产品销售价格表"。

4. 制定产品销售计划

（1）销售计划制定的原则

1）销售计划不能低于上年销量。

2）销售计划下，利润计划不能亏损。

（2）销售计划模板　产品销售计划表模板详见佐卡公司网站业务管理制度附件产品销售计划表中的"车辆维修产品销售计划表"。

九、建立车辆维修产品销售资源

1. 建立意向客户明细表

1）新购车客户的意向（目标）市场有两个，分别是本公司车辆营销部开发的新购车目标客户和没有此项业务的经销商的新购车目标客户。

2）已购车客户的意向目标市场有三个，分别是本公司已购车客户、没有此项业务的经销商的已购车客户和其他（销售服务、车辆保险、金融服务等）业务的已有客户。

注意： 这个明细表是车辆维修业务最基础的资源。

2. 建立已有客户明细表

对所有在车辆维修部购买过车辆维修产品的客户进行统计，建立车辆维修业务已有客户明细表。

3. 建立战败客户明细表

将所有在车辆维修部洽谈过购买车辆维修产品事宜，但没有成交的客户，建立车辆维修业务战败客户明细表。

4. 建立客户对比表

客户对比表作为一个工具，当本业务的销售收入、利润不如竞争对手时，看看自己的客户和竞争对手的客户有什么差距。

车辆维修产品销售资源明细表见表 7-5。

表 7-5　车辆维修产品销售资源明细表

序号	资源内容及目的	责任人	使用工具
1	找到本业务可以开发的所有客户，建立明细表		本业务组织意向客户明细表　表 1
2	将本业务已经完成（销售）交易的客户列入此表，便于继续交易		客户明细表　表 2
3	将本业务（销售）交易失败的客户列入此表，便于继续开发	部长	战败客户明细表　表 3
4	当（万元维修费收入）销售利润低于竞争对手时，采用此表进行对比，找到原因，找到改善的方向 当竞争不过竞争对手时，采用产品对比表进行分析 当竞争不过竞争对手时，采用竞争管理表进行分析		客户对比表　表 4

注：详细的车辆维修产品销售资源明细表见车辆维修业务管理制度附件中的车辆维修产品销售资源表。

第三节 经销商的车辆维修业务管理

一、车辆维修业务管理注意事项

1. 客户开发的重要性

1）现状与机会：经销商的车辆维修部门大多不重视客户开发的管理，只是被动地接受车辆营销等部门提供的客户车辆维修产品需求信息开展业务，这就给这个业务进行客户开发提供了机会。

2）业务前景好：凡是没有签订客户购买车辆维修产品合作协议或客户明确承诺购买经销商车辆维修产品的所有客户都需要开发，不论其是否购买过公司车辆维修产品。不同品牌、相同车辆类别下很多系统（动力系统、离合操纵系统、变速操纵系统、前桥系统、后桥系统、悬架系统、制动系统等）都是通用的。维修项目，就是针对系统（总成、分总成、零件）设计的，系统通用，维修项目（配件）也通用。

3）容易提升竞争力：维修产品竞争力不取决产品的价格，而取决于服务能力（任何车辆、任何时间、任何地点都能维修）。客户开发取决于客户对服务的体验和维修工、客户经理的服务能力和服务态度。相对于其他业务，车辆维修业务进行客户开发比较容易。

4）通过维修车辆进行客户开发，可以给其他业务提供大量的客户资源（信息）。

5）通过客户开发，同客户（驾驶员）建立联系，当车辆有故障时，能够及时联系客户经理。

2. 重视事故车维修

1）带来业务量。

2）带来利润。

3）为车辆保险产品销售提供差异化。

3. 进行意向客户开发拜访，了解意向客户有关车辆维修产品需求的信息

由产品经理负责，进行意向客户拜访，了解意向客户有关车辆维修产品需求的信息。这些信息包括但不限于以下方面。

1）客户有几辆车？车辆类型？品牌？车型？驱动形式？发动机品牌？排量？功率？变速器品牌、型号？后桥名称及传动比？不同车辆分别列出。

2）客户是否需要维修产品销售明细表所列的维修产品？

3）您认为我公司的维修产品销售明细表所列产品是多了还是少了？

4）您认为我公司的维修产品销售明细表所列产品不是客户需要的有哪些？

5）您认为我公司的维修产品销售明细表还应增加哪些产品？

6）客户以前购买的维修产品都是谁提供的？是购买车辆的经销商、自己还是其他渠道？

7）购买这些产品的价格同我公司的价格表价格对比是高还是低？

8）如果维修产品价格符合您的预期，是否愿意同本公司合作，购买本公司产品？

9）您和其他公司有长期的合作吗？有协议吗？

10）他们都是给您什么优惠政策？如有，请列出。

11）我们能签订一个长期的合作协议书吗？

12）您的维修产品的购买模式是全款购买还是贷款购买？

13）我公司还有车辆年审服务产品、车辆运营项目贷款、车辆保险、车辆保养、二手车收购产品，如果价格合适，您愿意购买我公司的这些产品项目吗？

14）编制客户调查表（略）。

找到客户购买的核心产品、重点产品、期望产品（也是经销商的改进方向）。

4. 产品报价与购买方案推荐

1）产品报价的条件：在客户确认产品、项目后，才能进行产品的报价。

2）产品报价：要根据客户能够享受的销售政策进行产品报价。计算公式：

$$报价 = 产品销售价格 - 客户能够享受到的销售政策$$

3）购买方案推荐：在报价的基础上，根据客户的资金能力，进行购买方案推荐（全款购买、贷款购买、分期付款购买等）。

5. 客户开发（合同签订、产品交付）完成，建立客户明细表的重要性

建立意向目标客户明细表、目标客户明细表、客户明细表有以下好处。

1）积累客户群体，就是积累财富。一个企业，没有了客户，就没有了一切。

2）掌握了客户的基本情况，便于沟通。

3）建立了客户车辆档案，对于经常发生故障的零件，可以找到规律，提前提示，提前准备产品。

6. 设置客户经理的重要性

见第二章第三节的相关内容。

7. 建立维修流程的重要性

1）提高效率。

2）减少失误。

3）便于客户监督，便于客户参与，提高客户满意度。

4）维修流程见第一节。

8. 客户再开发的重要性

1）增加客户黏性。

2）提高客户满意度。

3）增加经销商收入。

9. 客户回访的重要性

每一个客户开发完成、购买了产品或没有购买产品的客户，都要进行回访。其原因如下。

1）要知道为什么购买，总结经验以利于发扬光大。

2）要知道为什么不购买，找到不足以利于改善。

3）找到不足一定要改善，否则永远没有进步。

10. 建立派工单管理的重要性

1）明确责任人。

2）明确销售的产品（"三包"维修、"三包"外维修、事故车维修）、品种、项目，便于工作，减少失误。

3）明确完成时间、工时，便于结算和工资核算。

4）便于追究责任。

车辆维修派工单（模板）见表7-6。

表7-6 车辆维修派工单（模板）

车辆维修派工单　编号：×××-×-×××-×××-×××　表2

1. 用户信息	1.1 用户名称/开户银行/账号/税号	1.2 地址	1.3 电话	1.4 驾驶员姓名	1.5 驾驶员电话	客户合同编号
2. 车辆信息	2.1	2.2 VIN码	2.3 车辆类别	2.4 品牌	2.5 车型	2.6 车辆编号
3. 计划信息	3.1 计划编号	3.2 配件单编号	3.3 配件领用人姓名	3.4 维修价格	3.5 发票编号	3.6 驾驶员签字确认
4. 作业信息	4.1 客户经理签字	4.2 维修地点	4.3 维修开始时间	4.4 维修完成时间	4.5 行驶里程	4.6 维修名称
5. 是否外出	5.1 外出地址	5.2 外出里程	5.3 外出车辆	5.4 外出人员姓名	5.5 外出费用	
6. 车辆状况确认	6.1 车门状况及风窗玻璃 好□ 坏□	6.2 前后灯状况 好□ 坏□	6.3 前后轮状况 好□ 坏□	6.4 后视镜状况 好□ 坏□	6.5 车身油漆 好□ 坏□	6.6 随车工具 好□ 坏□
	6.7 备胎 好□ 坏□	6.8 货箱状况 好□ 坏□	6.9 其他 好□ 坏□			
7. 预计交车时间	年　月　日　时					

维修项目及作业内容、工时标准、收费标准（这个收费标准不是实际维修工时收费标准，而是价格表标定的维修项目工时，收费标准。不论实际维修多少小时，都要按照价格表表收费）

（续）

序号	维修产品名称	维修产品编号	维修项目名称	维修项目编号	维修工艺流程	维修工艺标准	使用设备名称/编号	使用工具名称/编号	维修用配件、材料	配件、材料费/元	维修工时/h	维修工时费/元	备注
	合计												
1	1 整车	资料	检查保修手册、购车发票（或发票复印件）										
2		里程	检查购车日期，检查行驶里程是否在规定范围之内										
3													
4	2 动力系统												
5													
33													
34	3 离合系统												
37													
38	4 变速操纵系统												

（续）

维修项目及作业内容、工时标准、收费标准（这个收费标准不是实际维修工时收费标准，而是价格表标定的维修项目工时、收费标准。不论实际维修多少小时，都要按照价格表来收费）

序号	维修产品名称	维修产品编号	维修项目名称	维修项目编号	维修工艺流程	维修工艺标准	使用设备名称/编号	使用工具名称/编号	维修用配件、材料	配件、材料费/元	维修工时/h	维修工时费/元	备注
42	5 传动系统												
43													
46	6 转向系统												
47													
52	7 制动系统												
53													
62	8 悬架系统												
63													
73	9 前桥系统												
74													
80	10 后桥系统												
87	11 电器系统												
88													
99	12 驾驶室系统												

		维修工签字	产品经理验收签字	驾驶员确认签字	客户签字
111	13 货箱举升系统				
112					
113					
114	14 浮动桥				
120	15 轮胎与轮辋				
124	16 其他				
125					
维修注意事项	维修工姓名	维修单位地址	维修单位电话	维修单位开户银行	维修单位账号
实施维修单位名称/服务站编号/修理厂编号	服务站站长/服务经理				

注：
1. 派工单必须按照同客户签订的合同执行。
2. 派工单一式四联：留底、客户、维修工、产品经理各一联。
3. 维修工一联用于记录工时、开具发票。
4. 客户一联用于提车。
5. 强保如果厂家免费，发票用于从厂家收款。
6. 本模板仅供参考。厂家如有标准的派工单，推荐使用。

11."三包"维修旧件回收的重要性

1）维修信息提报单、维修单、旧件单、旧件是"三包"维修结算的依据。没有旧件，就不能结算维修费。

2）旧件的增加和新件的减少相对应，便于对账、库存盘点。

二、车辆维修业务管理的内容、流程与工具

1. 组织管理

（1）责任部门　综合管理部。

（2）责任岗位　综合管理部部长。

（3）管理方法　评价法（见组织管理制度附件）。

（4）管理依据

1）建立管理制度：组织管理制度、车辆维修部工作制度。

2）综合管理部按照《组织管理制度》《车辆维修部工作制度》对车辆维修部进行管理。

（5）流程与工具（模板）　见表7-7。

表7-7　车辆维修部组织管理流程与工具（模板）

序号	流程节点名称及目的	责任人	使用工具
1	公司组织设计	董事长	按区域进行公司组织规划表　表1
2	按照业务进行业务组织设计	总经理	按业务进行公司组织设置表　表2
3	按照业务不同，进行业务组织岗位设计	董事会，总经理	（独立法人的总公司）业务与组织设置　表3
4	对每一个岗位规范作业内容，明确作业项目	部长	岗位作业内容表　表4
5	根据作业量不同，进行岗位人员数量设计	部长	岗位、人员设置（报）表　表5
6	根据部门工作制度，设计部门工作任务	部长	部门任务计划（报）表　表6
7	设计部门会议	部长	部门会议计划管理表　表7
8	为及时了解部门计划工作进度，进行工作计划调度	部长	工作/业务计划实施情况周/月度调度、评价（报）表　表8
9	在计划调度的基础上，为确保任务完成，进行计划分析	部长	月度计划完成情况分析（报）表　表9
10	总结、改善计划工作	部长	持续改善、改进工作计划表　表10

注：具体的组织管理流程与管理工具见车辆维修业务管理制度附件中的车辆维修部组织管理流程。

2.（意向）客户开发管理

（1）责任部门　车辆维修部。

（2）责任岗位　产品经理、计划员。

（3）管理方法　流程管理。

（4）管理依据

1）建立管理制度：车辆维修业务管理制度、车辆维修部工作制度。

2）车辆维修部按照《车辆维修业务管理制度》《车辆维修部工作制度》对意向客户的开发进行管理。

（5）流程与工具（模板）　见表7-8。

表 7-8　（意向）客户开发流程与工具（模板）

序号	流程节点名称及目的	责任人	使用工具
1	建立意向客户开发明细表，防止漫无目的地跑客户	产品经理	意向客户开发明细表　表1
2	编制客户开发计划，建立监督的基础，防止出工不出力	计划员	（××）月份意向客户开发计划表　表2
3	编制客户拜访计划，提高开发有效率	计划员	意向客户开发，拜访计划表　表3
4	编制客户拜访准备计划，提高开发成功率	计划员	意向客户开发，拜访准备计划表　表4
5	拜访客户，收集客户购买信息，剔除明确不购买客户（包括不能卖的客户）	产品经理	意向客户拜访，购买产品信息收集表　表5
6	针对客户购买意向，推荐产品，引导客户建立对产品的兴趣	产品经理	意向客户开发，产品推荐表　表6
7	针对销售的产品（包括其他服务产品），征求客户意见，便于进行产品的改进	产品经理	向意向客户征求产品意见表　表7
8	根据客户意见，进行产品改进，确保客户满意	产品经理	产品改进（计划）表　表8
9	对改进后的产品进行再推荐	产品经理	意向客户开发，改进后产品推荐表　表9
10	客户满意，确认需要购买的产品	产品经理	意向客户开发，产品购买确认表　表10
11	初步报价，进行商务洽谈，防止以后购买时，出现较大的价格偏差 这是客户真正购买时的报价基础	产品经理	意向客户开发，产品报价及商务洽谈表　表11
12	客户对产品、价格、服务满意，签订合作协议	产品经理	客户购买（维修）产品合作协议（代合同）书　表12
13	对开发完成后签订协议的客户，建立明细表，准备进行产品销售	产品经理	意向目标客户明细表　表13
14	开发计划完成，进行考核	计划员	（××）月份意向客户开发计划完成考核兑现表　表14

注：1. 表12《客户购买（维修）产品合作协议（代合同）书》的也可作为合同。作为合同时，协议中确定的价格就是产品的最终销售价格。

　　2. 详细的意向客户开发流程与工具见车辆维修业务管理制度附件中的客户开发流程与表格。

3. 业务洽谈管理

（1）责任部门　车辆维修部。

（2）责任岗位　客户经理、产品经理、商务经理。

（3）管理方法　流程管理。

（4）管理依据

1）建立管理制度：车辆维修业务管理制度、车辆维修部工作制度。

2）车辆维修部按照《车辆维修业务管理制度》《车辆维修部工作制度》对意向目标客户的业务洽谈进行管理。

（5）流程与工具（模板）　见表7-9。

4. 产品交付管理

（1）责任部门　车辆维修部。

（2）责任岗位　客户经理、维修工、产品经理、计划员。

表 7-9　意向目标客户业务洽谈流程与工具（模板）

序号	流程节点名称及目的	责任人	使用工具
1	收集客户购买维修产品信息，这些信息是被动收集（客户找你）	客户经理	意向目标客户，维修信息收集表　表1
2	确认客户购买信息，防止误修	故障鉴定员	意向目标客户，维修信息确认表　表2
3	根据合作协议确定的价格表，收取客户货款（或定金）	商务经理（可以计划员兼）	意向目标客户，购买维修产品收款收据　表3
4	建立目标客户明细表，进行交付产品的准备	商务经理（可以计划员兼）	目标客户明细（日报）表　表4

注：1. 当在客户开发时已经明确合作协议代替合同时，这里就不需要再签订合同。如果在合作协议中没有明确产品销售价格，就要同客户签订维修合同，合同范本见开发流程。

　　2. 详细的意向目标客户业务洽谈流程与工具见车辆维修业务管理制度附件中的客户业务洽谈流程与表格。

（3）管理方法　流程管理。

（4）管理依据

1）建立管理制度：车辆维修业务管理制度、车辆维修部工作制度。

2）车辆维修部按照《车辆维修业务管理制度》《车辆维修部工作制度》对目标客户的产品交付进行管理。

（5）流程与工具（模板）　见表7-10。

表 7-10　目标客户产品交付流程与工具（模板）

序号	流程节点名称及目的	责任人	使用工具
1	根据目标客户明细表，制定目标客户车辆维修计划	计划员	目标客户购买产品交付计划表　表1
2	建立交付流程，完成产品交付	故障鉴定员，维修工	产品交付（流程）　表2
3	客户确认产品交付	维修工	客户购买产品，交付确认表　表3
4	建立客户明细表，便于客户管理	客户经理	客户明细（日报）表　表4
5	客户回访，征求客户意见	客户经理	客户回访表　表5
6	进行改善	客户经理	客户回访，问题、经验总结改善表　表6
7	销售计划考核，不断提高业务人员的积极性	计划员	（××）月份销售计划完成考核兑现表　表7

注：详细的目标客户产品交付流程与工具见车辆维修业务管理制度附件中的产品交付流程与表格。

5. 派工单管理

（1）责任部门　车辆维修部。

（2）责任岗位　部长。

（3）管理方法　模板管理。

（4）管理依据

1）建立管理制度：车辆维修业务管理制度、车辆维修部工作制度。

2）车辆维修部按照《车辆维修业务管理制度》《车辆维修部工作制度》对派工单模板进行管理。

（5）派工单（模板）汇总表　见表7-11。

表7-11　派工单（模板）汇总表

序号	名称及目的	责任人	使用工具
1	维修、保养委托单	部长	车辆维修/保养委托单　编号：委托×× - ××＝××-××× 表1
2	维修、保养派工单	部长	车辆维修/保养派工单编号：×× - ××＝××-××× 表2
3	维修、保养配件领用单	部长	车辆维修/保养，配件领用单　编号：×× - ××＝××-××× 表3
4	维修、保养完成，质量检验单	部长	车辆维修/保养，检验单　编号：×× - ××＝××-××× 表4
5	维修、保养完成，结算单	部长	车辆维修/保养，结算单编号：×× - ××＝××-××× 表5

注：详细的派工单见车辆维修业务管理制度附件中的车辆维修派工单。

6. 营销过程问题管理

见第二章第三节的相关内容。

详细的问题解决看板见车辆营销业务管理制度附件中的客户开发与销售过程遇到问题解决看板。其他业务遇到同类问题可参考。

7. 客户再开发

见第二章第三节的相关内容。

1）业务洽谈和产品交付流程见本节第二部分。

2）详细的客户再开发流程与工具见车辆营销业务管理制度附件中的客户再开发流程与表格。

第四节　"三包"期内维修业务注意事项

一、维修实施前注意事项

1. 对相关人员进行培训，掌握必要的知识、作业流程

进行"三包"期内维修时，在维修前，必须接受厂家对信息员、索赔员、故障鉴定员的培训。

2. 规范提报"三包"期内维修信息

必须按照厂家的"三包"维修规定，提报维修信息。同时还要注意以下事项。

1）在接收到客户信息确定车辆故障后，维修前必须根据厂家的要求提报维修信息。

2）维修作业完成后，服务站必须及时提报信息，标注维修时间符合厂家的要求。不得隔日提报。

3）服务站提报信息必须准确，并对提报信息的真实性负责。

4）必填项：车型、客户姓名、客户电话、购车日期、行驶里程、故障原因、新旧件图号、责任厂家、新件防伪编码、旧件批次号、外出时间、外出里程、外出故障地。

5）维修作业完成后，服务站收集故障件并拍照，将照片注明索赔单号存档备查。

3. 注意主机厂的信息审核与考评

厂家的服务部门联合供应商技术支援人员，每日会对服务站提报信息进行核查，对于信

息提报不完整、责任判定不清等不合格信息，将按照相关规定考核。对费用异常服务站，供应商或主机厂会随时派技术人员现场督察。对提报信息严重失实、不规范的服务站，按虚假信息考核，并实施专项技术审批监控。以上应切实注意。

4. 严格旧件入库、验收、标注、退回管理

（1）服务站旧件回收注意事项

1）服务站在车辆维修完毕后，必须第一时间在旧件上悬挂旧件条形码标签。同时，旧件实物本身明显处必须用油性记号笔填写旧件条形码号。避免在整理旧件时出现同类产品混淆现象。

2）服务站要有单独的旧件库房，旧件悬挂条形码后入库分类保管，不得与其他物品混放，不得露天摆放。

3）必须按照主机厂规定的时间返回旧件。

4）服务站旧件返回区域旧件库，如需通过第三方物流时，旧件包装必须坚固。如丢失或损坏，服务站负责追回，相关责任由服务站自行承担。

（2）关注主机厂旧件库验收　对没有及时入库、验收的旧件要及时查明真相，补齐资料。

（3）注意规避异常关注　当出现某月维修量异常时，要及时联系主机厂说明情况或进行专题报告，从而规避主机厂的异常关注。

5. 注意主机厂的维修信息真实性核查，随时沟通非常重要

1）维修业务中，难免会出现故障判断失误、维修失误的现象。当出现问题时，一定要及时向主机厂服务管理部门进行汇报，说明情况，取得谅解，避免被扣服务费。

2）维修业务中，难免会出现关联维修的情况。例如在维修故障件的同时，将新件一并更换了（如零件维修变成了总成维修）。这种情况有可能是因为没有零件，只有总成；也有可能是客户要求。对这些都需要说明情况，取得主机厂服务管理部门的谅解。防止出现被核查时认定为虚假信息和不能索赔的情况。

二、车辆保修期内维修注意事项

对于车辆保修期内的维修，不同的厂家有不同的要求。在进行车辆的保修维修前，故障鉴定员、信息员、维修工应仔细阅读、学习厂家的有关"三包"维修管理制度、要求、作业流程、维修流程、故障判断方法、维修手册、维修项目价格表、索赔流程等文件。同时，应特别注意掌握以下知识。

1）保修的内容：必须清楚哪些零部件在保修的范围内、哪些不在范围内。

2）保修的前提：是否按时进行保养。如果没有按时（厂家规定的保养间隔里程或时间）保养，就等于客户丧失了车辆的"三包"维修权利。如果客户仍要求"三包"，就需取得厂家同意。

3）保修条件：车辆符合什么条件才能保修。

4）不保修的条件：为什么不予保修？不予保修的内容很多，最好予以公示。

5）保修注意事项：防止被厂家考核扣服务费。

三、注意保修细则与索赔相关知识

1. 注意保修细则

发动机、变速器、后桥等厂家有自己的服务站，有自己独立的保修细则。

汽车生产厂有整车的保修细则，整车的保修细则内包含了发动机、变速器、后桥的保修细则。

如果某服务站同时是两个厂家的服务站，而两个厂家保修细则却不一致时，原则上以主机厂的整车保修细则为准。这是因为客户买的是车，不是发动机、变速器、后桥。

特别注意： **按哪一家的保修细则维修，就向哪一家索赔！曾经出现过按照汽车生产厂家的保修细则维修，却向发动机厂家索赔的情况。**

2. 旧件库建设

必须按照厂家不同分别建设旧件库的原则，防止旧件混淆。

3. 旧件管理

必须按照厂家的旧件管理制度进行旧件管理；维修单、旧件标签、旧件必须一致。

4. 旧件的运输

确保旧件在运输过程中标签、维修单、旧件不被损坏。

5. 关注索赔

1）流程进度：旧件是否退回。

2）是否经过旧件的生产厂验收。

3）验收有无异议。

4）主机厂是否已经审批通过。

5）主机厂财务是否已经记账。

本章小结与启示

本章介绍了车辆维修分类和流程，提供了作业表模板，希望读者能够对比查找问题，参照制定车辆维修业务的管理流程和管理制度并严格执行，提高工作能力与质量，为客户提供更好的服务，从而提高业绩。

本章学习测试与问题思考

1. 简述简化的维修管理流程。

2. 简述索赔的相关注意事项。

3. 应如何管理旧件？

4. 车辆维修部相关管理制度有哪些？

第八章

商用车配件营销业务管理[一]

> 1. 了解配件分类、配件管理的重要性。
> 2. 掌握配件管理的流程。
> 3. 掌握配件编号、仓储管理的方法。
> 4. 掌握配件营销业务的管理流程。

第一节　配件营销业务概述

一、车辆配件相关概念与分类

1. 车辆配件及相关概念

（1）车辆配件　包括装配车辆用的零部件，也包括车辆保养和修理所需的零部件。本章仅指后者，即车辆配件＝保养配件＋维修配件。

1）保养配件，指保养时需要定期更换的"配件、加注的油品和补加的化学品"。例如各种添加剂、润滑脂、清洗用品等。

其中的油品和化学品，主要是指机油、变速器专用润滑油、后桥专用润滑油、制动液、转向助力液、冷却液、液压油、润滑脂等。

2）维修配件，指在修理时"损坏后重新安装上的零件、部件、分总成、总成、系统"的统称。

（2）车辆　本章所指车辆，是所有的商用车，包括载货汽车及低速载货汽车、三轮汽车、矿山用轮式专用（运输）机械等。

2. 车辆配件的分类

（1）按照用途分类

1）保养配件。

2）维修配件：

① 保修期内维修配件。

② 保修期外维修配件。

㊀ 本章作者：王玉刚、崔士朋。

③ 事故车配件。

（2）按照使用性质分类

1）消耗配件（保养件、轮胎等定期更换的配件）。如：滤芯、传动带、制动蹄片等。

2）易损件（非保修配件、因磨损经常更换的配件、保修期在三个月以内的配件）。如：离合器摩擦片、灯罩、灯泡、刮水器片等。

3）维修件（正常情况下不易损坏的配件、保修期超过三个月以上到一年的配件）。如：制动鼓、发电机、起动机、水泵、空压机等。

4）基础件（正常情况下不可能损坏的配件、保修期超过一年以上的配件）。如：发动机壳体、发动机曲轴、变速器壳体、后桥壳体、车架、驾驶室壳体等。

5）事故件（没有事故，不可能损坏的配件）。如：驾驶室、车门、车架等。

（3）按照来源分类

1）原厂配件：使用车辆生产企业的商标、包装、标识、配件图号（编码），由车辆生产企业配件销售服务部门销售或提供的配件。其特点是市场认可度高、质量好、价格高。

2）配套厂配件：有配套标识、配套厂编号，使用配套厂的商标、标识、图号（编码），由车辆配套企业配件销售服务部门销售或提供的配件。其特点是市场认可度不高、质量好、价格比原厂配件低 10% 左右。

注意：配套厂没有商标的配件不能采购。

3）品牌配件：由专门的配件生产企业生产、销售的配件。这些企业没有给车辆生产企业配套，专门服务于车辆后市场。他们用自己的商标、包装、标识、图号进行销售。其特点是市场认可度高、质量稳定、价格比原厂配件低 20%~30%。

4）下线件：装配检验不合格的件，但是功能、性能合格。主要是指车身覆盖件等。

5）拆车件：报废车辆（主要是事故车）拆解下来的配件。主要是指驾驶室、车架、轮辋、前轴、后桥壳等。这些配件经过整备后的功能、性能达到标准的要求或符合原生产厂家的出厂标准。

注意：拆车件必须有原厂标识、质量可用、价格低。没有整备、没有标识、没有合格证的不能用。

6）副厂件：不是正规厂家的配件。其特点是没有商标、标识、图号（编码）、质量差、价格低、使用有风险。

注意：对于假冒伪劣配件，必须坚决打击！

（4）按照重要程度分类

1）重要件：凡是影响行驶功能、安全功能、作业功能（指专用作业车）的配件均为重要件。重要件原则上只能采用原厂配件。

2）一般件：凡是不影响行驶功能、安全功能、作业功能（指专用作业车）的配件均为一般件。一般件可以采用原厂配件、配套厂配件、品牌配件、下线件。

（5）按照通用性分类

1）标准件：按照国家标准、行业标准制造的配件。如螺栓、螺母、密封圈、轮胎、轮辋等。

2）通用件：相同车辆类别下，两个以上不同品牌的车辆都装配的配件，如发动机、变速器、前桥、后桥、悬架、转向机、油箱、蓄电池等。

3）品牌通用件：相同品牌下，不同车型都装配的配件，如驾驶室、电器系统、管理系统等。

4）产品线专用件：相同品牌，产品线不同，配件不同。如：福田时代品牌栏板货车专用件、自卸车专用件、危险品运输车专用件、厢式车专用件等。主要包括驾驶室系统、传动系统、车架系统等。

5）相同品牌，相同产品线，不同驱动型式产品专用件。如福田时代品牌自卸车产品线不同产品专用件分为 6×2 专用件、6×4 专用件、8×4 专用件等。主要包括前桥系统、后桥系统、悬架系统、制动系统、转向系统等。

6）相同品牌，相同产品线，相同产品（驱动形式），不同品种（动力）专用件。如福田时代品牌自卸车、4×2 驱动车型、分为 120 马力品种专用件、140 马力品种专用件、160 马力品种专用件等。主要包括动力系统、变速操纵系统、后桥系统等。

二、配件管理的重要性与管理流程

1. 配件的重要性

1）配件是维修、保养的基础，没有配件业务，就没有保养、维修业务。

2）配件是车辆安全运行、行驶的保证。没有可靠的配件质量，车辆就不可能做到安全行驶，安全生产就无从谈起。

3）配件关乎人民生命、财产的安全。由于配件质量引起的车辆事故不在少数，车辆一旦发生事故，一定会带来财产或生命的损失。所以，在车辆维修过程中一定要使用质量可靠的配件。

4）配件关乎运输效率。没有可靠的配件质量保证，车辆就会经常发生故障。有故障就需要维修，维修就要停驶。停驶多，运输效率就低。

5）配件关乎货物安全。有些货物有质保期或运输时间限制，超过了合理的运输时间，货物就会有损失甚至损坏。如运输活鲜产品（活鱼等）的车如果出现故障，长时间没有充氧，活鲜货物就会死亡，损失巨大；同样，冷藏品、保鲜品等运输车也是如此。

6）配件关乎车主从业安全。如果在车辆修理的过程中使用了质量不好的配件，车辆故障发生率就高，效率就降低，运输时间就不能保证，货主就会不满意，就可能导致客户（车主）拿不到运输合同甚至失业。

2. 配件管理的重要性

1）没有配件营销业务，就没有"保养"与"维修"业务的基础。其后果是造成售后服务业务不好或没有，进而不能满足客户需求，就会引发客户不满意，导致客户越来越少，企业经营越来越困难。

2）关乎维修量、销量。如果不知道有些配件是不同品牌之间通用的，就会浪费配件资源，就不可能把销量做大，维修量也上不去。

3）关乎配件经营者的资金效率。销量上不去，资金周转率就下降，资金效率就低。

4）不知道配件分类的重要性，就没有竞争力。

① 有些重要件，必须使用原厂配件。安全、效率非常重要。原厂配件看似价格高，但因其质量可靠实际维修间隔里程长，出勤率就高，运输效率高了，运输成本就低了，实际维修成本反而低。反之，采购了质量不好的配件，看似价格低了，但最终没有竞争力。

② 一般件，可以用品牌配件。有些一般件不影响运输效率，如果一定要原厂配件，价格会升高，维修成本也会高，影响企业竞争力。现在很多生产厂家都采用双品牌来经营配件，就是这个原因。

5）关乎经营成本。如果不知道哪些是通用件、哪些是专用件，采购一大批，都是专用件，专用件用量少，一旦形成积压，就会造成损失，增加经营成本。

6）关乎经营效率。

3. 配件管理流程

依次根据车辆社会保有量→保有车辆故障表现统计→故障原因统计→需要配件统计→故障平均间隔里程统计→（年、月）车辆运输里程统计→故障发生次数统计→月度维修量统计→确定配件采购周期→库存当量→采购量→采购渠道→进行采购管理→入库管理→库存管理→销售管理→出库管理等。

第二节　做好配件仓储管理

配件仓储的目标，就是便于管理，即便于存放、领用、记账、对账、报表。

一、建立库、区、位、架、层、格管理模式

1. 建立库房

1）新件库。

2）旧件库。旧件库主要是用于保存保修索赔的凭据。分为保修旧件库和事故车旧件库。与新件库相对应。下同。

2. 建立配件类别库

1）新件库。如果种类多，可以细分为 A1 微卡库、A2 轻卡库、A3 中卡库、A4 重卡库。

2）旧件库（同上）。

3. 建立产品配件库

1）保养配件库：A11、A21、A31、A41。

2）保修配件库：A12、A22、A32、A42（保修配件一定是厂家提供的）。

3）非保修配件库（包括事故车配件）：A13、A23、A33、A43。

对应旧件库。

注意：保修旧件库一定要按照厂家的要求进行管理。

4. 在产品库房内，分"系统"配件建立存放"区"

1）动力系统配件存放区。

2）离合操纵系统配件存放区。

3）变速操纵系统配件存放区。

4）传动系统配件存放区。

5）转向系统配件存放区。

6）制动系统配件存放区。

7）悬架系统配件存放区。

8）前桥系统配件存放区。

9）后桥系统配件存放区。

10）电器系统配件存放区。

11）驾驶室系统配件存放区。

12）货箱系统配件存放区。

13）浮动桥系统配件存放区。

14）轮胎与轮辋系统配件存放区。

15）车架及其他系统配件存放区。

5. 在系统存放区内，分"总成"建立配件存放"位置"

当没有总成时，可以直接按零件建立架口。举例说明如下。

（1）动力系统存放区，分"总成"建立存放位置

1）发动机总成配件存放位置。

2）进气总成配件存放位置。

3）增压总成配件存放位置。

4）冷却总成配件存放位置。

5）供油总成配件存放位置。

6）电子电器总成配件放位置。

7）后处理总成配件存放位置。

8）其他总成配件存放位置。

（2）变速操纵系统存放区，分"总成"建立存放位置

1）变速器总成配件存放位置。

2）变速操纵总成配件存放位置。

6. 在总成配件存放位置，分"分总成"建立配件存放"架口"

当没有分总成时，可以直接按零件建立架口。举例说明如下。

（1）发动机总成配件存放位置，按照"分总成"建立架口

1）油底壳分总成配件存放位置。

2）缸盖分总成配件存放位置。

3）起动系统分总成配件存放位置。

4）发电系统分总成配件存放位置。

5）燃油系统分总成配件存放位置。

6）四配套分总成配件存放位置。

7）曲轴分总成配件存放位置。

8）气泵系统分总成等配件存放位置。

（2）变速器总成　包括副变速器分总成、主变速器分总成、分动器分总成等，分别建立存放位置。

7. 在分总成配件存放架口，分层建立分"部件"的配件存放"层"

当没有部件分类时，可以直接按零件建立架口。举例说明如下。

（1）油底壳分总成　包括油底壳、机油泵、机油滤芯、机油、密封圈、螺栓、垫圈。

（2）主变速器分总成　包括变速器壳体、一轴总成、二轴总成等。

8. 在部件存放层，建立分"零件"的配件存放"格"

每格存放一种零件。

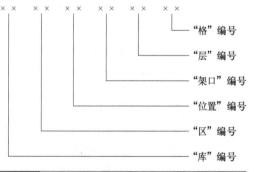

图 8-1　配件编号（编码）

二、建立配件编号

按照库、区、位、架、层、格管理模式，建立配件编号（编码）如图 8-1 所示。

三、按照维修项目建立配件库存管理

1）按照维修项目建立对应的配件库存管理：与保养产品/项目、维修产品/项目相对应，按照维修项目建立配件库存。

2）按照维修项目编号建立配件编号。

3）没有维修项目就没有配件库存。

这种配件管理方法主要用以满足本企业保养、维修业务的需求，不能对外销售配件。

第三节　打好配件（产品）市场营销基础

配件是售后服务（特别是保养、维修业务）的基础。没有配件，经销商就无法开展保养业务、维修业务。如果车辆没有实现保养、维修的及时性、方便性、可靠性，也就谈不上出勤率和安全生产。因此，规范配件营销业务管理很重要。要把配件市场营销业务做好，打好基础是关键。

一、建立营销组织

1. 建立组织的重要性

见第二章的相关内容。

2. 建立营销组织

1）建立组织：依据客户需求建立业务组织的原则，设置配件营销部。

2）设置岗位：岗位设置与岗位业务管理的主要职责，见表8-1。

表 8-1　配件营销部岗位设置及业务管理的主要职责

序号	部门名称	岗位名称	主要职责	备注
1		部长	部门管理、业务管理、客户开发、风险控制	兼产品经理
2		计划员	计划、派工、费用、工资、激励管理	兼商务经理
3		客户经理	客户开发、产品管理、业务洽谈、配件销售	
4	配件营销部	产品经理	政策管理、价格管理、商务洽谈、合同签订、客户回访	
5		商务经理	客户开发、信息收集、客户接待、货款结算	
6		配件销售员	开具配件领料单，提货、包装、装车、发货、配件领料单交回管理	
7		信息员	信息收集	外聘

3. 聘任干部和岗位人员

1）聘用原则：见第一章采购业务管理的相关内容。

2）设置客户经理的重要性：

① 解答客户疑问。

② 解决客户问题。

③ 为客户提供专业化、定制化服务。

④ 可以不断地向客户推荐其他业务产品，提高销售收入。

二、制定配件营销业务管理制度

制定配件营销业务管理制度的重要性见第二章的相关内容。

配件营销业务相关管理制度包括业务管理制度、部门工作制度、岗位作业制度，见表 8-2。

表 8-2 配件营销业务相关管理制度列表

序号	制度名称	制度性质	执行本制度的部门	本制度的管理部门
1	配件营销业务管理制度	业务制度	配件营销部	综合管理部
2	配件营销部工作制度	业务制度	配件营销部	综合管理部
3	配件营销部部长作业制度	业务制度	配件营销部	综合管理部
4	配件营销部计划员作业制度	业务制度	配件营销部	综合管理部
5	配件营销部产品经理作业制度	业务制度	配件营销部	综合管理部
6	配件营销部商务经理作业制度	业务制度	配件营销部	综合管理部
7	配件营销部客户经理作业制度	业务制度	配件营销部	综合管理部
8	配件营销部配件销售员作业制度	业务制度	配件营销部	综合管理部

注：上述相关的制度（模板）见佐卡公司网站。

三、确定配件营销业务管理范围

1. 确定配件营销业务管理的区域

1）根据车辆营销业务管理的区域范围，确定配件营销业务管理的区域范围。其范围不能小于车辆营销业务管理的区域范围。

2）根据客户车辆运营的区域范围，确定配件营销业务管理的区域范围。其范围不能小于客户车辆运营的区域范围。根据谁销售的产品谁负责服务的原则，建议经销商按照客户车辆的运营范围确定配件营销业务的经营范围。

3）根据配件（产品）能够覆盖的车辆的区域范围，在力所能及的情况下，建立经销商的区域范围。也就是说，经销商建立配件专卖店，没有区域范围限制。

2. 确定产品经营范围

根据配件所对应的车辆类别、维修的产品、维修项目，建立产品经营范围，其模板见表 8-3。

3. 确定意向客户（车主）范围

1）确定车辆的服务范围：

① 确定品牌。

② 确定产品线。

③ 确定产品。

④ 确定品种。

表8-3 产品经营范围列表（模板）

配件对应车辆类别	配件对应车辆产品线分类	配件产品名称	系统配件名称	总成配件名称	分总成配件名称	部件（配件）名称	配件（零件）名称	配件图号	配件编号	配件对应的维修项目名称	配件对应的维修项目编号
重卡	自卸车、牵引车、载货车、中置轴车、专用车底盘	保养配件									
		保修内配件									
		保修外配件（包括事故车配件）									
中卡	自卸车、载货车、中置轴车、专用车底盘	保养配件									
		保修内配件									
		保修外配件（包括事故车配件）									
轻卡	自卸车、载货车、中置轴车、专用车底盘	保养配件									
		保修内配件									
		保修外配件（包括事故车配件）									
微卡	自卸车、载货车、专用车底盘	保养配件									
		保修内配件									
		保修外配件（包括事故车配件）									
其他	半挂车	挂车配件									
	专用车上装	专用车上装、挂车配件									

注：1. 配件对应车辆产品线：产品线也称产品系列。包括自卸车产品线、牵引车产品线、栏板货车产品线、运输型专用车（厢式车、仓栅车）产品线等。相同品牌下，由于产品线不同，配件会有区别。所有产品线都通用的配件，叫品牌通用配件；产品线下，所有产品（不同驱动形式）都通用的配件，叫产品线通用配件；产品下，所有品种（不同动力）都通用的配件，叫产品通用配件；单一品种专用的配件，叫品种专用配件。所有品牌都通用的配件，叫社会通用配件（如保养配件，按照国家、行业标准生产的配件）。

2. 系统配件：组成车辆的各个系统（如动力系统配件、变速操纵系统配件等）。

3. 总成配件：组成系统的各个总成（如动力系统下，进气总成配件、增压器总成配件、发动机总成配件、散热器总成配件等）。

4. 分总成配件：组成总成的各个分总成（如散热器总成下，散热器分总成、进水管分总成、出水管分总成、风扇分总成、风扇带轮分总成、冷却液泵分总成等）。

5. 部件配件：组成分总成或总成的各个部件（如风扇带轮分总成下，带轮、张紧轮、传动带等）。

6. 配件：不可拆分的（用于维修的）零件。

7. 对配件进行编号，就是配件编码。它的作用是，相同配件名称下，区分不通用的配件。有些车辆，由于不断更新换代，新的配件和老的配件不通用了，但是零件名称还是一样。这时就需要用配件编码进行区分。

8. 配件对应的维修项目：配件是用于车辆维修、保养的。车辆在不需要维修、保养的情况下，是不需要配件的。了解什么样的维修、保养项目，需要什么样的配件，这样就不会卖错配件，导致客户不满意。

9. 同样，在维修项目下，也要标注需要的配件名称和编号。

2）确定客户的服务范围：

① 购买公司销售的车辆的客户。

② 在公司进行年审，购买车辆保险产品、金融服务产品的客户。

③ 在公司进行车辆保养、维修的客户。

④ 加盟公司所属运输公司的客户。

⑤ 配件营销部能力能够满足的客户。

⑥ 其他需要服务的客户。

4. 确定学习的标杆

1）确定业务学习的标杆：经销商的配件营销业务学习标杆。

2）建立产品学习的标杆。

3）建立配件（品种）的学习标杆。如催化用尿素的学习标杆、机油的学习标杆、轮胎的学习标杆等。这里主要是指向一些配件专卖店学习。

5. 确定竞争对手

1）确定业务竞争对手。

2）确定产品竞争对手。

3）确定品种竞争对手。

四、建立宣传和传播管理

1. 建立传播的内容

1）自己传播：品牌传播、业务传播、产品传播、客户满意传播、社会贡献传播及其他。

2）客户传播：客户满意传播、客户利益传播等。如："正品配件，三包服务"。

2. 建立传播的渠道

1）媒体渠道：新媒体（广播、电视、杂志、报纸、互联网、微信等）、传统媒体（电视、报纸、广播等）。

2）传统渠道：年审检测线、加油站、配件销售店等。

3）客户渠道：口碑传播、客户车辆传播等。

4）其他。

3. 建立传播的方法

视频、彩页、易拉宝、礼品、网站、微信、微博、抖音等。

五、确定营销方案、营销模式和营销方法

1. 制定营销方案

1）组合产品营销方案：将相关产品（配件产品、维修产品、保养产品、年审产品、保险产品等），只要是客户需要的一并组合起来进行营销。

2）单一产品营销方案：只进行配件产品的营销。

2. 确定营销模式

营销模式包括全款销售和定期付款销售（针对大客户，长期合作客户，按月付全款）。

3. 确定销售方法

1）9步销售法：一个组织的不同人员分工合作完成下列销售流程的方法。

① 客户开发。

② 信息收集。

③ 信息确认。

④ 产品确认。

⑤ 交付（时间、地点、购买方式）确认。

⑥ 价格确认。

⑦ 合同确认。

⑧ 付款。

⑨ 产品交付。

2）销售顾问法：一个人完成上述 9 步流程的方法。

六、制定营销政策

1. 组合产品销售政策

对于个人客户、个体客户，建议同相关产品一起制定销售政策。例如，将不同的产品（配件产品、维修产品、保养产品、年审产品、保险产品等）组合在一起，制定销售政策。

2. 单项销售政策

对于配件专卖店、社会修理厂等，建议制定单独的销售政策。例如，批量政策、年度目标销量奖励政策等，用于同其他品牌配件的竞争。

七、确定产品销售价格制定方法

（1）定价依据及计算公式　定价依据见财务管理部门制定的价格管理制度中的相关规定。计算公式见《商用车营销红宝书：营销管理篇》第九章第三节的相关内容。

（2）确定定价方法　竞争定价法。

（3）销售价格　包括商务经理销售价格、部长销售价格、总经理销售价格、最高销售限价。

1）不同的岗位有不同的价格权限。

2）防止出现价格混乱和乱签批价格的行为。

八、建立营销目标

1. 根据自己的能力和以往的业绩，建立销售目标

目标指标如下。

1）销售收入（万元）。

2）毛利润（万元）。

3）净利润（万元）。

4）客户订单品种一次满足率（%）。

5）客户月度订单品种一次满足率（%）。

6）客户订单品种、数量一次满足率（%）。

7）客户月度订单品种、数量一次满足率（%）。

2. 分产品建立销售目标

销售目标指标如下。

1）保养配件销售收入（万元）。

2）保内配件销售收入（万元）。

3）保外配件销售收入（万元）。

九、编制产品销售明细表、价格表，制定销售计划

1. 产品销售明细表、价格表、销售计划编制的责任部门

1）产品销售明细表、销售计划的管理权、批准权在市场管理委员会，由配件营销部负责编制，报市场管理委员会批准。

2）产品销售价格表按照财务管理部给出的计算公式，由配件营销部负责编制，报财务管理部审核，由市场管理委员会批准。

2. 编制产品销售明细表

产品销售明细表是产品推荐的依据，是按照产品完整性原则编制的；在产品（品种）名称和产品（品种）编号下，是产品与品种的组合。表 8-4 是"品种"销售明细表的（部分）模板。

表 8-4 强保配件明细表（更换、加注、补加项目配件信息）

序号	强保系统名称	强保总成名称	补注、更换的配件（零件）名称	技术要求	规格型号	配件图号	配件编号
1	发动机及动力系统	发动机总成	更换机油	1）规格性能指标符合规定 2）液面高度符合规定			
2			更换机油滤芯	规格、型号符合要求			
3			补加冷却液	规格、型号符合要求			
4			更换机油散热器滤芯	1）规格性能指标符合规定 2）液面高度符合规定			
5		燃油系统总成	更换燃油滤芯	规格、型号符合要求			
6			更换"水寒宝"	规格、型号符合要求			
7		空气压缩机	更换压缩机传动带	规格、型号符合要求			
8		排气系统总成	更换滤芯	规格、型号符合要求			
9			补加催化用尿素	1）规格性能指标符合规定 2）液面高度符合规定			
10		冷却系统	补加防冻液	1）规格性能指标符合规定 2）液面高度符合规定			
11	离合器系统	离合器液壶	补加离合助力液	1）规格性能指标符合规定 2）液面高度符合规定			
12	变速器系统	变速器	补加变速器润滑油	1）规格性能指标符合规定 2）液面高度符合规定			
13		分动器	补加分动器润滑油	1）规格性能指标符合规定 2）液面高度符合规定			
14	后桥系统	后桥	补加中桥、后桥润滑油	1）规格性能指标符合规定 2）液面高度符合规定			
15	前桥系统	前桥	前驱动桥补加润滑油	1）规格性能指标符合规定 2）液面高度符合规定			

（续）

序号	强保系统名称	强保总成名称	补注、更换的配件（零件）名称	技术要求	规格型号	配件图号	配件编号
16	转向系统	转向助力器	更换转向液压油 更换转向油壶的油滤器	1）规格性能指标符合规定 2）液面高度符合规定	D6/D3		
17				规格、型号符合要求			
18	电器系统	蓄电池	补注电解液	1）规格性能指标符合规定 2）液面高度符合规定			
19	驾驶室系统	翻转系统	补加专用液压油	1）规格性能指标符合规定 2）液面高度符合规定	Q/SY YM 0024—2000		
20	液压系统	货箱举升系统	补加液压油	1）规格性能指标符合规定 2）液面高度符合规定			

注：配件销售明细表模板见业务管理制度附件销售明细表中的"配件销售明细表"。

3. 制定配件销售价格表

1）强保配件销售价格表，一般由厂家定价（略）。

2）例保配件销售价格表，一般按照市场价格定价，要具有竞争力（略）。

3）定保配件销售价格表，一般按照市场价格定价，要具有竞争力（略）。

4）保修期内维修配件销售价格表，一般由厂家定价（略）。

5）维修配件销售价格表，一般按照市场价格定价，要具有竞争力（略）。

6）配件销售价格表模板见业务管理制度附件销售价格表中的"配件销售价格表"。

4. 制定产品销售计划

（1）销售计划制定原则

1）销售计划不能低于上年销售额。

2）销售计划下，利润计划不能亏损。

（2）销售计划模板　产品销售计划表模板，见佐卡公司网站的业务管理制度附件产品销售计划表中的"配件产品销售计划表"。

十、建立配件产品销售资源

1. 建立意向客户明细表

意向客户包括以下几方面。

1）在本公司销售的车辆，车辆的服务者（或车主、驾驶员）。

2）配件销售明细表所能覆盖的所有车辆，车辆的服务者（或车主、驾驶员）。

3）社会修理厂。

4）社会配件专卖店。

注意：这个明细表是配件营销业务最基础的资源。

2. 建立已有客户明细表

将所有在配件营销部购买过配件产品的客户进行统计，建立配件营销业务已有客户明细表。

3. 建立战败客户明细表

将所有在配件营销部洽谈过购买配件产品事宜，但没有成交的客户，建立配件营销业务战败客户明细表。

4. 建立客户对比表

当本业务的销售收入、利润不如竞争对手时，以此表为工具查找自己的客户与竞争对手客户间的差距。

配件（产品）销售资源表见表 8-5。

表 8-5 配件（产品）销售资源表

序号	资源内容及目的	责任人	使用工具
1	找到本业务可以开发的所有客户		本业务组织意向客户明细表　表 1
2	将本业务已经完成（销售）交易的客户列入此表，便于继续交易		客户明细表　表 2
3	将本业务（销售）交易失败的客户列入此表，便于继续开发	部长	战败客户明细表　表 3
4	当（万元销售收入）销售利润低于竞争对手时，采用此表进行对比，找到原因，找到改善的方向 当竞争不过竞争对手时，采用产品对比表进行分析 当竞争不过竞争对手时，采用竞争管理表进行分析		客户对比表　表 4

注：详细的配件（产品）销售资源表见配件业务管理制度附件中的配件（产品）销售资源表。

第四节　经销商的配件营销业务管理

一、配件营销业务管理注意事项

1. 客户开发的重要性

1）现状与机会：很多经销商的配件营销部门不重视客户开发的管理，大部分经销商没有配件市场营销业务，这就给配件营销业务进行客户开发提供了机会。

2）业务前景：凡是没有签订客户购买配件产品合作协议或客户明确承诺购买经销商配件产品的所有客户都需要开发，不论其是否购买过公司配件产品。不同品牌、相同车辆类别下很多系统（动力系统、离合操纵系统、变速操纵系统、前桥系统、后桥系统、悬架系统、制动系统等）都是通用的，配件也就是通用的。

3）容易提升竞争力：配件产品竞争力不取决产品的价格，取决于服务能力（任何车辆、任何时间、任何地点都有配件）。客户开发取决于客户对服务的体验和产品经理、配件工、客户经理的服务能力和服务态度。相对于其他业务，配件营销业务进行客户开发比较容易。

4）通过配件营销进行客户开发，可以给其他业务提供大量的客户资源（信息）。

5）直销和批发并重。

2. 重视事故车配件的市场营销

事故车营销业务有以下优势。

1）量大。

2）有利润空间。

3）可以和保险产品代理结合起来销售。

3. 进行意向客户拜访，了解需求信息

由产品经理负责，进行意向客户拜访，了解意向客户有关车辆配件产品需求的信息。这些信息包括但不限于如下内容。

1）客户有几辆车？了解车辆类型、品牌、车型、驱动形式，发动机品牌、排量、功率，变速器品牌及型号，后桥名称及传动比，车辆行驶路线、装车地点、卸车地点、休息地点、驾驶员吃饭地点等。不同车辆分别列出。

2）客户是否需要配件销售明细表所列的配件产品？

3）您认为本公司的配件销售明细表所列产品是多了还是少了？

4）您认为本公司的配件销售明细表所列产品不是客户需要的有哪些？

5）您认为本公司的配件销售明细表还应增加哪些产品？

6）客户以前购买的配件产品都是谁提供的？是购买车辆的经销商、本公司还是其他渠道？

7）购买这些配件的价格与本公司的价格表价格对比是高还是低？

8）如果本公司配件价格符合您的预期，是否愿意同本公司合作，购买本公司产品？

9）您和其他公司有长期的合作吗？有协议吗？

10）他们给您什么优惠政策？如有，请列出。

11）我们能签订一个长期的合同或协议吗？

12）您的配件产品的购买模式是全款购买还是贷款购买？

13）我公司还有车辆年审服务产品、车辆运营项目贷款、车辆保险、车辆保养、车辆维修、运输公司、二手车收购业务，如果价格合适，您愿意购买我公司的这些产品项目吗？

14）编制客户调查表（略）。

4. 产品报价与购买方案推荐

1）产品报价的条件：在客户确认产品、品种后，才能进行产品的报价。

2）产品报价：要根据客户能够享受的销售政策进行产品报价。计算公式：

$$报价 = 产品销售价格 - 客户能够享受到的销售政策$$

3）购买方案推荐：在报价的基础上，根据客户的资金能力，进行购买方案推荐（全款购买、贷款购买、分期付款购买等）。

5. 客户开发（合同签订、产品交付）**完成，建立客户明细表的重要性**

建立意向目标客户明细表、目标客户明细表、客户明细表，有以下好处。

1）积累客户群体，就是积累财富。一个企业，没有了客户，就没有了一切。

2）掌握了客户的基本情况，便于沟通。

3）建立了客户车辆档案，对于经常发生故障的零件，可以找到规律，提前提示，提前准备产品。

4）对于配件专卖店、社会修理厂，建立长期的业务管理与统计分析，有利于更好地进行预测和提供服务。

6. 设置客户经理的重要性

见第二章第三节的相关内容。

7. 客户再开发的重要性

1）增加客户黏性。

2）提高客户满意度。

3）增加经销商收入。

8. 客户回访的重要性

每一个客户开发完成、购买或没有购买产品的客户，都要进行回访，其原因如下。

1）要知道为什么购买，以总结经验，发扬光大。

2）要知道为什么不购买，以找到不足，进行改善；否则，没有进步。

9. 旧件管理的重要性

1）是索赔的基础。

2）是对账的基础之一。

3）是统计工时的基础。

4）是利润的主要来源之一。

二、配件营销业务管理的内容、流程与工具

1. 组织管理

（1）责任部门　综合管理部。

（2）责任岗位　综合管理部部长。

（3）管理方法　评价法（见组织管理制度附件）。

（4）管理依据

1）建立管理制度：组织管理制度、配件营销部工作制度。

2）综合管理部按照《组织管理制度》《配件营销部工作制度》对配件营销部进行管理。

（5）流程与工具（模板）　见表8-6。

表 8-6 配件营销部组织管理流程与工具（模板）

序号	流程节点名称及目的	责任人	使用工具
1	公司组织设计	董事长	按区域进行公司组织规划表　表1
2	按照业务进行业务组织设计	总经理	按业务进行公司组织设置表　表2
3	按照业务不同，进行业务组织岗位设计	董事会、总经理	（独立法人的总公司）业务与组织设置　表3
4	对每一个岗位规范作业内容，明确作业项目	部长	岗位作业内容表　表4
5	根据作业量不同，进行岗位人员数量设计	部长	岗位、人员设置（报）表　表5
6	根据部门工作制度，设计部门工作任务	部长	部门任务计划（报）表　表6
7	设计部门会议	部长	部门会议计划管理表　表7
8	为及时了解部门计划工作进度，进行工作计划调度	部长	工作/业务计划实施情况周/月度调度、评价（报）表　表8
9	在计划调度的基础上，为确保任务完成，进行计划分析	部长	月度计划完成情况分析（报）表　表9
10	总结、改善计划工作	部长	持续改善、改进工作计划表　表10

注：具体的组织管理流程与管理工具见配件营销业务管理制度附件中的配件营销部组织管理流程。

2.（意向）客户开发管理

（1）责任部门　配件营销部。

（2）责任岗位　产品经理、计划员。

（3）管理方法　流程管理。

（4）管理依据

1）建立管理制度：配件营销业务管理制度、配件营销部工作制度。

2）配件营销部按照《配件营销业务管理制度》《配件营销部工作制度》对意向客户的开发进行管理。

（5）流程与工具（模板）　见表8-7。

表 8-7 （意向）**客户开发流程与工具（模板）**

序号	流程节点名称及目的	责任人	使用工具
1	建立意向客户开发明细表，防止漫无目的地跑客户	产品经理	意向客户开发明细表　表1
2	编制客户开发计划，建立监督的基础，防止出工不出力	计划员	（××）月份意向客户开发计划表　表2
3	编制客户拜访计划，提高开发有效率	计划员	意向客户开发，拜访计划表　表3
4	编制客户拜访准备计划，提高开发成功率	计划员	意向客户开发，拜访准备计划表　表4
5	拜访客户，收集客户购买信息，剔除明确不购买客户（包括不能卖的客户）	产品经理	意向客户拜访，产品购买信息收集表　表5
6	针对客户购买意向，推荐产品，引导客户建立对产品的兴趣	产品经理	意向客户开发，产品推荐表　表6
7	针对销售的产品（包括其他服务产品），征求客户意见，便于进行产品的改进	产品经理	向意向客户征求产品意见表　表7
8	根据客户意见，进行产品改进，确保客户满意	产品经理	产品改进（计划）表　表8
9	对改进后的产品进行再推荐	产品经理	意向客户开发，改进后产品推荐表　表9
10	客户满意，确认需要购买的产品	产品经理	意向客户开发，产品购买确认表　表10
11	初步报价，进行商务洽谈，防止以后购买时，出现较大的价格偏差 这是客户真正购买时的报价基础	产品经理	意向客户开发，产品报价及商务洽谈表　表11
12	客户对产品、价格、服务满意，签订合作协议	产品经理	客户购买（配件）产品合作协议（代合同）书　表12
13	对开发完成后签订协议的客户，建立明细表，准备进行产品销售	产品经理	意向目标客户明细表　表13
14	开发计划完成，进行考核	计划员	（××）月份意向客户开发计划完成考核兑现表　表14

注：1. 表12《客户购买（配件）产品合作协议（代合同）书》也可以作为合同。作为合同时，协议中确定的价格就是产品的最终销售价格。

2. 详细的意向客户开发流程与工具见配件营销业务管理制度附件中的客户开发流程与表格。

3. 业务洽谈管理

（1）责任部门　配件营销部。

（2）责任岗位　客户经理、产品经理、商务经理。

（3）管理方法　流程管理。

（4）管理依据

1）建立管理制度：配件营销业务管理制度、配件营销部工作制度。

2）配件营销部按照《配件营销业务管理制度》《配件营销部工作制度》对意向目标客户的业务洽谈进行管理。

（5）流程与工具（模板）　见表8-8。

表 8-8　意向目标客户业务洽谈流程与工具（模板）

序号	流程节点名称及目的	责任人	使用工具
1	收集客户购买信息，保养及尿素配件是主动收集，其他配件是被动收集（客户找你）	客户经理	意向目标客户，购买配件信息收集表　表1
2	确认客户购买信息，防止客户买错配件	产品经理	意向目标客户，购买配件信息确认表　表2
3	根据合作协议确定的价格表，收取客户货款（或定金）	商务经理	意向目标客户，购买配件收款收据　表3
4	建立目标客户明细表，进行交付产品的准备	商务经理	目标客户明细（日报）表　表4

注：1. 当在客户开发时已经明确合作协议代替合同时，这里就不需要再签订合同。如果在合作协议中没有明确产品销售价格，就要同客户签订配件销售合同，合同范本见开发流程。

　　2. 详细的意向目标客户业务洽谈流程与工具见配件营销业务管理制度附件中的客户业务洽谈流程与表格。

4. 产品交付管理

（1）责任部门　配件营销部。

（2）责任岗位　客户经理、配件销售员、产品经理、计划员。

（3）管理方法　流程管理。

（4）管理依据

1）建立管理制度：配件营销业务管理制度、配件营销部工作制度。

2）配件营销部按照《配件营销业务管理制度》《配件营销部工作制度》对目标客户的产品交付进行管理。

（5）流程与工具（模板）　见表8-9。

表 8-9　目标客户产品交付流程与工具（模板）

序号	流程节点名称	完成责任人	使用工具
1	根据目标客户明细表，建立目标客户配件发货计划	计划员	（××）月客户配件订单发货计划表　表1
2	建立交付流程，完成产品交付	配件销售员（产品经理）	产品交付（流程）　表2
3	客户确认产品交付	配件销售员	客户购买产品，交付确认表　表3
4	建立客户明细表，便于客户管理	客户经理	客户明细（报）表　表4
5	客户回访，征求客户意见	客户经理	客户回访表　表5
6	进行改善	客户经理	客户回访，问题、经验总结改善表　表6
7	销售计划考核，不断提高业务人员积极性	计划员	（××）月份销售计划完成考核兑现表　表7

注：详细的目标客户产品交付流程与工具见配件营销业务管理制度附件中的产品交付流程与表格。

5. 营销过程问题管理

见第二章第三节的相关内容。

详细的问题解决看板见车辆营销业务管理制度附件中的客户开发与销售过程遇到问题解决看板。不同业务遇到这些问题，都可以建立同样的看板。

6. 客户再开发

见第二章第三节的相关内容。

1）业务洽谈和产品交付流程见本节第二部分。

2）详细的客户再开发流程与工具见车辆营销业务管理制度附件中的客户再开发流程与表格。

本章小结与启示

希望读者能够熟练掌握配件分类的方法并进行配件管理，降低配件管理成本，提高企业竞争力。

配件的仓储管理非常重要，良好的管理可以大幅度降低仓储费用，提高资金周转率。

配件营销业务管理的流程与车辆维修、保养业务基本相同，只是配件销售更为复杂。

本章学习测试与问题思考

1. 配件管理的重要性有哪些？

2. 配件管理流程有几个？

3. 配件营销部相关管理制度有哪些？

第九章

商用车物流运输业务管理[⊖]

> ## 学习要点
>
> 1. 了解物流运输常用分类方法。
> 2. 掌握物流运输企业的分类方法。
> 3. 掌握物流运输业务管理的流程。
> 4. 了解为运输公司服务的发展趋势——托管服务。

第一节　物流运输业务相关概念与分类

一、物流运输业务相关概念

1. 物流

按国家标准 GB/T 18354—2021《物流术语》的定义，物流是指，根据实际需要，将运输、储存、装卸、搬运、包装、流通加工、配送、信息处理等基本功能实施有机结合，使物品从供应地向接收地进行实体流动的过程。

这个定义强调了物流的八个方面。

1) 运输：是用设备和工具，将物品从一个地点向另一个地点运送的活动。其中包括集货、分配、搬运、中转、装入、卸下、分散等一系列操作。

2) 储存：储存是指保护、管理、储藏物品。在配送活动中，储存有暂存（有时间限制）和储备两种形态。

3) 装卸：装载与卸运，即装到运输工具上和从运输工具上卸下。例如装卸货物。所谓装卸是指随物品运输和保管而附带发生的作业（是物流作业中的一项职能）。

4) 搬运：搬起、运动，即搬起移送。在物流作业中，有两次搬运：① 装货搬运，包括拆垛、放置取出等；② 卸货搬运，包括堆垛、分拣配货等。

5) 包装：我国国家标准 GB/T 4122.1—2008《包装术语　第一部分：基础》中规定，包装的定义是："为在流通过程中保护产品、方便贮运、促进销售，按一定技术方法而采用的容器、材料及辅助物等的总体名称。也指为了达到上述目的而采用容器、材料和辅助物的过程中施加一定技术方法等的操作活动。"即，包装既指包装物（包装箱等容器和辅助材料），

⊖　本章作者：崔士朋、赵旭日。

也指对货物的包装活动。

6）流通加工：流通加工是指物品在生产地到使用地的过程中，根据需要施加包装、切割、计量、分拣、刷标志、拴标签、组装等简单作业的总称。

7）配送：按用户订货要求，在配送中心或其他物流节点进行货物配备，并以最合理的方式送交用户的过程。

8）信息处理：信息处理就是对信息进行接收、存储、转化、传送和发布等作业的总称。

美国物流管理协会对物流的定义：物流是为满足消费者需求而进行的对原材料、中间库存、最终产品及相关信息从起始地到消费地的有效流动与存储的计划、实施与控制的过程。该定义突出了物流的四个关键组成部分：实质流动、实质存储、信息流动和管理协调。

2. 物流管理

物流管理，是为了以最低的物流成本达到用户所满意的服务水平而对物流活动进行的计划、组织、协调与控制。

3. 物流服务

物流服务，是从接收客户订单开始到将商品送到客户手中为止所发生的所有服务活动。物流服务可使交易的产品或服务实现增值。其本质是更好地满足客户需求，即保证客户需要的商品在客户要求的时间内准时送达，且服务能达到客户所要求的水平等。

4. 物流运输按运输工具不同的分类及特点

物流运输按照运输工具的不同，可分为陆路运输、航空运输、铁路运输、水路运输、管道运输等。航空运输、铁路运输、水路运输、管道运输等都是公路运输方式的竞争者，各有特点。

1）铁路运输：运量大，速度快，运费较低，受自然因素影响小，连续性好。但铁路造价高，占地广，短途运输成本高。主要用于大宗、笨重、需长途运输的货物。

2）陆路运输：机动灵活，周转速度快，装卸方便，对各种自然条件适应性强。但运量小，耗能多，成本高，运费较高。主要用于短程、量小、时间要求高、需门到门运输的货物。

3）水路运输：运量大，投资少，成本低。但速度慢，灵活性和连续性差，受航道水文状况和气象等自然条件影响大。主要用于大宗、远程、时间要求不高的货物。

4）航空运输：速度快，效率高，是最快捷的现代化运输方式。主要用于附加值高、运量小，运费要求低，且设备投资大、技术要求严格、急需、贵重、数量不大的货物。

5）管道运输：损耗小，连续性强，平稳安全，管理方便，运量很大。但设备投资大，灵活性差。主要用于大量、流体货物。

二、陆路物流运输按物流系统性质分类

陆路物流运输，即车辆物流运输。其按物流系统性质可分为社会物流、行业物流和企业物流。

1. 社会物流

社会物流指超越一家一户的、以一个社会为范畴面向社会为目的的物流。凡涉及在商品的流通领域所发生的所有物流活动都是社会物流的范畴。其中，物流活动是由物品的包装、装卸搬运、运输、储存、流通加工、配送、物流信息、客户服务等构成的活动过程；是物流基本功能的实施与管理过程。从职能上社会物流主要划分为物流计划管理、物流质量管理、物流技术管理等。

2. 行业物流

行业物流是行业内部经济活动所发生的物流活动。同一行业的不同企业，虽然在产品市场上是竞争对手，但在物流领域内却常常可相互协作，共同促进行业物流的发展，实现所有参与企业的共赢。行业物流按照运输的货物不同，又分为以下几种（举例）。

（1）鲜活农产品运输绿色通道物流　最初于1995年组织实施，2010年12月1日起，绿色通道扩大到全国所有收费公路，而且减免品种进一步增加，主要包括新鲜蔬菜、水果、鲜活水产品，活的畜禽，新鲜的肉、蛋、奶等。

运输的优惠政策、管理方式、运输的货物范围见下文。

关于进一步优化鲜活农产品运输"绿色通道"政策的通知
交公路发〔2019〕99号

各省、自治区、直辖市交通运输厅（局、委）、发展改革委、财政厅（局）：

为贯彻《国务院办公厅关于印发深化收费公路制度改革取消高速公路省界收费站实施方案的通知》（国办发〔2019〕23号），确保取消全国高速公路省界收费站顺利实施，实现不停车快捷收费，提高鲜活农产品运输车辆通行效率，减少拥堵，便利群众，现就优化鲜活农产品运输"绿色通道"政策有关事项通知如下：

一、严格免收车辆通行费范围

整车合法装载运输全国统一的《鲜活农产品品种目录》内的产品的车辆，免收车辆通行费。

本通知规定的"整车合法装载运输"是指车货总重和外廓尺寸均未超过国家规定的最大限值，且所载鲜活农产品应占车辆核定载质量或者车厢容积的80%以上、没有与非鲜活农产品混装等行为。

二、优化鲜活农产品运输车辆通行服务

（一）鲜活农产品运输车辆通过安装ETC车载装置，在高速公路出、入口使用ETC专用通道，实现不停车快捷通行。

（二）鲜活农产品运输车辆驶出高速公路出口收费站后，在指定位置申请查验。经查验符合政策规定的，免收车辆通行费；未申请查验的，按规定收取车辆通行费；经查验属于混装、假冒等不符合政策规定的，按规定处理。出口收费站外广场暂不具备查验条件的，可继续在收费车道内实施查验。

（三）建立全国统一的鲜活农产品运输"绿色通道"预约服务制度。鲜活农产品运输车辆通过网络或客服电话系统提前预约通行。

（四）建立鲜活农产品运输信用体系。对一年内混装不符合规定品种（或物品）超过3次或者经查验属于假冒的鲜活农产品运输车辆，记入"黑名单"，在一年内不得享受任何车辆通行费减免政策，并将有关失信记录纳入全国信用信息共享平台，并对外公开；对信用记录良好的车辆，逐步降低查验频次。

三、保障措施

（一）加强领导，落实责任。省级交通运输、发展改革、财政等主管部门要在省级人民政府统一领导下，严格按照《收费公路管理条例》和本通知要求，制定实施方案，明确责任分工，共同抓好实施工作。

（二）认真清理，全面规范。严格按照全国统一的《鲜活农产品品种目录》，清理规范本地区享受"绿色通道"政策的鲜活农产品品种目录，确保鲜活农产品运输"绿色通道"政策在全国范围的一致性和规范性。除法律、行政法规和国务院另有规定外，各地不得在路面环节增加针对鲜活农产品运输车辆的检查和验证，影响鲜活农产品车辆通行效率。

（三）及时评估，完善措施。深入评估政策实施效果及影响，不断完善配套措施，妥善解决出现的问题；对因优化政策造成收费公路经营单位合法收益损失的，应按照相关法律法规的规定，制定具体方案，予以补偿。

（四）加强宣传，正面引导。通过政府网站、新闻媒体等多种渠道，加强政策宣传解读，使社会公众及时、全面了解优化"绿色通道"政策的必要性、重要性和具体内容，为促进政策顺利实施营造良好的环境。

交通运输部　国家发展改革委　财政部

2019 年 7 月 18 日

鲜活农产品运输绿色通道的鲜活农产品品种目录，见表9-1。

表 9-1　鲜活农产品品种目录

类别		常见品种示例
新鲜蔬菜	白菜类	大白菜、普通白菜（油菜、小青菜）、菜薹
	甘蓝类	菜花、芥蓝、西兰花、结球甘蓝
	根菜类	萝卜、胡萝卜、芜菁
	绿叶菜类	芹菜、菠菜、莴笋、生菜、空心菜、香菜、茼蒿、茴香、苋菜、木耳菜
	葱蒜类	洋葱、大葱、香葱、蒜苗、蒜薹、韭菜、大蒜、生姜
	茄果类	茄子、青椒、辣椒、西红柿
	豆类	扁豆、菜豆、豇豆、豌豆、四季豆、毛豆、蚕豆、豆芽、豌豆苗、四棱豆
	瓜类	黄瓜、丝瓜、冬瓜、西葫芦、苦瓜、南瓜、佛手瓜、蛇瓜、节瓜、瓠瓜
	水生蔬菜	莲藕、荸荠、水芹、茭白
	新鲜食用菌	平菇、原菇、金针菇、滑菇、蘑菇、木耳（不含干木耳）
	多年生和杂类蔬菜	竹笋、芦笋、金针菜（黄花菜）、香椿
新鲜水果	仁果类	苹果、梨、海棠、山楂
	核果类	桃、李、杏、杨梅、樱桃
	浆果类	葡萄、提子、草莓、猕猴桃、石榴、桑葚
	柑橘类	橙、桔、柑、柚、柠檬
	热带及亚热带水果	香蕉、菠萝、龙眼、荔枝、橄榄、枇杷、椰子、芒果、杨桃、木瓜、火龙果、番石榴、莲雾
	什果类	枣、柿子、无花果
	瓜果类	西瓜、甜瓜、哈密瓜、香瓜、伊丽莎白瓜、华莱士瓜
鲜活水产品（仅指活的、新鲜的）		鱼类、虾类、贝类、蟹类
	其他水产品	海带、紫菜、海蜇、海参
活的畜禽	家畜	猪、牛、羊、马、驴（骡）
	家禽	鸡、鸭、鹅、家兔、食用蛙类
	其他	蜜蜂（转地放蜂）
新鲜的肉、蛋、奶		新鲜的鸡蛋、鸭蛋、鹅蛋、鹌鹑蛋，新鲜的家畜肉和家禽肉，新鲜奶

（2）危险品物流　危险品运输物流是特种运输物流的一种，是指专门组织或技术人员对非常规物品使用特殊车辆进行的运输物流。一般只有经过国家相关职能部门严格审核，并且拥有能保证安全运输危险货物的相应设施设备的企业，才有资格进行危险品运输。

危险品分为九类。不同的危险品使用不同的车辆进行物流运输，见表9-2（仅供参考）。

表9-2　危险品分类及对应的运输车推荐（仅供参考）

危险货物分类	车辆名称
第1类　爆炸品	固体爆炸品运输车
	液体爆炸品运输车
	气体爆炸品运输车
	混合态爆炸品运输车
	烟花爆竹运输车
第2类　压缩气体和液化气体	易燃气体运输车
	不燃气体运输车
	有毒气体运输车
第3类　易燃液体	易燃液体运输车
第4类　易燃固体、自燃物品和遇湿易燃物品	易燃固体运输车
	自燃固体运输车
	遇湿易燃固体运输车
第5类　氧化剂和有机过氧化物	氧化剂运输车
	过氧化物运输车
第6类　毒害品和感染性物品	毒害物品运输车
	感染性物品运输车
第7类　放射性物品	放射性物品运输车
第8类　腐蚀品	酸性腐蚀品运输车
	碱性腐蚀品运输车
	其他腐蚀品运输车
第9类　杂类	固体废物运输车
	液体废物运输车
	气体废物运输车

（3）冷链物流　冷链物流一般指冷藏、冷冻类食品（或医疗用品）在生产、贮藏、运输、销售，到消费前的各个环节中，始终应处于规定的低温环境下，以保证食品（或医疗用品）质量，减少食品（或医疗用品）损耗的一项系统工程，见图9-1。

冷链物流的适用范围包括以下方面。

1）初级农产品：蔬菜、水果，肉、禽、蛋，水产品、花卉产品等。

2）加工食品：速冻食品、禽、肉、水产等包装熟食、冰淇淋和奶制品、巧克力等。

3）快餐原料。

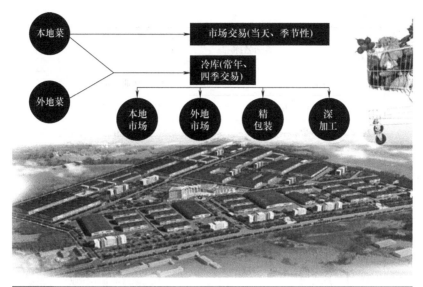

图 9-1 农产品冷链物流货运体系

4）特殊商品：药品、疫苗等防疫、医疗用品。

（4）快递快运物流　又称速递或快运，是指物流企业（含货运代理）通过自身的独立网络或以联营合作（联网）的方式，将用户委托的文件或包裹，快捷而安全地从发件人送达收件人的门到门（手递手）的新型运输方式。

根据 GB/T 4754—2017《国民经济行业分类标准》，对应进行物流行业分类，见表 9-3。表 9-3 仅供参考，有些行业名称可能不符合习惯。

这是一种对物流行业进行分类的新尝试。这种分类方法是基于将需要运输的货物和运输车辆进行一一的对应匹配，便于进行车辆产品的开发和市场营销。

表 9-3 物流行业分类

序号	物流行业分类			类别名称	物流行业名称
	门类	大类	中类		
1	A	1		农、林、牧、渔业	农、林、牧、渔业运输业
2				农业	农业运输业
3			11	谷物种植	谷物种植运输业
4			12	豆类、油料和薯类种植	豆类、油料和薯类种植运输业
5			13	棉、麻、糖、烟草种植	棉、麻、糖、烟草种植运输业
6			14	蔬菜、食用菌及园艺作物种植	蔬菜、食用菌及园艺作物种植运输业
7			15	水果种植	水果种植运输业
8			16	坚果、含油果、香料和饮料作物种植	坚果、含油果、香料和饮料作物种植运输业
9			17	中药材种植	中药材种植运输业
10			18	草种植及割草	草种植及割草运输业
11			19	其他农业	其他农业运输业

（续）

序号	物流行业分类			类别名称	物流行业名称
	门类	大类	中类		
12	A	2		林业	林业运输业
13			21	林木育种和育苗	林木育种和育苗运输业
14			22	造林和更新	造林和更新运输业
15			23	森林经营、管护和改培	森林经营、管护和改培运输业
16			24	木材和竹材采运	木材和竹材采运运输业
17			25	林产品采集	林产品采集运输业
18		3		畜牧业	畜牧业运输业
19			31	牲畜饲养	牲畜饲养运输业
20			32	家禽饲养	家禽饲养运输业
21			33	狩猎和捕捉动物	狩猎和捕捉动物运输业
22			34	其他畜牧业	其他畜牧业运输业
23		4		渔业	渔业运输业
24			41	水产养殖	水产养殖运输业
25			42	水产捕捞	水产捕捞运输业
26		5		农、林、牧、渔专业及辅助性活动	农、林、牧、渔专业及辅助性活动运输业
27			51	农业专业及辅助性活动	农业专业及辅助性活动运输业
28			52	林业专业及辅助性活动	林业专业及辅助性活动运输业
29			53	畜牧专业及辅助性活动	畜牧专业及辅助性活动运输业
30			54	渔业专业及辅助性活动	渔业专业及辅助性活动运输业
31	B			采矿业	采矿业运输业
32		6		煤炭开采和洗选业	煤炭开采和洗选业运输业
33		7		石油和天然气开采业	石油和天然气开采业运输业
34			71	石油开采	石油开采运输业
35			72	天然气开采	天然气开采运输业
36		8		黑色金属矿采选业	黑色金属矿采选业运输业
37		9		有色金属矿采选业	有色金属矿采选业运输业
38		10		非金属矿采选业	非金属矿采选业运输业
39			101	土砂石开采	土砂石开采运输业
40			102	化学矿开采	化学矿开采运输业
41			103	采盐	采盐运输业
42			104	石棉及其他非金属矿采选	石棉及其他非金属矿采选运输业

（续）

序号	物流行业分类			类别名称	物流行业名称
	门类	大类	中类		
43	B	11		开采专业及辅助性活动	开采专业及辅助性活动运输业
44			111	煤炭开采和洗选专业及辅助性活动	煤炭开采和洗选专业及辅助性活动运输业
45			112	石油和天然气开采专业及辅助性活动	石油和天然气开采专业及辅助性活动运输业
46			113	其他开采专业及辅助性活动	其他开采专业及辅助性活动运输业
47		12		其他采矿业	其他采矿业运输业
48	C			制造业	制造业运输业
49		13		农副食品加工业	农副食品加工业运输业
50			131	谷物磨制	谷物磨制运输业
51			132	饲料加工	饲料加工运输业
52			133	植物油加工	植物油加工运输业
53			134	制糖业	制糖业运输业
54			135	屠宰及肉类加工	屠宰及肉类加工运输业
55			136	水产品加工	水产品加工运输业
56			137	蔬菜、菌类、水果和坚果加工	蔬菜、菌类、水果和坚果加工运输业
57			138	其他农副食品加工	其他农副食品加工运输业
58		14		食品制造业	食品制造业运输业
59			141	焙烤食品制造	焙烤食品制造运输业
60			142	糖果、巧克力及蜜饯制造	糖果、巧克力及蜜饯制造运输业
61			143	方便食品制造	方便食品制造运输业
62			144	乳制品制造	乳制品制造运输业
63			145	罐头食品制造	罐头食品制造运输业
64			146	调味品、发酵制品制造	调味品、发酵制品制造运输业
65			147	其他食品制造	其他食品制造运输业
66		15		酒、饮料和精制茶制造业	酒、饮料和精制茶制造业运输业
67			153	精制茶加工	精制茶加工运输业
68		16		烟草制品业	烟草制品业运输业
69			161	烟叶复烤	烟叶复烤运输业
70			162	卷烟制造	卷烟制造运输业
71		17		纺织业	纺织业运输业
72		18		纺织服装、服饰业	纺织服装、服饰业运输业
73			183	服饰制造	服饰制造运输业
74		19		皮革、毛皮、羽毛及其制品和制鞋业	皮革、毛皮、羽毛及其制品和制鞋业运输业
75			194	羽毛（绒）加工及制品制造	羽毛（绒）加工及制品制造运输业
76			195	制鞋业	制鞋业运输业

（续）

序号	物流行业分类			类别名称	物流行业名称
	门类	大类	中类		
77				木材加工和木、竹、藤、棕、草制品业	木材加工和木、竹、藤、棕、草制品业运输业
78		20	201	木材加工	木材加工运输业
79			202	人造板制造	人造板制造运输业
80			203	木质制品制造	木质制品制造运输业
81			204	竹、藤、棕、草等制品制造	竹、藤、棕、草等制品制造运输业
82		21		家具制造业	家具制造业运输业
83				造纸和纸制品业	造纸和纸制品业运输业
84		22	221	纸浆制造	纸浆制造运输业
85			222	造纸	造纸运输业
86			223	纸制品制造	纸制品制造运输业
87		23	231	印刷	印刷运输业
88				文教、工美、体育和娱乐用品制造业	文教、工美、体育和娱乐用品制造业运输业
89			241	文教办公用品制造	文教办公用品制造运输业
90			242	乐器制造	乐器制造运输业
91	C	24	243	工艺美术及礼仪用品制造	工艺美术及礼仪用品制造运输业
92			244	体育用品制造	体育用品制造运输业
93			245	玩具制造	玩具制造运输业
94			246	游艺器材及娱乐用品制造	游艺器材及娱乐用品制造运输业
95				石油、煤炭及其他燃料加工业	石油、煤炭及其他燃料加工业运输业
96			251	精炼石油产品制造	精炼石油产品制造运输业
97		25	252	煤炭加工	煤炭加工运输业
98			253	核燃料加工	核燃料加工运输业
99			254	生物质燃料加工	生物质燃料加工运输业
100				化学原料和化学制品制造业	化学原料和化学制品制造业运输业
101			261	基础化学原料制造	基础化学原料制造运输业
102			262	肥料制造	肥料制造运输业
103			263	农药制造	农药制造运输业
104		26	264	涂料、油墨、颜料及类似产品制造	涂料、油墨、颜料及类似产品制造运输业
105			265	合成材料制造	合成材料制造运输业
106			266	专用化学产品制造	专用化学产品制造运输业
107			267	炸药、火工及焰火产品制造	炸药、火工及焰火产品制造运输业
108			268	日用化学产品制造	日用化学产品制造运输业

(续)

序号	物流行业分类 门类	物流行业分类 大类	物流行业分类 中类	类别名称	物流行业名称
109		27		医药制造业	医药制造业运输业
110			271	化学药品原料药制造	化学药品原料药制造运输业
111			272	化学药品制剂制造	化学药品制剂制造运输业
112			273	中药饮片加工	中药饮片加工运输业
113			274	中成药生产	中成药生产运输业
114			275	兽用药品制造	兽用药品制造运输业
115			276	生物药品制品制造	生物药品制品制造运输业
116			277	卫生材料及医药用品制造	卫生材料及医药用品制造
117			278	药用辅料及包装材料	药用辅料及包装材料运输业
118		28		化学纤维制造业	化学纤维制造业运输业
119			281	纤维素纤维原料及纤维制造	纤维素纤维原料及纤维制造运输业
120			282	合成纤维制造	合成纤维制造运输业
121			283	生物基材料制造	生物基材料制造运输业
122		29		橡胶和塑料制品业	橡胶和塑料制品业运输业
123			291	橡胶制品业	橡胶制品业运输业
124			292	塑料制品业	塑料制品业运输业
125	C	30		非金属矿物制品业	非金属矿物制品业运输业
126			301	水泥、石灰和石膏制造	水泥、石灰和石膏制造运输业
127			302	石膏、水泥制品及类似制品制造	石膏、水泥制品及类似制品制造运输业
128			303	砖瓦、石材等建筑材料制造	砖瓦、石材等建筑材料制造运输业
129			304	玻璃制造	玻璃制造运输业
130			305	玻璃制品制造	玻璃制品制造运输业
131			306	玻璃纤维和玻璃纤维增强塑料制品制造	玻璃纤维和玻璃纤维增强塑料制品制造运输业
132			307	陶瓷制品制造	陶瓷制品制造运输业
133			308	耐火材料制品制造	耐火材料制品制造运输业
134			309	石墨及其他非金属矿物制品制造	石墨及其他非金属矿物制品制造运输业
135		31		黑色金属冶炼和压延加工业	黑色金属冶炼和压延加工业运输业
136		32		有色金属冶炼和压延加工业	有色金属冶炼和压延加工业运输业
137		33		金属制品业	金属制品业运输业
138			331	结构性金属制品制造	结构性金属制品制造运输业
139			332	金属工具制造	金属工具制造运输业
140			333	集装箱及金属包装容器制造	集装箱及金属包装容器制造运输业
141			334	金属丝绳及其制品制造	金属丝绳及其制品制造运输业
142			335	建筑、安全用金属制品制造	建筑、安全用金属制品制造运输业
143				建筑、家具用金属配件制造	建筑、家具用金属配件制造运输业

（续）

序号	物流行业分类			类别名称	物流行业名称
	门类	大类	中类		
144				建筑装饰及水暖管道零件制造	建筑装饰及水暖管道零件制造运输业
145				安全、消防用金属制品制造	安全、消防用金属制品制造运输业
146				其他建筑、安全用金属制品制造	其他建筑、安全用金属制品制造运输业
147		33	336	金属表面处理及热处理加工	金属表面处理及热处理加工运输业
148			337	搪瓷制品制造	搪瓷制品制造运输业
149			338	金属制日用品制造	金属制日用品制造运输业
150			339	铸造及其他金属制品制造	铸造及其他金属制品制造运输业
151				通用设备制造业	通用设备制造业运输业
152			341	锅炉及原动设备制造	锅炉及原动设备制造运输业
153			342	金属加工机械制造	金属加工机械制造运输业
154			343	物料搬运设备制造	物料搬运设备制造运输业
155		34	344	泵、阀门、压缩机及类似机械制造	泵、阀门、压缩机及类似机械制造运输业
156			345	轴承、齿轮和传动部件制造	轴承、齿轮和传动部件制造运输业
157			346	烘炉、风机、包装等设备制造	烘炉、风机、包装等设备制造运输业
158			347	文化、办公用机械制造	文化、办公用机械制造运输业
159			348	通用零部件制造	通用零部件制造运输业
160	C		349	其他通用设备制造业	其他通用设备制造业运输业
161				专用设备制造业	专用设备制造业运输业
162			351	采矿、冶金、建筑专用设备制造	采矿、冶金、建筑专用设备制造运输业
163			352	化工、木材、非金属加工专用设备制造	化工、木材、非金属加工专用设备制造运输业
164			353	食品、饮料、烟草及饲料生产专用设备制造	食品、饮料、烟草及饲料生产专用设备制造运输业
165			354	印刷、制药、日化及日用品生产专用设备制造	印刷、制药、日化及日用品生产专用设备制造运输业
166		35	355	纺织、服装和皮革加工专用设备制造	纺织、服装和皮革加工专用设备制造运输业
167			356	电子和电工机械专用设备制造	电子和电工机械专用设备制造运输业
168			357	农、林、牧、渔专用机械制造	农、林、牧、渔专用机械制造运输业
169				拖拉机制造	拖拉机制造运输业
170				机械化农业及园艺机具制造	机械化农业及园艺机具制造运输业
171				营林及木竹采伐机械制造	营林及木竹采伐机械制造运输业
172				畜牧机械制造	畜牧机械制造运输业
173				渔业机械制造	渔业机械制造运输业
174				农林牧渔机械配件制造	农林牧渔机械配件制造运输业

（续）

序号	物流行业分类			类别名称	物流行业名称
	门类	大类	中类		
175		35		棉花加工机械制造	棉花加工机械制造运输业
176				其他农、林、牧、渔业机械制造	其他农、林、牧、渔业机械制造运输业
177			358	医疗仪器设备及器械制造	医疗仪器设备及器械制造运输业
178			359	环保、邮政、社会公共服务及其他专用设备制造	环保、邮政、社会公共服务及其他专用设备制造运输业
179		36		汽车制造业	汽车制造业运输业
180			361	汽车整车制造	汽车整车制造运输业
181			362	汽车用发动机制造	汽车用发动机制造运输业
182			366	汽车车身、挂车制造	汽车车身、挂车制造运输业
183			367	汽车零部件及配件制造	汽车零部件及配件制造运输业
184		37	375	摩托车制造	摩托车制造运输业
185			376	自行车和残疾人坐车制造	自行车和残疾人坐车制造运输业
186			377	助动车制造	助动车制造运输业
187			378	非公路休闲车及零配件制造	非公路休闲车及零配件制造运输业
188			379	潜水救捞及其他未列明运输设备制造	潜水救捞及其他未列明运输设备制造运输业
189	C	38		电气机械和器材制造业	电气机械和器材制造业运输业
190			381	电机制造	电机制造运输业
191			382	输配电及控制设备制造	输配电及控制设备制造运输业
192			383	电线、电缆、光缆及电工器材制造	电线、电缆、光缆及电工器材制造运输业
193			384	电池制造	电池制造运输业
194			385	家用电力器具制造	家用电力器具制造运输业
195			386	非电力家用器具制造	非电力家用器具制造运输业
196			387	照明器具制造	照明器具制造运输业
197			389	其他电气机械及器材制造	其他电气机械及器材制造运输业
198		39		计算机、通信和其他电子设备制造业	计算机、通信和其他电子设备制造业运输业
199			391	计算机制造	计算机制造运输业
200			392	通信设备制造	通信设备制造运输业
201			393	广播电视设备制造	广播电视设备制造运输业
202			394	雷达及配套设备制造	雷达及配套设备制造运输业
203			395	非专业视听设备制造	非专业视听设备制造运输业
204			396	智能消费设备制造	智能消费设备制造运输业
205			397	电子器件制造	电子器件制造运输业
206			398	电子元件及电子专用材料制造	电子元件及电子专用材料制造运输业
207			399	其他电子设备制造	其他电子设备制造运输业

（续）

序号	门类	大类	中类	类别名称	物流行业名称
208	C	40		仪器仪表制造业	仪器仪表制造业运输业
209			401	通用仪器仪表制造	通用仪器仪表制造运输业
210			402	专用仪器仪表制造	专用仪器仪表制造运输业
211			403	钟表与计时仪器制造	钟表与计时仪器制造运输业
212			404	光学仪器制造	光学仪器制造运输业
213			405	衡器制造	衡器制造运输业
214			409	其他仪器仪表制造业	其他仪器仪表制造业运输业
215		41		其他制造业	其他制造业运输业
216			411	日用杂品制造	日用杂品制造运输业
217			412	核辐射加工	核辐射加工运输业
218			419	其他未列明制造业	其他未列明制造业运输业
219		42		废弃资源综合利用业	废弃资源综合利用业运输业
220			421	金属废料和碎屑加工处理	金属废料和碎屑加工处理运输业
221			422	非金属废料和碎屑加工处理	非金属废料和碎屑加工处理运输业
222		43		金属制品、机械和设备修理业	金属制品、机械和设备修理业运输业
223			431	金属制品修理	金属制品修理运输业
224			432	通用设备修理	通用设备修理运输业
225			433	专用设备修理	专用设备修理运输业
226			434	铁路、船舶、航空航天等运输设备修理	铁路、船舶、航空航天等运输设备修理运输业
227			435	电气设备修理	电气设备修理运输业
228			436	仪器仪表修理	仪器仪表修理运输业
229			439	其他机械和设备修理业	其他机械和设备修理业运输业
230	D			电力、热力、燃气及水生产和供应业	电力、热力、燃气及水生产和供应业运输业
231		44		电力、热力生产和供应业	电力、热力生产和供应业运输业
232			441	电力生产	电力生产运输业
233				火力发电	火力发电运输业
234				风力发电	风力发电运输业
235				太阳能发电	太阳能发电运输业
236				生物质能发电	生物质能发电运输业
237			442	电力供应	电力供应运输业
238			443	热力生产和供应	热力生产和供应运输业
239		45		燃气生产和供应业	燃气生产和供应业运输业
240			451	燃气生产和供应业	燃气生产和供应业运输业
241			452	生物质燃气生产和供应业	生物质燃气生产和供应业运输业

（续）

序号	物流行业分类			类别名称	物流行业名称
	门类	大类	中类		
242	D	46		水的生产和供应业	水的生产和供应业运输业
243			461	自来水生产和供应	自来水生产和供应运输业
244			462	污水处理及其再生利用	污水处理及其再生利用运输业
245			463	海水淡化处理	海水淡化处理运输业
246			469	其他水的处理、利用与分配	其他水的处理、利用与分配运输业
247	E	47		建筑业	建筑业运输
248				房屋建筑业	房屋建筑业运输业
249			471	住宅房屋建筑	住宅房屋建筑运输业
250		48		土木工程建筑业	土木工程建筑业运输业
251			481	铁路、道路、隧道和桥梁工程建筑	铁路、道路、隧道和桥梁工程建筑运输业
252			482	水利和水运工程建筑	水利和水运工程建筑运输业
253			483	海洋工程建筑	海洋工程建筑运输业
254			484	工矿工程建筑	工矿工程建筑运输业
255			485	架线和管道工程建筑	架线和管道工程建筑运输业
256			486	节能环保工程施工	节能环保工程施工运输业
257			487	电力工程施工	电力工程施工运输业
258			489	其他土木工程建筑	其他土木工程建筑运输业
259		49		建筑安装业	建筑安装业运输业
260			491	电气安装	电气安装运输业
261			492	管道和设备安装	管道和设备安装运输业
262			493	其他建筑安装业	其他建筑安装业运输业
263		50		建筑装饰、装修和其他建筑业	建筑装饰、装修和其他建筑业运输业
264			501	建筑装饰和装修业	建筑装饰和装修业运输业
265			502	建筑物拆除和场地准备活动	建筑物拆除和场地准备活动运输业
266			503	提供施工设备服务	提供施工设备服务运输业
267			509	其他未列明建筑业	其他未列明建筑业运输业
268	F	51		批发和零售业	批发和零售业运输业
269				批发业	批发业运输业
270			511	农、林、牧、渔产品批发	农、林、牧、渔产品批发运输业
271			512	食品、饮料及烟草制品批发	食品、饮料及烟草制品批发运输业
272			513	纺织、服装及家庭用品批发	纺织、服装及家庭用品批发运输业
273			514	文化、体育用品及器材批发	文化、体育用品及器材批发运输业
274			515	医药及医疗器材批发	医药及医疗器材批发运输业
275			516	矿产品、建材及化工产品批发	矿产品、建材及化工产品批发运输业
276			517	机械设备、五金产品及电子产品批发	机械设备、五金产品及电子产品批发运输业

（续）

序号	物流行业分类			类别名称	物流行业名称
	门类	大类	中类		
277		51	518	贸易经纪与代理	贸易经纪与代理运输业
278			519	其他批发业	其他批发业运输业
279				零售业	零售业运输业
280			521	综合零售	综合零售运输业
281				百货零售	百货零售运输业
282				超级市场零售	超级市场零售运输业
283				便利店零售	便利店零售运输业
284	F			其他综合零售	其他综合零售运输业
285		52	522	食品、饮料及烟草制品专门零售	食品、饮料及烟草制品专门零售运输业
286			523	纺织、服装及日用品专门零售	纺织、服装及日用品专门零售运输业
287			524	文化、体育用品及器材专门零售	文化、体育用品及器材专门零售运输业
288			525	医药及医疗器材专门零售	医药及医疗器材专门零售运输业
289			526	汽车、摩托车、零配件和燃料及其他动力销售	汽车、摩托车、零配件和燃料及其他动力销售运输业
290			527	家用电器及电子产品专门零售	家用电器及电子产品专门零售运输业
291			528	五金、家具及室内装饰材料专门零售	五金、家具及室内装饰材料专门零售运输业
292			529	货摊、无店铺及其他零售业	货摊、无店铺及其他零售业运输业
293				交通运输、仓储和邮政业	交通运输、仓储和邮政业运输业
294				道路运输业	道路运输业
295				公共自行车服务	公共自行车服务运输业
296				普通货物道路运输	普通货物运输业
297				冷藏车道路运输	冷藏车运输业
298				集装箱道路运输	集装箱道路运输业
299		54		大型货物道路运输	大型货物道路运输业
300				危险货物道路运输	危险货物道路运输业
301	G			邮件包裹道路运输	邮件包裹道路运输业
302				城市配送	城市配送运输业
303				搬家运输	搬家运输运输业
304				其他道路货物运输	其他道路货物运输业
305				公路管理与养护	公路管理与养护运输业
306				其他道路运输辅助活动	其他道路运输辅助活动运输业
307				机场	机场运输业
308		58		管道运输业	管道运输业
309			581	多式联运	多式联运运输业
310				邮政业	邮政业运输业
311		60	602	快递服务	快递服务运输业
312			609	其他寄递服务	其他寄递服务运输业

（续）

序号	物流行业分类			类别名称	物流行业名称
	门类	大类	中类		
313	H	61		住宿和餐饮业	住宿和餐饮业运输业
314				住宿业	住宿业运输业
315			611	旅游饭店	旅游饭店运输业
316			612	一般旅馆	一般旅馆运输业
317		62		餐饮业	餐饮业运输业
318		66		货币金融服务	货币金融服务运输业
319			667	地质勘查	地质勘查运输业
320		78		公共设施管理业	公共设施管理业运输业
321			781	市政设施管理	市政设施管理运输业
322			782	环境卫生管理	环境卫生管理运输业
323			783	城乡市容管理	城乡市容管理运输业
324			784	绿化管理	绿化管理运输业
325			785	城市公园管理	城市公园管理运输业
326			786	游览景区管理	游览景区管理运输业
327		80		居民服务业	居民服务业运输业
328			807	婚姻服务	婚姻服务运输业
329			808	殡葬服务	殡葬服务运输业
330			809	其他居民服务业	其他居民服务业运输业
331		81	811	汽车、摩托车等修理与维护	汽车、摩托车等修理与维护运输业
332			812	计算机和办公设备维修	计算机和办公设备维修运输业
333			813	家用电器修理	家用电器修理运输业
334				家具和相关物品修理	家具和相关物品修理运输业
335		82	821	清洁服务	清洁服务运输业
336				急救中心（站）服务	急救中心（站）服务运输业
337				采供血机构服务	采供血机构服务运输业
338				健康体检服务	健康体检服务运输业
339	R	86		文化、体育和娱乐业	文化、体育和娱乐业运输业
340				新闻和出版业	新闻和出版业运输业
341		89		体育	体育用品运输业

注：1. 不同运输业所用车辆有可能是一致的，但车辆的名称不一样。

2. 此表的目的是希望引起车辆设计、制造者的兴趣，开发出更适合行业货物运输需求的车辆，满足客户需求。

3. 本表运输行业分类，不一定符合物流运输行业的习惯，但是可以方便车辆的开发管理及车辆产品的营销管理。

3. 企业物流

企业物流是指在企业生产经营过程中，物品从原材料供应，经过生产加工，到产成品和销售，以及伴随生产消费过程中所产生的废弃物的回收及再利用的完整循环活动。企业物流又分为供应物流、销售物流、生产物流、回收物流和废弃物物流。

1）供应物流：为生产企业提供原材料、零部件或其他物品时，物品在提供者与需求者之间的实体流动。在本书第二章中讲到的"为客户进行物流运输方案设计"的模板就是针对供应（采购）物流运输与销售物流运输的。

2）生产物流：生产过程中，原材料、在制品、半成品、产成品等在企业内部的实体流动。

3）销售物流：生产企业、流通企业出售商品时，物品在供方与需方之间的实体流动。

4）回收物流：不合格物品的返修、退货以及周转使用的包装容器，从需方返回到供方所形成的物品实体流动。

5）废弃物物流：将经济活动中失去原有使用价值的物品，根据实际需要进行收集、分类、加工、包装、搬运、储存等，并分送到专门处理场所时所形成的物品实体流动。

另外，如果按照物流活动的空间分类，还可以分为地区物流、国内物流、国际物流，具体内容较多，在此省略。

三、车辆物流运输按运输距离分类

商用车主要用于以公路运输为主的陆路运输。在陆路运输方式的基础上按照距离、方法进一步细分，以利于更好地进行物流方案设计。细分如下。

1. 长途运输

长途运输，是指运输时间大于1天，运输距离大于1000km，当天不能往返的运输。适用于长途运输的车辆有中型、重型载货车（专用车有轻型车）。

（1）甩挂运输　用牵引车拖带挂车至目的地，将挂车甩下后，换上新的挂车运往另一个目的地的运输方式。

中置轴挂车指可以甩下挂车后，主车继续运输货物前往下一个目的地。

（2）甩箱运输　甩箱运输即把装载满货物的集装箱运达目的地后，将集装箱卸下，再拖带其他装满货物的集装箱返回原地，或者驶向新的地点。这种用一辆带有动力的主车及挂车，连续装载多个集装箱的运输方式被称为甩箱运输。

一辆挂车运输几个集装箱，一边甩箱，一边装箱，实行定线、定时、定点门到门运输的方式。

（3）甩盘运输　在一个集装箱内，装几个托盘，到达一个地点，卸下一个或几个托盘，再装上最多相等数量、尺寸、载质量的托盘返回原地，或者驶向新的地点。这种用一辆主车（及挂车），连续装载多个托盘的运输方式被称为甩盘运输。

1）一种用于不规则货物运输的灵活、快捷、安全的运输方式。

2）托盘包装：以托盘为承载物，将包装件或产品堆码在托盘上，通过捆扎、裹包或胶粘等方法加以固定，形成一个搬运单元，以便用机械设备搬运。

2. 中途运输

中途运输，是指当天能够往返的运输。轻型、中型、重型载货车辆都适用于中途运输。

3. 短途运输

短途运输，是指一天可以运输多趟的运输。微型、轻型、中型、重型载货车辆都适用于短途运输。新能源车（包括各种作业类专用车、各种自卸车）、清洁能源车（包括各种作业类专用车、各种自卸车）等车型会是未来短途运输的主力车型。

4. 城市配送运输

城市配送运输，是指服务于城区以及市近郊的货物配送运输活动。新能源车中各类微型、轻型车将越来越多地用于城市配送运输。

配送，是指在经济合理区域范围内，根据用户要求，对物品进行拣选、加工、包装、分割、组配等作业，并按时送达指定地点的物流活动。

5. 场（厂）内运输

场（厂）内运输，指企业内部直接为生产过程服务的运输活动。大的工厂（如水泥厂、冶炼厂、钢铁厂等）、港口、矿山（特别是露天矿山等）等企业，由于内部运输距离较长，运输原料、半成品、成品较多，使用的车辆很多，是商用车的一个重要市场。场（厂）内运输车型比较复杂，定制化车辆较多，特点是不用上牌照、低速、注重功能性，对性能指标的要求不高。从车型上看，自卸车、平板车多用于场（厂）内运输。

低速、转向灵活、转弯半径小、低货台、装卸方便、专用化是场（厂）内运输车的特点。

四、按照从事的主业不同将运输企业分类

运输企业，是指包括对物资的装卸、运输、仓储、搬运、信息传递等一系列过程进行管理与作业的企业。

对运输企业进行分类，有利于更好地找准市场营销的方向和目标。

1. 运输型物流企业

运输型物流企业是以运输为主业的物流企业。该类企业应同时符合以下要求。

1）以从事货物运输业务为主，包括货物快递服务或运输代理服务，具备一定规模。

2）可以提供门到门运输、门到站运输、站到门运输、站到站运输服务和其他物流服务。

3）企业自有一定数量的运输设备、车辆。

4）具备网络化信息服务功能，应用信息系统可对运输货场、车辆进行状态查询、监控。

2. 仓储型物流企业

仓储型物流企业是以仓储为主业的物流企业。该类企业应同时符合以下要求。

1）以从事仓储业务为主，为客户提供货物储存、保管、中转等仓储服务，具备一定规模。

2）企业能为客户提供配送服务以及商品经销、流通加工等其他服务。

3）企业自有一定规模的仓储设施、设备，自有或租用必要的货运车辆。

4）具备网络化信息服务功能，应用信息系统可对货物、车辆进行状态查询、监控。

3. 综合服务型物流企业

综合服务型物流企业是以提供物流服务为主业的企业。这是经销商建立物流企业的奋斗目标。

综合服务型物流企业应同时符合以下要求。

1）从事多种物流服务业务，可以为客户提供运输、货运代理、仓储、配送等多种物流服务，具备一定规模。

2）根据客户的需求，为客户制定整合物流资源的运作方案，为客户提供契约性的综合物流服务。

3）按照业务要求，企业自有或租用必要的运输设备、仓储设施及设备。

4）企业具有一定运营范围的货物集散、分拨网络。

5）企业配置专门的机构和人员，建立完备的客户服务体系，能及时、有效地提供客户服务。

6）具备网络化信息服务功能，应用信息系统可对物流服务全过程进行状态查询和监控。

五、按照运营方不同将运输企业分类

1. 第一方物流运输企业

第一方物流运输企业是指由卖方、生产者或者供应方成立或运营的物流运输企业，就是货源的生产者成立或运营的物流运输企业。

（1）优缺点

1）优点：货源稳定，倒闭的可能性小，风险低。

2）缺点：投资大，效率低，成本高，很难和第三方物流竞争。

（2）发展方向　这类企业未来发展方向如下。

1）大量化，即对于大需求量的用户尽量采用大型运输工具、大批量运输、快速直接方式。这样可减少车次，减少费用。

2）联合配送化，即对小需求用户，采用联合配送的方法进行配送。

3）短路径化，即无论对什么用户的运输，总是选择最短路径运输，以节省费用。

4）科技化，即尽量采用先进的运输工具、装卸搬运手段、通信方式等，以提高运输效率、节省时间、降低成本、提高效益。

5）成为第三方独立物流运输企业。

注意：根据这类企业的发展方向，找到合作的途径，实施有效合作。

2. 第二方物流运输企业

第二方物流运输企业是由物资需求者自己成立或运营的物流运输企业。

其优缺点、发展方向基本同第一方物流运输企业相同。

3. 第三方物流运输企业（3PLs）

第三方物流运输企业（3PLs）是指由供方与需方以外的物流优势企业提供物流服务的物流运输企业。

所有经销商成立的物流运输企业都属于第三方物流运输企业。

（1）第三方物流运输企业的作用　目前，越来越多的供方和需方将物流分包给第三方物流运输企业，其原因如下。

1）降低作业成本。

2）致力于核心业务。

3）减少投资，利用 3PLs[⊖] 的先进技术。

4）重新整合供应链。

5）拓展国际业务。

6）公司虚拟化的需要。

（2）优点　第三方物流企业具有以下优点。

1）可以使企业专心致志地从事自己所熟悉的业务，将资源配置在核心事业上。

2）灵活运用新技术，实现以信息换库存，降低成本。

3）减少固定资产投资，加速资本周转。

4）提供灵活多样的顾客（货主）服务，为顾客（货主）创造更多的价值。

（3）缺点　第三方物流运输企业的缺点如下。

⊖　3PLs 的意思是"第三方物流运输企业"。3PLs 企业提供的物流服务一般包括运输、仓储管理、配送等。

1）货主不能直接控制物流职能，不能保证供货的及时性和准确性，不能保证为客户（货物的需求方）服务的质量。

2）3PLs 设计的方案通常都是针对不同的顾客（货主）量身定制的，不具有广泛适用性。

3）现在顾客（货主）需要包括电子采购、订单处理能力、虚拟库存管理等。顾客（货主）发现 3PLs 提供商缺乏当前所需要的综合技能、集成技术、战略和全球扩张能力。

（4）发展方向　第三方物流运输企业正在克服上述缺点，不断发展壮大之中。希望广大经销商积极学习相关的物流运输知识，提高物流运输企业的管理能力，发展物流运输企业，加入到 3PLs 企业中。

4. 第四方物流运输企业

第四方物流运输企业是指一个供应链的集成。它对公司内部和具有互补性的物流服务供应商所拥有的不同资源、能力和技术进行整合和管理，提供一整套供应链解决方案。现在的无车承运人大体上具备第四方物流运输企业的基本特征。

第三方物流运输企业和第四方物流运输企业合作，将成为未来的趋势。

第二节　经销商经营物流运输业务规划

一、经销商经营物流运输业务的必要性

商用车经销商为客户（包括车辆）服务的产品（项目）越多，客户越满意，客户就更愿意掏钱，那么经销商盈利的机会就更大；反之，就会越做越差。

目前市场上的商用车挂靠公司，不能为客户提供全方位的服务，没有凝聚力，不可能加入（或加盟）到第三方或第四方物流运输企业中，一定会被淘汰。

而商用车经销商具有充分的资源优势，具备经营物流运输业务（企业）的条件，具体如下。

1）商用车技术的发展，特别是新能源和智能驾驶技术的发展，会导致物流运输企业由购车转向租车。没有物流运输业务（企业），就很难发展租车业务。

2）第四方物流运输企业的发展，会导致物流运输企业由租车转向购买物流运输服务。没有物流运输业务（企业），就不可能提供这种服务。

3）随着商用车和其他运输设备与工具技术的发展，加之物流管理技术、物流服务技术的不断进步，物流运输企业的整合是大势所趋。而商用车购买方式还是以"贷款"或融资租赁方式为主。如果要尽量规避风险，成立运输公司（企业）是最佳方式之一。

4）经销商经营物流运输业务是整合中小运输企业、特别是个人客户的有效手段。有些小型企业或个体运输户，由于经济规模所限，很难和大中型企业进行竞争，只能进行联合（合并）、重组。

5）这是留住客户的最佳方式。

6）这是精准为客户服务的最好途径。客户加入了经销商的运输业务（企业），经销商就可以精准掌握客户的服务需要和需要的时间、服务提供的方式，从而精准地为每一个客户提供其满意的服务。

7）这是提高盈利能力的最佳模式。通过成立运输业务（企业），就能够为客户提供其需求的所有服务，包括但不限于：购车、销售服务、车辆保险服务、金融服务、保养服务、维

修服务、配件服务、物流服务、加油服务、过路服务、年审服务及二手车服务等。

8）它是成立经销商联合体，共同发展，做大做强的最佳抓手。不同区域的经销商经营的运输业务，联合起来，互相提供货源和车辆信息，利用自有车辆（自己的车、自己的服务）成本低的优势，参与市场竞争，必将成为市场竞争的最有力的要素之一。

但是，事情都是一分为二的，当你将业务下沉，成为运输业务的一员，你也就成了你的客户的竞争对手。

现在有些经销商成立的挂靠公司，这不是做运输业务，也不是方向，必须转型。

拓展阅读 2019 年我国公路运输行业发展现状分析：货物周转量实现快速增长

公路运输是在公路上运送旅客和货物的运输方式，是交通运输系统的组成部分之一，主要承担短途客货运输。现代所用运输工具主要是汽车。因此，公路运输一般即指汽车运输。在地势崎岖、人烟稀少、铁路和水运不发达的边远和经济落后地区，公路为主要运输方式，起着运输干线作用。

公路运输是 19 世纪末随着现代汽车的诞生而产生的。初期主要承担短途运输业务。第一次世界大战结后，基于汽车工业的发展和公路里程的增加，公路运输走向发展的阶段，不仅是短途运输的主力，并进入长途运输的领域。第二次世界大战结束后，公路运输发展迅速。欧洲许多国家和美国、日本等国已建成比较发达的公路网，汽车工业又提供了雄厚的物质基础，促使公路运输在运输业中跃至主导地位。发达国家公路运输完成的客货周转量占各种运输方式总周转量的 90% 左右。

公路运输主要特点和运输方式，见表 9-4、表 9-5。

表 9-4 公路运输主要特点

特点	具体说明
适应性强	由于公路运输网一般比铁路、水路网的密度要大十几倍，分布面也广，所以公路运输车辆可以"无处不到、无时不有"。公路运输在时间方面的机动性也比较大，车辆可随时调度、装运，各环节之间的衔接时间较短。尤其是公路运输对客、货运量的多少具有很强的适应性，公路车辆的载重吨位有小（0.25~1t）、有大（200~300t），既可以单个车辆独立运输，也可以由若干车辆组成车队同时运输，这一点对抢险、救灾工作和军事运输具有特别重要的意义
直达运输	由于汽车体积较小，中途一般也不需要换装，除了可沿分布较广的公路网运行外，还可离开路网深入到工厂企业、农村田间、城市居民住宅等地，即可以把旅客和货物从始发地门口直接运送到目的地门口，实现"门到门"直达运输。这是其他运输方式无法与公路运输相比的特点之一
运送速度较快	在中、短途运输中，由于公路运输可以实现"门到门"直达运输，中途不需要倒运、转乘就可以直接将客货送达目的地，所以，与其他运输方式相比，其客、货在途时间较短，运送速度较快
资金周转快	公路运输与铁路、水路、航空运输方式相比，所需固定设施简单，车辆购置费用一般也比较低，因此，投资兴办容易，投资回收期短。有关资料表明，在正常经营情况下，公路运输的投资每年可周转 1~3 次，而铁路运输则需要 3~4 年才能周转一次
技术易掌握	与火车司机或飞机驾驶员的培训要求来说，汽车驾驶技术比较容易掌握，对驾驶员的各方面素质要求相对也比较低

近几年，我国高速公路货物周转量和年均增长率都实现了非常明显的快速增长。截至 2019 年 2 月，我国公路货物运输量 48.63 亿 t，同比 104.1%，如图 9-2 所示；公路货物周转量 8782.64 亿 t·km，累计同比增长 4.7%，如图 9-3 所示。

表 9-5 行业运输方式

运输方式	具体说明
集装箱汽车运输	指采用集装箱为容器，使用汽车运输的运输方式
笨重物件运输	指因货物的体积、重量的要求，需要大型或专用汽车运输的运输方式
快件货物运输	指在规定的距离和时间内将货物运达目的地的，或应托运人的要求，采取即托即运的，为特快件货物运输
出租汽车货运	采用装有出租营业标志的小型货运汽车，供货主临时雇用，并按时间、里程和规定费率收取运输费用的运输方式
搬家货物运输	为个人或单位搬迁提供运输和搬运装卸服务，并按规定收取费用的运输方式
危险货物运输	指承运《危险货物品名表》列明的易燃、易爆、有毒、有腐蚀性、有放射性等危险货物和虽未列入《危险货物品名表》但具有危险货物性质的新产品的运输

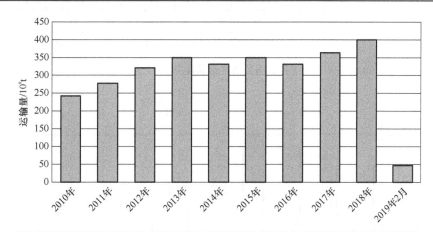

图 9-2 2010—2019 年 2 月我国公路货运量情况

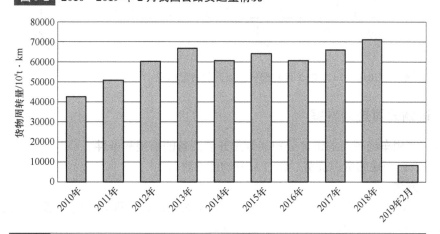

图 9-3 2010—2019 年 2 月我国公路货物周转量情况

与此同时，随着经济的发展、人们生活水平的不断提高，国民收入有了明显增长，消费水平也在不断提高，生活理念、消费方式等也发生了很大的转变，对于私人机动化需求不断增加，促进了乘用车客运量和旅客周转量的增长，在总的旅客运输量中，私家车占据的比例越来越大，对交通运输趋势的发展产生了一定的影响。

但另一方面，随着科学技术的发展，高铁在交通运输中占据着越来越重要的比例，沿线客运受到了非常明显的影响。从 2012 年开始，公路客运量呈明显下滑趋势。截至 2019 年 2 月，我国公路旅客运输量累计达 22.86 亿人，如图 9-4 所示；公路旅客周转量为 1550.63 亿人·km，如图 9-5 所示。

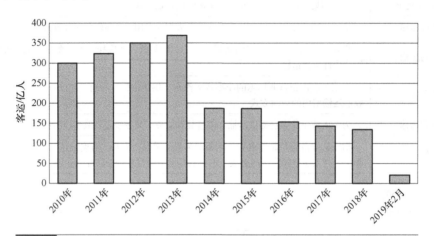

图 9-4 2010—2019 年 2 月我国公路客运量情况

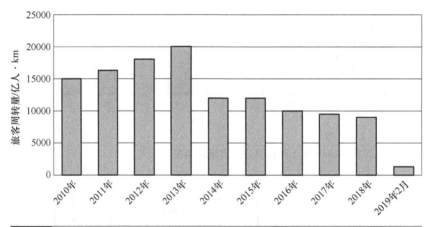

图 9-5 2010—2019 年 2 月我国公路旅客周转量情况

二、运输公司规划方案

1. 做好商用车经销商的运输公司规划是开展业务的前提和条件

规划应根据当地的资源优势、结合自身的能力进行。

2. 规划方法

表 9-6 是根据目标货主进行的规划（由于表格太大，只是规划表的一部分，仅供参考），还可以按目标行业、货物、货主、运量进行规划。

3. 运输方案设计

在确定了货物后，做好运输方案就是做好运输业务的基础。这方面的知识在《商用车营销红宝书：营销管理篇》第二章客户营销中讲过案例，这里不再赘述。

4. 运输业务规划模板

运输业务规划模板见运输业务管理制度中的运输业务规划与产品明细表，表 9-6 仅展示其中的一部分，供参考。

表 9-6　经销商物流运输规划表

序号	经销商名称	运输公司名称	规划的运输行业	规划的货主名称	规划的企业物流名称	运输的货物	规划的运输方式	规划的运输方法	设计的最佳运输方案	运输方案采用车辆	其中·车辆营销部销售的车辆	其中·其他经销商销售的车辆
1	×× 有限公司	A 公司	冷链运输业	C 公司	供应物流	C1	长途运输	整车运输	方案 1	车辆 1		
2					供应物流	C2	中途运输	整车运输	方案 2	车辆 2		
3					供应物流	C3	短途运输	整车运输	方案 3	车辆 3		
4					生产物流	C4	厂内运输	整车运输	方案 4	车辆 4		
5					生产物流	C5	长途运输	整车运输	方案 5	车辆 5		
6					销售物流	C6	中途运输	整车运输	方案 6	车辆 6		
7					销售物流	C7	短途运输	整车运输	方案 7	车辆 7		
8					回收物流	C8	短途运输	整车运输	方案 8	车辆 8		
9					废弃物流	C9	短途运输	整车运输	方案 9	车辆 9		
10				D 公司	供应物流	D1	长途运输	整车运输	方案 10	车辆 10		
11					供应物流	D2	中途运输	整车运输	方案 11	车辆 11		
12					生产物流	D3	短途运输	整车运输	方案 12	车辆 12		
13					生产物流	D4	厂内运输	整车运输	方案 13	车辆 13		

（续）

序号	经销商名称	运输公司名称	规划的运输行业	规划的货主名称	规划的企业物流名称	运输的货物	规划的运输方式	规划的运输方法	设计的最佳运输方案	运输方案用车辆	其中，车辆营销部销售的车辆	其中，其他经销商销售的车辆
14	×× 有限公司	A 公司	冷链运输业	D 公司	销售物流	D5	长途运输	整车运输	方案 14	车辆 14		
15						D6	中途运输	整车运输	方案 15	车辆 15		
16						D7	短途运输	整车运输	方案 16	车辆 16		
17					回收物流	D8	短途运输	整车运输	方案 17	车辆 17		
18					废弃物物流	D9	短途运输	整车运输	方案 18	车辆 18		
19				E 公司（第四方物流公司）	城市到城市的运输	E1	长途运输	整车运输	方案 19	车辆 10		
20		B 公司	快递快运运输业			E2		甩挂运输	方案 20	车辆 20		
21						E3		甩箱运输	方案 21	车辆 21		
22						E4		甩盘运输	方案 22	车辆 22		
23				F 公司（第四方物流公司）	城市到城市的运输	F1	长途运输	整车运输	方案 23	车辆 23		
24						F2		甩挂运输	方案 24	车辆 24		
25						F3		甩箱运输	方案 25	车辆 25		
26						F4		甩盘运输	方案 26	车辆 26		

第三节 打好运输公司业务管理基础

一、建立业务管理组织

1. 建立业务管理组织，独立注册物流运输公司

1）经销商经营物流运输业务，最好的方式是成立独立经营的物流运输公司。其好处如下。

① 避免直接与自己的客户形成竞争。

② 避免因为运输安全风险给原有业务带来风险。

③ 可以让物流运输公司有更大的发展空间，以积累客户资源为主，不以利润为主要考核指标。

④ 以物流运输公司为依托，全面提升为客户服务的能力。

2）分行业建立运输车队，便于管理、调度、指挥、监控。运输公司下面可以按照路线、货物、货主、加盟的客户（驾驶员）等要素，成立几个车队，如：冷链物流运输车队、快递物流运输车队、煤炭物流运输车队、其他运输车队等。

2. 设置作业岗位

运输公司的岗位设置见表 9-7。

表 9-7 运输公司岗位设置表

序号	组织名称	岗位名称	主要职责	备注
1		经理	公司全面管理、主抓客户开发与入队管理	兼计划员
2		计划员	计划管理、统计管理、岗位协调与调度管理、驾驶员管理	
3		产品经理	产品开发、产品管理、产品销售	既负责采购产品管理，也负责销售产品管理
4	运输公司	商务经理	采购渠道开发与管理、采购政策、采购价格、采购合同管理、销售客户商务洽谈、合同签订	既负责采购商务管理，也负责销售商务管理
5		客户经理	客户开发、加盟、服务、信息管理、驾驶员服务管理、解除合同管理、二手车处置管理	
6		货运产品经理	货主开发、合同签订、运输安排、收入管理	
7		运营与监控管理员	车辆档案、车辆运营与监控管理	
8		财务核算员	收支、核算、利润、税金管理	

3. 聘任干部和岗位人员

（1）聘用原则 见第一章采购业务管理的相关内容。

（2）设置客户经理的重要性

1）解答客户疑问。

2）解决客户问题。

3）为客户提供专业化、定制化服务。

4）可以不断地向客户推荐其他业务产品，提高销售收入。

（3）设置货运经理的重要性

1）替客户进行货主与货源管理，提高管理效率。

2）开发货源，以便为货源不足的客户提供货源。

3）及时签订合同，开具发票，收取货款；为客户解决流动资金不足。

4）提前进行货主沟通，了解货主运输需求，帮助客户解决运力不足或运力过剩的难题。

（4）设置运营与监控管理员的重要性

1）监控驾驶员的不良驾驶行为，提醒驾驶员减少交通事故的发生。

2）及时提供、提醒驾驶员有关天气、自然灾害等影响车辆正常行驶的不良因素，提高运输效率，减少损失。

3）提前预判、及时联系驾驶员，提供力所能及的帮助。

二、建立物流运输业务管理制度

建立物流运输业务相关管理制度的重要性见第二章的相关内容。

1. 建立物流运输业务相关管理制度

物流运输业务相关管理制度包括业务管理制度、部门工作制度、岗位作业制度，见表 9-8。这些制度由公司综合管理部统一管理。

表 9-8 物流运输业务相关管理制度列表

序号	制度名称	制度性质	执行本制度的部门	本制度的管理部门
1	运输公司业务管理制度	业务制度	运输公司	综合管理部
2	运输公司工作制度	业务制度	运输公司	综合管理部
3	运输公司经理岗位作业制度	业务制度	运输公司	综合管理部
4	运输公司计划员作业制度	业务制度	运输公司	综合管理部
5	运输公司销售经理作业制度	业务制度	运输公司	综合管理部
6	运输公司采购经理作业制度	业务制度	运输公司	综合管理部
7	运输公司客户经理作业制度	业务制度	运输公司	综合管理部
8	运输公司货运经理作业制度	业务制度	运输公司	综合管理部
9	运输公司财务核算员作业制度	业务制度	运输公司	综合管理部

注：1. 运营与监控管理员的作业标准参见金融服务部《监控管理员作业制度》。

2. 上述相关的制度（模板）见佐卡公司网站。

2. 建立物流运输公司内部相关管理制度及相关标准法规

建立物流运输公司内部相关管理制度及应当执行的国家相关标准、法律、法规见表 9-9。这些管理制度及国家相关标准、法律、法规由物流运输公司自己管理。

三、明确客户加盟标准

1. 明确允许加盟物流运输公司客户的标准

从客户、车辆、驾驶员、行驶路线、车辆手续、运输货物、货主等方面建立客户加盟物流运输公司的标准。

表 9-9　物流运输公司内部管理制度及应当执行的国家有关标准、法律、法规列表

序号	制度名称	制度性质	执行本制度的部门	本制度的管理部门
1	运输成本核算方法	运输公司内部制度	运输公司	运输公司
2	货运车辆管理规定	运输公司内部制度	运输公司	运输公司
3	公务车辆管理制度	运输公司内部制度	运输公司	运输公司
4	运输车队管理制度	运输公司内部制度	运输公司	运输公司
5	中华人民共和国道路运输条例	运输公司内部制度	运输公司	运输公司
6	道路货物运输及站场管理规定	运输公司内部制度	运输公司	运输公司
7	道路危险货物运输管理规定	运输公司内部制度	运输公司	运输公司
8	道路运输车辆技术管理规定	运输公司内部制度	运输公司	运输公司
9	机动车维修管理规定	运输公司内部制度	运输公司	运输公司
10	道路运输车辆动态监督管理办法	运输公司内部制度	运输公司	运输公司
11	机动车驾驶员培训管理规定	运输公司内部制度	运输公司	运输公司
12	道路运输从业人员管理规定	运输公司内部制度	运输公司	运输公司
13	车辆挂靠经营协议范本	运输公司内部制度	运输公司	运输公司

2. 明确不允许加盟物流运输公司客户的标准

从客户、车辆、驾驶员、行驶路线、车辆手续、运输货物、货主等方面建立不允许客户加盟物流运输公司的标准。

四、确定物流运输业务管理范围

1. 确定物流运输业务管理的区域

1）根据车辆营销业务管理的区域范围，确定物流运输业务管理的区域范围。其范围不能小于车辆营销业务管理的区域范围。

2）根据客户车辆运营的区域范围，确定物流运输业务管理的区域范围。其范围不能小于客户车辆运营的区域范围。建议经销商按照客户车辆的运营范围确定物流运输业务的经营范围（特别是返程物流运输）。

2. 确定产品经营范围

（1）根据客户需求，建立产品经营范围　产品经营范围有购车（租车、以租代售）服务产品、销售服务产品、配件产品、金融服务产品、找货产品、财务核算产品、大事故保险产品、二手车处置产品、车辆监控产品等。

（2）从满足车辆需求的角度，建立产品经营范围　产品经营范围有车辆保险产品、车辆保养产品、车辆维修产品、加油产品、轮胎产品等。

（3）从满足驾驶员需求的角度，建立产品经营范围　产品经营范围有驾驶员服务产品、驾驶员提醒服务产品等。

将上述产品进行列表，建立产品的经营范围，见表 9-10（表中产品名称、项目名称、产品编号前的"运输"表示该产品为运输公司的产品）。

3. 确定意向客户（车主）范围

满足以下条件的客户都是物流运输公司的意向目标客户。

1）客户性质：个体、个人客户。

表 9-10　物流运输业务产品经营范围列表（部分，仅供参考）

序号	产品	产品名称	产品编号	项目	1. 实物产品（基本产品）销售产品、项目名称	项目编号	功能（核心产品）	性能	配置
1	代理车辆购买产品	运输代购车辆产品	运输 01	帮助选择车辆	运输代购车辆帮助选车产品	运输 0101			
2				（代）购买车辆	运输代购车辆产品	运输 0102			
3				（帮助）接收车辆	运输接收车辆产品	运输 0103			
4	销售服务产品	运输销售服务产品	运输 02	缴纳购置税	运输销售服务缴纳购置税产品	运输 0201			
5				办理上牌	运输办理上牌产品	运输 0202			
6				办理抵押	运输抵押产品	运输 0203			
7				办理车辆登记证	运输办理车辆登记证产品	运输 0204			
8				办理车辆行驶证	运输办理车辆行驶证产品	运输 0205			
9				办理车辆运营证	运输办理车辆运营证产品	运输 0206			
10				安装设备	运输安装设备产品	运输 0207			
11				换装设备	运输换装设备产品	运输 0208			
12	保险产品	运输车辆保险产品	运输 03	交强险	机动车交通事故责任强制保险产品	运输 0301			
13				车辆损失险	机动车车辆损失保险产品	运输 0302			
14				第三者责任险	第三者责任保险产品	运输 0303			
15				车上人员责任险	车上人员责任保险产品	运输 0304			
16				事故车维修险	修理期间费用补偿险产品	运输 0305			
17				其他附加险	运输购买其他附加险产品	运输 0306			

序号	产品大类	运输产品类	项目	产品全称	编号
18	小额项目贷款产品	运输小额贷款产品 运输04	车辆保险贷款	运输办理车辆保险贷款产品	运输0401
19			加油贷款	运输办理加油贷款产品	运输0402
20			高速公路过路费贷款	运输办理高速公路过路费贷款产品	运输0403
21			轮胎贷款	运输办理轮胎贷款产品	运输0404
22			配件/维修贷款	运输办理配件/维修贷款产品	运输0405
23			货主运输押金贷款	运输办理货主运输押金贷款产品	运输0406
24			停运贷款	运输办理停运贷款产品	运输0407
25	驾驶员服务产品	运输驾驶员服务产品 运输05	办理车辆年检	运输办理车辆年检产品	运输0501
26			办理补牌	运输代办补牌产品	运输0502
27			办理补驾驶证	运输办理补驾驶证产品	运输0503
28			办理补营运证	运输办理补营运证产品	运输0504
29			办理补合格证	运输办理补合格证产品	运输0505
30			办理补保养手册	运输办理补保养手册产品	运输0506
31			办理事故车辆保险赔付	运输办理事故车辆保险赔付产品	运输0507
32			代办联系保养	运输代办联系保养产品	运输0508
33			代办联系维修	运输代办联系维修产品	运输0509
34			代购配件	运输代购配件产品	运输0510
35			代缴罚款	运输代缴罚款产品	运输0511

（续）

序号	产品名称	产品编号	项目	项目名称	项目编号	功能（核心产品）	性能	配置
				1. 实物产品（基本产品）				
				销售产品、项目名称				
36	车辆监控产品	运输06	车辆运行监控	运输车辆运行监控产品	运输0601			
37			超速监控	运输超速监控产品	运输0602			
38			休息监控	运输休息监控产品	运输0603			
39	运输车辆监控产品		路线监控	运输路线监控产品	运输0604			
40			运输货物监控	运输货物监控产品	运输0605			
41			保养监控	运输保养监控产品	运输0606			
42			违章监控	运输违章监控产品	运输0607			
43			其他		运输0608			
44	驾驶员提醒服务产品	运输07	监控项目预警提醒	运输监控项目预警提醒产品	运输0701			
45			贷款缴费提醒	运输贷款缴费提醒产品	运输0702			
46			保养提醒	运输保养提醒产品	运输0703			
47			年审提醒	运输年审提醒产品	运输0704			
48	运输驾驶员提醒产品		道路提醒	运输道路提醒产品	运输0705			
49			天气提醒	运输天气提醒产品	运输0706			
50			节气提醒	运输节气提醒产品	运输0707			
51			节日提醒	运输节日提醒产品	运输0708			
52			罚款缴费提醒	运输罚款缴费提醒产品	运输0709			
53			求车需求提醒	运输求车需求提醒产品	运输0710			
54			其他		运输0711			

55	加油产品	运输加油产品	运输08	柴油	运输购买柴油产品	运输0801														
56				LNG	运输购买LNG/CNG产品	运输0802														
57				汽油	运输购买汽油产品	运输0803														
58				充电	运输购买充电产品	运输0804														
59	保养产品	运输车辆保养产品	运输09	强保	运输强保产品	运输0901														
60				例保	运输例保产品	运输0902														
61				定保	运输定保产品	运输0903														
62	维修产品	运输车辆维修产品	运输10	"三包"内维修	运输"三包"内维修产品	运输1001														
63				"三包"外维修	运输"三包"外维修产品	运输1002														
64				事故车维修	运输事故车维修产品	运输1003														
65	轮胎产品	运输轮胎购买产品	运输11	购买轮胎	运输购买轮胎产品	运输1101														
66				旧胎收购	运输旧胎收购产品	运输1102														
67				补胎	运输补胎产品	运输1103														
68	找货产品	运输找货产品	运输12	业务洽谈（找货）	运输业务洽谈（找货）产品	运输1201														
69				（代）合同签订	运输（代）合同签订产品	运输1202														
70				（代）收取运费	运输（代）收取运费产品	运输1203														
71				（代）开具发票	运输（代）开具发票产品	运输1204														
72	财务核算、发放工资	运输财务核算产品	运输13	财务核算	运输财务核算产品	运输1301														
73				缴纳税款	运输缴纳税款产品	运输1302														
74				发放工资	运输发放工资产品	运输1303														
75				代扣、代缴保险等	运输代扣、代缴保险等产品	运输1304														
76	二手车处置	运输二手车产品	运输14	销售二手车	运输销售二手车产品	运输1401														
77	客户车辆大事故保险产品	运输大事故保险产品	运输15	安全生产奖励	运输安全生产奖励产品	运输1501														
78				承包车辆大事故联保	运输承包车辆大事故联保产品	运输1502														

2）客户所在的区域：经销商销售的区域。

3）客户已经与经销商建立了业务关系（包括购买过经销商的车辆、保险、贷款、保养、维修、配件等产品）。

4）客户有固定的货主、货物，或者与第一、第二方物流公司签有长期运输合同。

5）客户的驾驶员有安全意识，3~5 年内没有发生过重大责任事故。

6）客户的车辆符合标准的规定，满足车辆注册登记、年检要求。

4. 确定学习的标杆

1）确定业务学习的标杆：经销商的物流运输业务学习标杆。

2）建立产品学习的标杆。

5. 确定竞争对手

1）确定业务竞争对手。

2）确定产品竞争对手。

五、建立宣传和传播管理

1. 建立传播的内容

（1）自己传播　品牌传播、业务传播、产品传播、客户满意传播、社会贡献传播及其他传播。

（2）客户传播　客户满意传播、客户利益传播、客户帮助传播（在客户遇到困难时，进行帮助，使其渡过难关）等。

宣传内容如：加入 ×× 运输公司，一年多挣 4 万元（货源充足，成本低）。

2. 建立传播的渠道

1）媒体渠道：新媒体（互联网、微信、抖音、微博、视频等）、传统媒体（电视、报纸、杂志、广播等）。

2）传统渠道：年审检测线、加油站、配件销售店、社会修理厂等。

3）客户渠道：口碑传播、客户车辆传播等。

4）其他渠道。

3. 建立传播的方法

视频、彩页、易拉宝、礼品、户外广告等。

六、确定营销方案、营销模式和营销方法

1. 制定营销方案

1）组合产品营销方案：将相关产品（表 9-10）只要是客户需要的一并组合起来进行营销。

2）单一产品营销方案：对相关产品（表 9-10）分别进行营销。

2. 确定营销模式

营销模式包括：全款销售、定期付款销售（针对优质客户）。

3. 确定销售方法

（1）9 步销售法　一个组织的不同人员分工合作完成下列销售流程的方法。

① 客户开发。

② 信息收集。

③ 信息确认。

④ 产品确认。

⑤ 交付（时间、地点、购买方式）确认。

⑥ 价格确认。

⑦ 合同确认。

⑧ 付款。

⑨ 产品交付。

（2）销售顾问法　一个人完成上述 9 步流程的方法。

七、制定营销政策

1. 组合产品营销政策

对于个人客户、个体客户，建议所有产品一起制定销售政策。例如，有些服务产品收费，有些服务产品免费；有些实物产品加价，有些实物产品不加价。

2. 单项产品营销政策

对于大客户，可以制定每一个产品单独的销售政策。例如批量政策、年度目标销量奖励政策等，用于同其他品牌配件的竞争。

八、确定产品销售价格制定方法

（1）定价依据及计算公式　定价依据见财务管理部制定的价格管理制度中规定。计算公式见《商用车营销红宝书：营销管理篇》第九章第三节的相关内容。

（2）确定定价方法　定价方法有差异化定价法（相对于竞争对手没有的产品）、竞争定价法（相对于竞争对手已有的产品）。

（3）销售价格　包括商务经理销售价格、部长销售价格、总经理销售价格、最高销售限价。

1）不同的岗位有不同的价格权限。

2）防止出现价格混乱和乱批价格的行为。

九、建立营销目标

1. 根据公司规划，编制运输公司规划

1）区域规划。

2）货物规划。

3）货主规划。

4）客户规划。

5）驾驶员规划。

6）路线规划。

7）服务产品项目规划。

8）供应商规划。

2. 编制年度计划

根据规划，编制年度计划。年度计划要根据自己的能力和以往的业绩进行编制。计划指标如下。

1）销售收入（万元）。

2）毛利润（万元）。

3）净利润（万元）。

4）自有车辆保有量（辆）。

5）月度平均服务车辆数量（辆）。

6）月度平均车辆运输收入（万元）。

7）月度平均车辆净利润（万元）。

3. 分产品建立销售目标

销售目标指标如下。

1）加油产品销售收入（万元）。

2）保险产品销售收入（万元）。

3）金融服务产品销售收入（万元）等。

十、编制产品销售明细表、价格表，制定销售计划

1. 产品销售明细表、价格表、销售计划编制的责任部门

1）产品销售明细表、销售计划的管理权、批准权在市场管理委员会，由物流运输公司负责编制，报市场管理委员会批准。

2）产品销售价格表按照财务管理部给出的计算公式，由物流运输公司负责编制，报财务管理部审核，由市场管理委员会批准。

2. 编制产品销售明细表

产品销售明细表是产品推荐的依据，是按照产品完整性原则编制的；在产品（项目）名称和产品（项目）编号下，是产品与品种的组合，见表9-10（部分模板）。

3. 制定物流运输业务服务产品采购、销售、服务价格表

1）建立服务产品、项目采购价格表，见表9-11。按照货比三家原则，供应商由驾驶员推荐进行开发、采购。

表 9-11 运输业务服务产品/项目采购价格表（部分）

序号	服务产品/项目名称		路线				东线采购地点				
							地点名称1、加油商、休息商、维修商名称				
	产品名称	项目名称	东线	南线	西线	北线	供应商名称	标准采购价格	采购政策		
									大客户政策	月度批量政策	年度批量政策
1	加油产品	柴油									
2		LNG									
3		汽油									
4		其他									
5	维修产品	"三包"内维修									
6		"三包"外维修									
7		事故车维修									
8	轮胎更换	购买轮胎									
9		旧胎收购									
10		补胎									

（续）

序号	服务产品/项目名称		路线				东线采购地点				
	产品名称	项目名称	东线	南线	西线	北线	地点名称1、加油商、休息商、维修商名称				
							供应商名称	标准采购价格	采购政策		
									大客户政策	月度批量政策	年度批量政策
11	找货	业务洽谈（找货）									
12		（代）合同签订									
13		（代）收取运费									
14		（代）开具发票									
15	休息	住宿									
16		餐饮									

注：1. 不同路线的服务产品、服务项目是一致的。

2. 不同路线的产品、项目，由于采购供应商的不同，采购价格、政策会有所不同。

3. 当价格、政策相差较大时，应根据不同的路线、分别制定采购价格、政策表。

4. 当价格、政策相差不大时，应努力谈成最低的、相同的价格、政策，这样便于制定销售价格表。

2）建立服务产品、项目销售价格表。一般按照市场价格定价，要具有竞争力。

3）建立服务产品、项目服务价格表。一般按照市场价格定价，要具有竞争力。

4）采购、销售价格表模板见业务管理制度附件中的运输业务产品采购价格表、运输业务销售价格表。

4. 制定产品销售计划

（1）销售计划制定的原则

1）销售计划不能低于上年销售额。

2）销售计划下，利润计划不能亏损。

（2）销售计划模板 产品销售计划表模板，见佐卡公司网站的业务管理制度附件产品销售计划表中的"运输公司产品销售计划表"。

十一、建立运输公司业务经营资源

1. 建立意向客户明细表

1）在本公司已有的个人客户、个体客户。

2）其他经销商的个人客户、个体客户。

注意：这个明细表是运输公司业务最基础的资源。

2. 建立已有客户明细表

将所有在物流运输公司购买过运输公司产品的客户进行统计，建立物流运输公司业务已有客户明细表。

3. 建立战败客户明细表

将所有在物流运输公司洽谈过购买产品事宜，但没有成交的客户，建立物流运输公司业务战败客户明细表。

4. 建立客户对比表

当本业务的销售收入、利润不如竞争对手时，以此表为工具查找自己的客户与竞争对手客户间的差距。

物流运输公司产品销售资源明细表见表 9-12。

表 9-12　物流运输公司产品销售资源明细表

序号	资源内容及目的	责任人	使用工具
1	找到本业务可以开发的所有客户		本业务组织意向客户明细表　表 1
2	将本业务已经完成（销售）交易的客户列入此表，便于继续交易		客户明细表　表 2
3	将本业务（销售）交易失败的客户列入此表，便于继续开发	部长	战败客户明细表　表 3
4	当运输公司的车辆（单辆）利润低于竞争对手时，采用此表进行对比，找到原因，找到改善的方向 当竞争不过竞争对手时，采用产品对比表进行分析 当竞争不过竞争对手时，采用竞争管理表进行分析		客户对比表　表 4

注：物流运输公司产品销售资源表见物流运输业务管理制度附件中的物流运输公司产品销售资源表。

十二、建立物流运输业务财务（成本）管理与核算管理制度

本部分仅为举例示范，供参考。

1. 固定成本折旧核算流程

固定资产成本管理计算公式：

车辆发票价格 + 购置税 + 上牌费用 + 办证费用 + 采购费用

（采购人工费用、资金费用、招投标费用、采购其他费用）= 车辆采购成本

假设某牵引车采购成本为 40 万元，按照车辆设计说明书设定车辆使用年限和运行里程，如 80 万 km，4 年；按照现行市场残值设计车辆残值。如牵引车 80 万 km 后的残值为 5 万元，则：

该牵引车每年的固定折旧成本：（40-5）/4=8.75 万元 / 车·年

该牵引车每月的固定折旧成本：（40-5）/4=8.75/12=7292 元 / 车·月

该牵引车每车每千米的固定折旧成本：（40-5）/80=0.4375 万元 / 车·万 km=0.4375 元 / 车·km

假设该牵引车车载质量为 34t，则：

每 t·km 的固定折旧成本为 0.4375 元 /km/34t=0.013 元 /t·km

注意：也可以按照发票价格计入折旧成本，将其他（车辆购置税、注册登记、营运证办理等）计入费用。

2. 变动成本的核算流程

（1）燃油成本　按照车辆说明书核定车辆油耗定额：假设该车油耗为 35L/100km（车辆油耗也可以根据经验核定）；上一年度平均油价核定采购价格为 5 元 /L，则每千米燃油成本为

$$35 \times 5/100 = 1.75 \text{ 元 / 车·km}$$

若每车一次运输 34t，则 1t·km 的成本为

$$1.75/34 = 0.052 \text{ 元 /t·km}$$

每年油耗费用为

$$1.75 \times 20 = 35 \text{ 万元 / 车·年}$$

每月油耗费用为

$$35/12=2.9167 \text{ 万元 / 车·月}$$

上述每月油耗费用可以作为燃油小额贷款额度最高限额。

（2）保险成本 按照要求购买保险，要求三者险 500 万元以上。按照保费为 3 万元 / 车·年，则：

当每年运输里程为 20 万 km、每车运输载质量为 34t 时，每车每千米保险成本为

$$3/20=0.15 \text{ 元 / 车·km}$$

1t·km 保险成本为

$$3/20/34=0.0044 \text{ 元 /t·km}$$

每月每车保险成本：

$$3/12=0.25 \text{ 万元 / 车·月}$$

（3）高速公路通行费 假设牵引车总质量为 49t、载质量为 34t，不超载时，每车·km 高速公路平均通行费为 2.0 元 / 车·km，则：

1）载质量 1t·km 高速公路通行费为 2/34=0.059 元 /t·km。

2）按照 50% 的高速公路使用计算，假设该车每月行驶 1 万 km，则：

每月高速公路通行费：

$$2.0 \times 10000=20000 \text{ 元 / 车·月（可以作为高速公路通行费贷款的最高限额）}$$

每年高速公路通行费：20000×12=240000 元 / 车·年。

每车·km 公路通行费：24/20=1.2 元 / 车·km（平均每千米通行费）。

平均载质量 1t·km：24（20×34）=0.035 元 /t·km。

（4）驾驶员工资 该牵引车驾驶员按 2 人设计，每人工资为 6000 元 / 月，则：

1）每月工资支出：6000 元 / 月×2=12000 元 / 车·月。

2）每年工资支出：12000×12=144000 元 / 车·年。

3）1t·km 工资支出：144000/20×34=0.021 元 /t·km。

4）每车·km 工资支出：144000/20=0.72 元 / 车·km。

（5）过桥过路费（含罚款） 假设该牵引车每月每车支出过桥过路费（含罚款）为 1000 元 / 月·车，则：

1）每年每车过桥过路费支出：1000×12=12000 元 / 车·年。

2）1t·km 过桥过路费支出：12000/20×34=0.00176 元 /t·km。

3）每车·km 过桥过路费支出：0.00176×34=0.06 元 / 车·km。

（6）贷款还款成本（利润） 如果该牵引车为贷款购买，假设贷款额为 30 万元、贷款期限为两年，采取等额（本息）还款方式，则：

每月还款：30/24=1.25 万元 / 车·月。

假设贷款利息为年息 6.175%，则需要还息 1.8525 万元（约计）。

每月每车还息：1.8525/24=772 元 / 车·月。

合计还本息：12500+772=13272 元 / 车·月。

1t·km 本息支出：1.3272×12/（20×34）=0.024 元 /t·km。

每车·km 本息支出：0.024×34=0.8 元 / 车·km。

每车·km 利息支出：772×12/200000=0.04632 元 / 车·km。

（7）车辆维修费 假设该牵引车每月保养费支出为 1000 元 / 车·月、每月修理费支出为 500 元 / 车·月，则：

1）每月每车维修费支出：1500 元 / 车·月。

2）每年每车维修费支出：1500×12＝18000 元 / 车·年。

3）1 车·km 维修费支出：1.8/20＝0.09 元 / 车·km。

4）1t·km 维修费支出：1.8/（20×34）＝0.002647 元 /t·km。

（8）轮胎费　以正新轮胎为标准，每条轮胎正常使用里程为 15 万 km，价格为 1500 元 / 条（仅供参考），以 6×4 牵引车 22 条轮胎为例，则：

1）每次更换全车轮胎的价格：1500×22＝33000 元。

2）每万 km 轮胎费支出：33000/15＝2200 元 / 万 km。

3）每年每车轮胎费支出：2200×20＝44000 元 / 车·年。

4）每月每车轮胎费支出：44000/12＝3667 元 / 车·月。

5）每车·km 轮胎费支出：4.4/20＝0.22 元 / 车·km。

6）1t·km 轮胎费支出：4.4/（20×34）＝0.0065 元 /t·km。

（9）车辆管理费　包括年审费、事故超额赔偿费、管理费、承包人贷款逾期追缴费及其他支出。

假设每月每车车辆管理费支出为 1000 元 / 月·车，则：

1）每年每车车辆管理费支出：1000×12＝12000 元 / 车·年。

2）每车·km 车辆管理费支出：1.2/20＝0.06 元 / 车·km。

3）1t·km 车辆管理费支出：12000/20×34＝0.0015 元 /t·km。

（10）车辆运营成本合计

1）包含所有成本的运营成本：

固定成本＋变动成本（燃油成本＋保险成本＋高速公路通行费＋驾驶员工资和福利费＋过桥过路费＋还款成本费＋车辆维修费＋轮胎费＋车辆管理费）＝总运营成本

1t·km 运营成本：0.013 元＋（0.052 元＋0.0044 元＋0.035 元＋0.021 元＋0.00176 元＋0.024 元＋0.0026 元＋0.0065 元＋0.00176 元）＝0.162 元 / 吨·km。

每车·km 运营成本：0.16×34＝5.5 元 / 车·km。

2）不包括固定成本的运营成本：即变动成本。

1t·km 运营成本：0.162－0.013＝0.149 元 / 吨·km。

每车·km 运营成本：0.149×34＝5.066 元 / 车·km。

3）不包括消费贷款的运营成本。

1t·km 运营成本：0.162－0.024＝0.138 元 / 吨·km。

每车·km 运营成本：0.138×34＝4.692 元 / 车·km。

注：年运输里程 20 万 km、总质量 49t、每车运量 34t（按 GB 1589—2016 给出的标准），以上计算都是以此为基础。空驶油耗含在载重油耗内，不单独计算。如果空驶里程过大，应单独计算空驶的费用。

3. 找货流程与结算流程

1）流程 1：找工商局企业信息→找企业地址→找销售部门（采购部门）→找运输主管→找到货源→签合同（代办运输）→确定车辆→承接运输→收取运费收入→财务找到对应车辆→财务记账→开出运费发票→结算→对账。

2）流程 2：老驾驶员有货源→找到货主→签合同（代办运输）→确定车辆→承接运输→收取运费收入→财务找到对应车辆→财务记账→开出运费发票→结算→对账。

4. 日常消耗采购与结算流程

流程：确定采购物品（油料、轮胎、维修配件、保养、维修、保险）→确定运输路线→确定运输车辆→确定使用量→招标→签合同→支付定金→采购（采购卡支付）→供应商开具发票→结算→对账。

5. 建立车辆台账

（1）建立车辆固定资产台账　根据车辆 VIN，建立车辆台账。

（2）台账内容　台账内容包括：车辆档案号、VIN、牌照号、营运证号、购买发票号、附加税证号、合格证号、购买日期、使用日期、运输货物名称、运输路线、驾驶员姓名、驾驶证号、投资人姓名、投资人姓名、住址、投资金额、车主姓名、车辆管理人和其他。

6. 记账管理与利润核算

1）根据固定资产台账，建立固定资产折旧费用台账。

2）根据车辆的油耗定额、行驶里程，建立每一辆车的油耗台账（也可根据车辆的实际油耗）。

3）根据车辆的实际保险费用支出，建立保险费用台账。

4）根据车辆的实际工资福利费用支出，建立工资福利费用台账。

5）根据车辆的实际过桥过路费用支出，建立实际过桥过路费用台账。

6）根据车辆的实际贷款还款费用支出，建立还款费用台账。

还可以将贷款还款成本减去固定资产折旧成本后计入此台账以防重复计算；贷款期限为四年时，还款成本为折旧加贷款利息，还款压力最低。

7）根据车辆的实际维修费用支出，建立维修费用台账。

8）根据车辆的实际轮胎使用费用支出，建立轮胎费用台账。

9）根据车辆的实际管理费用支出，建立管理费用台账。

车辆的实际费用成本可能同定额（或标准或预算）有差异，当实际成本比定额好时，增加利润，应激励相关人员；当实际成本比定额差时，减少利润，应负激励相关人员。

10）利润核算。

① 全款购买车辆的核算：

$$利润（税前）＝运费收入－运输成本$$

② 贷款购买车辆的核算：

$$利润（税前）＝运费收入－运输成本（不含贷款还款费用）$$

当折旧费用不够还款时，用车辆的利润还款。

车辆的利润应该占运输收入的 6% 左右。

7. 运输公司的财务管理与核算原则

由于运输业务的特殊性，每一辆车的油耗、维修费用、轮胎损耗都不一样，因此必须做到以下几点。

1）每一个货主的运输业务必须要独立核算。

2）每一个合同下的运输业务必须单独核算、独立考核。

3）每一辆车的运输收入、成本、利润都要单独核算、独立考核。

4）同一货主，运输的货物不同、路线不同，都应单独核算成本与利润。

经销商的物流运输业务管理

一、物流运输业务管理注意事项

1. 建立客户（驾驶员）标准非常重要

1）确保满足货主（顾客）的要求。不良客户（驾驶员）有一些不良习惯，或者一切以自己的利益为重，这样的客户就不可能满足货主的要求，致使货源越来越少。

2）如果驾驶员没有安全意识，不爱护车辆，出勤率得不到保证，事故频发，很难长久经营。

2. 客户开发的重要性

1）物流运输业务的客户，一定要有选择性。那些没有安全意识、没有固定货主、没有固定货源、没有固定驾驶员的客户一定不是本业务的客户。

2）要想找到好的客户，就一定要进行客户的开发。

3）运输公司产品，不能够只是卖给加盟运输公司的车主（或驾驶员），所有拥有车辆、从事物流运输的从业者都是本业务的客户。要想让所有的意向客户变成客户，就必须要进行客户开发。

4）愿意加盟经销商物流运输公司的车主成为经销商忠实客户的比例，要远远大于没有加盟的车主。

3. 进行意向客户拜访，了解需求信息

由产品经理负责，进行意向客户拜访，了解意向客户有关物流运输公司产品需求的信息，是进行产品开发、产品改进的基础性工作，必须要做好。这些信息包括但不限于如下内容。

1）客户有几辆车？了解车辆类型、品牌、车型、驱动形式，发动机品牌、排量、功率，变速器品牌及型号，后桥名称及传动比，运输的货物名称、货主名称、行驶路线（道路）、装车地点、卸车地点、驾驶员休息地点、驾驶员吃饭地点等。不同车辆分别列出。

2）客户是否需要运输公司产品销售明细表所列的产品？

3）您认为本公司的产品销售明细表所列产品是多了还是少了？

4）您认为本公司的产品销售明细表所列产品不是客户需要的有哪些？

5）您认为本公司的产品销售明细表还应增加哪些产品？

6）客户以前购买的运输公司产品都是谁提供的？是购买车辆的经销商、本公司还是其他渠道？

7）购买这些运输公司产品的价格与本公司的价格表价格对比，是高还是低？

8）如果本公司产品价格符合您的预期，是否愿意同本公司合作，购买本公司产品？

9）您和其他公司有长期的合作吗？有协议吗？

10）他们给您什么优惠政策？如有，请列出。

11）我们能签订一个长期的合同或协议吗？

12）您的产品购买模式是全款购买还是贷款购买？

13）我公司还有车辆年审服务产品、车辆运营项目贷款、车辆保险、车辆保养、车辆维修、二手车收购业务，如果价格合适，您愿意购买我公司的这些产品吗？

14）编制客户调查表（略）。

4. 产品报价与购买方案推荐

1）产品报价的条件：在客户确认产品、项目后，才能进行产品的报价。

2）产品报价：要根据客户能够享受的销售政策进行产品报价。计算公式：

报价 = 产品销售价格 – 客户能够享受到的销售政策

3）购买方案推荐：在报价的基础上，根据客户的资金能力，进行购买方案推荐（全款购买、贷款购买、分期付款购买等）。

5. 客户开发（合同签订、产品交付）**完成，建立客户明细表的重要性**

建立意向目标客户明细表、目标客户明细表、客户明细表，有以下好处。

1）积累客户群体，就是积累财富。一个企业，没有了客户，就没有了一切。

2）掌握了客户的基本情况，便于沟通。

3）建立了客户车辆档案，对于定期需要的产品，可以找到规律，提前提示，提前准备产品。

4）便于发现优质客户、不良客户。

6. 设置客户经理的重要性

见第二章第三节的相关内容。

7. 客户再开发的重要性

1）增加客户黏性。

2）提高客户满意度。

3）增加经销商收入。

8. 客户回访的重要性

每一个客户开发完成、购买或没有购买产品的客户，都要进行回访。其原因如下。

1）要知道其为什么购买，以总结经验发扬光大。

2）要知道为什么不购买，以找到不足，进行改善；否则，没有进步。

9. 客户购买不同产品，应签订不同的购买合同

客户购买不同产品应签订不同购买合同的好处如下。

1）便于管理。

2）便于统计、核算。

3）便于执行。

运输业务相关产品销售合同列表见表 9-13。

表 9-13　运输业务相关产品销售合同列表

序号	购买合同
1	运输公司加盟合同
2	车辆购买代理合同（或车辆使用协议）
3	购买销售服务产品合同
4	购买保险产品合同
5	购买小额贷款产品合同
6	购买驾驶员服务产品合同
7	购买加油产品合同

（续）

序号	购买合同
8	购买 ETC 产品合同
9	购买保养维修产品合同
10	购买找货产品合同
11	购买财务核算产品合同
12	购买运输公司车辆大事故保险产品合同（对于驾驶员承包制的运输公司需要）
13	二手车买卖合同（对于驾驶员承包制的运输公司需要）

注：免费产品不用签订合同，在加盟合同中注明即可。

10. 独立开发供应商的重要性

1）经销商其他业务没有覆盖的区域，要满足车主（或驾驶员）需求，就需要独立开发供应商。

2）有些车主（或驾驶员）需要的产品（如加油产品、找货产品等），其他业务没有，就需要独立开发供应商。

3）开发供应商的信息，最好由车主（驾驶员）提供。

4）开发独立的供应商，可以大幅度提高车主（驾驶员）的满意度。

11. 建立加盟运输公司车主（客户）自由退出机制的重要性

1）便于及时发现问题，改进问题。

2）便于建立差异化（其他挂靠公司没有）。

3）便于开发到优质客户。

12. 建立车辆核算管理的重要性

1）便于帮助客户进行成本管理，找到降低成本的途径，降低成本。

2）便于帮助客户进行项目（小额）贷款。

3）便于取得增值税发票，降低税负，增加收入。

二、物流运输业务管理的内容、流程与工具

1. 组织管理

（1）责任部门　综合管理部。

（2）责任岗位　综合管理部部长。

（3）管理方法　评价法（见组织管理制度附件）。

（4）管理依据

1）建立管理制度：组织管理制度、运输公司工作制度。

2）综合管理部按照《组织管理制度》《运输公司工作制度》对运输公司进行管理。

（5）流程与工具（模板）　见表 9-14。

表 9-14　运输公司组织管理流程与工具（模板）

序号	流程节点名称及目的	责任人	使用工具
1	公司组织设计	董事长	按区域进行公司组织规划表　表1
2	按照业务进行业务组织设计	总经理	按业务进行公司组织设置表　表2

（续）

序号	流程节点名称及目的	责任人	使用工具
3	按照业务不同，进行业务组织岗位设计	董事会、总经理	（独立法人的总公司）业务与组织设置 表3
4	对每一个岗位规范作业内容，明确作业项目	运输公司经理	岗位作业内容表 表4
5	根据作业量不同，进行岗位人员数量设计	运输公司经理	岗位、人员设置（报）表 表5
6	根据部门工作制度，设计部门工作任务	运输公司经理	部门任务计划（报）表 表6
7	设计部门会议	运输公司经理	部门会议计划管理表 表7
8	为及时了解部门计划工作进度，进行工作计划调度	运输公司经理	工作/业务计划实施情况周/月度调度、评价（报）表 表8
9	在计划调度的基础上，为确保任务完成，进行计划分析	运输公司经理	月度计划完成情况分析（报）表 表9
10	总结、改善计划工作	运输公司经理	持续改善、改进工作计划表 表10

注：具体的组织管理流程与管理工具见物流运输业务管理制度附件中的运输公司组织管理流程。

2.（意向）客户开发管理

（1）责任部门 运输公司。

（2）责任岗位 产品经理、计划员。

（3）管理方法 流程管理。

（4）管理依据

1）建立管理制度：物流运输业务管理制度、运输公司工作制度。

2）运输公司按照《物流运输业务管理制度》《运输公司工作制度》对意向客户的开发进行管理。

（5）流程与工具（模板） 见表9-15。

表 9-15 （意向）客户开发流程与工具（模板）

序号	流程节点名称及目的	责任人	使用工具
1	建立意向客户开发明细表，防止漫无目的地跑客户	产品经理	意向客户开发明细表 表1
2	编制客户开发计划，防止出工不出力	计划员	（××）月份意向客户开发计划表 表2
3	编制客户拜访计划，提高开发有效率		意向客户开发，拜访计划表 表3
4	编制客户拜访准备计划，提高开发成功率		意向客户开发，拜访准备计划表 表4
5	拜访客户，收集客户购买信息，剔除明确不购买客户（包括不能卖的客户）	产品经理	意向客户拜访，购买产品信息收集表 表5
6	针对客户购买意向，推荐产品，引导客户建立对产品的兴趣		意向客户开发，产品推荐表 表6
7	针对销售的产品（包括其他服务产品），征求客户意见，便于进行产品的改进		向意向客户征求产品意见表 表7
8	根据客户意见，进行产品改进，确保客户满意		产品改进（计划）表 表8

（续）

序号	流程节点名称及目的	责任人	使用工具
9	对改进后的产品进行再推荐		意向客户开发，改进后产品推荐表　表9
10	客户满意，确认需要购买的产品		意向客户开发，产品购买确认表　表10
11	初步报价，进行商务洽谈，防止以后购买时，出现较大的价格偏差 这是客户真正购买时的报价基础	产品经理	意向客户开发，产品报价及商务洽谈表　表11
12	客户对产品、价格、服务满意，签订合作协议		客户购买（运输公司）产品合作协议（代合同）书　表12
13	只是购买产品的客户，签订合作协议		客户车辆加盟经营合同范本　表12.1
14	对开发完成后签订协议的客户，建立明细表，准备进行产品销售		意向目标客户明细表　表13
15	开发计划完成，进行考核	计划员	（××）月份意向客户开发计划完成考核兑现表　表14

注：1. 表12《客户购买（运输公司）产品合作协议（代合同）书》也可与作为合同。作为合同时，协议中确定的价格就是产品的最终销售价格。

2. 详细的意向客户开发流程与工具见物流运输业务管理制度附件中的客户开发流程与表格。

3. 业务洽谈管理

（1）责任部门　运输公司。

（2）责任岗位　客户经理、产品经理。

（3）管理方法　流程管理。

（4）管理依据

1）建立管理制度：物流运输业务管理制度、运输公司工作制度。

2）运输公司按照《物流运输业务管理制度》《运输公司工作制度》对意向目标客户的业务洽谈进行管理。

（5）流程与工具（模板）　见表9-16。

表9-16　意向目标客户业务洽谈流程与工具（模板）

序号	流程节点名称及目的	责任人	使用工具
1	根据协议，客户购买运输公司产品，应进行申请	客户经理	客户购买（部分）产品、项目申请表（模板）　表1
2	确认客户购买信息	客户经理	意向目标客户，购买产品信息收集表　表2
3	产品经理应确认客户为什么需要购买，购买什么产品	产品经理	意向目标客户，购买产品信息确认表　表3
4	收取客户货款或者定金	客户经理	意向目标客户，购买运输公司产品收款收据　表4
5	建立目标客户明细表，进行交付产品的准备	客户经理	目标客户明细（报）表　表5

注：1. 当在客户开发时已经明确合作协议代替合同时，这里就不需要再签订合同。如果在合作协议中没有明确产品销售价格，就要同客户签订运输公司产品销售合同，合同范本见开发流程。

2. 不论是否签订了协议（或合同），在购买产品时必须再申请一次。这是因为，有些产品不能随便地购买（如补驾驶证、车牌等）；有些产品的价格是在不断变化的（如加油产品、找货产品等）。因此需要再次确认。

3. 详细的意向目标客户业务洽谈流程与工具见物流运输业务管理制度附件中的客户业务洽谈流程与表格。

4. 产品交付管理

（1）责任部门　运输公司。

（2）责任岗位　客户经理、货运经理、产品经理、计划员。

（3）管理方法　流程管理。

（4）管理依据

1）建立管理制度：物流运输业务管理制度、运输公司工作制度。

2）运输公司按照《物流运输业务管理制度》《运输公司工作制度》对目标客户的产品交付进行管理。

（5）流程与工具（模板）　见表9-17。

表9-17　目标客户产品交付流程与工具（模板）

序号	流程节点名称	责任人	使用工具
1	根据目标客户明细表，建立目标客户交付计划表	计划员	目标客户购买产品交付计划表　表1
2	建立交付流程，完成产品交付	产品经理客户经理	产品交付（流程）　表2
3	客户确认产品交付	产品经理	客户购买产品，交付确认表　表3
4	购买货物运输产品的客户，签订运输合同	货运经理	货物运输合同 - 合同范本　表3.1
5	建立客户明细表，便于客户管理	客户经理	客户明细（报）表　表4
6	客户回访，征求客户意见	客户经理	客户回访表　表5
7	进行改善	客户经理	客户回访，问题、经验总结改善表　表6
8	销售计划考核，不断提高业务人员积极性	计划员	（××）月份销售计划完成考核兑现表　表7

注：详细的目标客户产品交付流程与工具见物流运输业务管理制度附件中的产品交付流程与表格。

5. 运输公司业务管理

（1）责任部门　运输公司。

（2）责任岗位　客户经理、运营与监控管理员、货运经理、产品经理、财务核算员、计划员、运输公司经理。

（3）管理方法．流程管理。

（4）管理依据

1）建立管理制度：物流运输业务管理制度、运输公司工作制度。

2）运输公司按照《物流运输业务管理制度》《运输公司工作制度》对运输公司的日常业务进行管理。

（5）流程与工具（模板）　见表9-18。

表9-18　运输公司日常管理流程与工具（模板）

序号	流程节点名称及目的	完成责任人	使用工具
1	按照加盟合同，建立客户明细表	客户经理	运输公司（加盟）客户明细表　表1
2	建立加盟客户档案管理明细表，建立健全客户档案管理，利于客户分类管理	运营与监控管理员	客户档案管理表　表2

（续）

序号	流程节点名称及目的	完成责任人	使用工具
3	建立安全管理，减少直至消灭安全风险	运营与监控管理员	车辆安全生产管理表 表3
4	进行安全管理，建立奖励制度	运营与监控管理员	车辆安全生产统计、奖励表 表4
5	对所有客户，按照车辆进行购买产品统计，找到优质客户	产品经理	年、月车辆购买产品、支出统计表 表5
6	对所有客户，按照车辆进行运输收入统计，找到优质客户	货运经理	（××）月车辆运输收入统计明细表 表6
7	对所有客户，按照车辆进行运输收入利润统计，找到优质客户	财务核算员	分车辆进行利润核算表 表7
8	对所有客户，按照车辆进行所有毛利润统计，找到优质客户	财务核算员	月度分车辆购买产品，运输公司服务费（毛利润）统计表 表8
9	对运输公司进行运输收入统计	货运经理	运输公司运输收入统计表 表9
10	对运输公司进行毛利润统计	财务核算员	运输公司，月度分车辆，服务费（毛利润）统计表 表10
11	对运输公司进行利润核算	财务核算员	（××）月运输公司利润核算表 表11
12	提报经营报表	财务核算员	运输公司经营统计报表 表12
13	按照客户加盟合同，允许客户按照时间推出	客户经理	退出加盟申请书 表13
14	客户退出审查、批准	客户经理	退出申请评判、批准书编号 表14
15	建立客户车辆退出汇总表	计划员	客户车辆退出汇总表 表15
16	建立运输公司保有车辆汇总表	计划员	运输公司保有车辆明细表 表16
17	进行客户、驾驶员调查，征求意见	客户经理	加盟/没有加盟客户、驾驶员调查表 表17
18	进行改进，不断提高管理水平和管理能力，提高客户满意度。	运输公司经理	客户调查问题、经验总结改善表 表18

注：详细的运输公司管理流程与工具见物流运输业务管理制度附件中的运输公司管理流程与表格。

6. 采购渠道开发管理

（1）责任部门　运输公司。

（2）责任岗位　产品经理、计划员。

（3）管理方法　流程管理。

（4）管理依据

1）建立管理制度：物流运输业务管理制度、运输公司工作制度。

2）运输公司按照《物流运输业务管理制度》《运输公司工作制度》对运输公司的采购渠道开发进行管理。

（5）流程与工具（模板）　见表9-19。

7. 营销过程问题管理

见第二章第三节的相关内容。

详细的问题解决看板见车辆营销业务管理制度附件中的客户开发与销售过程遇到问题解决看板。不同业务遇到这些问题，都可以建立同样的看板。

表 9-19　运输公司采购渠道开发管理流程与工具（模板）

序号	流程节点名称及目的	责任人	使用工具
1	建立运输后，首先建立意向客户明细表，根据意向客户提供的供应商推荐表，建立意向供应商明细表	产品经理	运输公司产品、项目意向供应商明细表　表1
2	建立客户供应商推荐表，下发意向客户进行推荐	产品经理	客户意向供应商推荐表　表1.1
3	根据客户推荐，制定开发计划	计划员	供应商开发计划表　表2
4	根据开发计划，制定拜访计划	计划员	供应商开发，拜访计划表　表3
5	拜访供应商，收集信息	产品经理	供应商拜访，信息收集表　表4
6	收集供应商产品销售政策、价格信息	产品经理	意向供应商产品销售价格、政策明细表　表5
7	确定采购，建立合同模板	产品经理	确定采购合同内容　表6
8	同意向供应商签订合同，审查、批准	产品经理	意向目标供应商合同（协议）签订管理表　表7
9	建立目标供应商明细表	产品经理	意向目标供应商明细表　表8
10	进行采购准备	产品经理	采购准备表　表9
11	采购准备完成，向客户进行供应商、产品推荐，建立供应商明细表	产品经理	目标供应商明细（报）表　表10

注：详细的运输公司采购渠道开发管理流程与工具见物流运输业务管理制度附件中的采购渠道开发流程与表格。

8. 客户再开发

客户再开发具体内容见第二章第三节的相关内容。

1）业务洽谈和产品交付流程见本节第二部分。

2）详细的客户再开发流程与工具见车辆营销业务管理制度附件中的客户再开发流程与表格。

第五节　商用车托管服务管理探索

对于商用车来说，车辆的高出勤率就代表着高收益，但是由于商用车工作环境的特殊性和电子技术的普遍应用，其车辆的日常维护保养越来越专业，如果一个中小型商用车队没有专业的管理团队，就很容易因车辆维护保养不善而影响收益，而中小型车队自己建立这样一支专业管理团队又不现实。因此，商用车市场呼唤更专业、更周到、更高效、更经济的服务保障模式。车辆托管服务模式就应运而生。

本节介绍陕西汽车控股集团有限公司（以下简称陕汽）TCO托管服务方案，为存在上述问题的个体或中小型车队及商用车经销商提供参考。

陕汽TCO托管服务与其整车销售进行有效融合，为客户提供整体解决方案，制定专属全生命周期维护保养计划书，提供主动预防式维修（易耗损件周期性更换），保证车辆维保零延误、车辆零抛锚，定制化的服务模式和专业性的服务团队保证了服务的时效性，提高了车辆出勤率，为客户创造了最大价值，也促进了陕汽车辆的销售和市场占有率的提高，真正实现共赢。

案例：

陕汽 TCO 托管服务

1. 陕汽 TCO 托管服务商标设计思路

黄色重型货车造型代表陕汽重卡；手型代表陕汽对车辆的专业呵护和关爱；三个字母 TCO 的官方解释是总成本的概念，在这里代表陕汽是基于关注客户运营全过程、关注产品全生命周期而推出的托管服务，其目的是让客户付出最低的支出，带来最大的收益，更好地控制运营总成本，如图 9-6 所示。

呵护\保养\托管

图 9-6 陕汽 TCO 托管服务商标设计思路

2. TCO 托管服务是什么

（1）托管服务理念　TCO 托管服务是一种客户按照运营里程和时间承担一定费用的有偿服务模式。客户承担一定的费用，客户车辆的后期维护保养将全部由专业的售后团队执行。

例如，TCO 托管服务协议执行的标准是 0.1 元/km，如果车辆当月运营里程为 1 万 km，那么当月客户只需付出 1000 元，其车辆在这个月内所有的维修和保养均由陕汽承担。

（2）托管服务内容　对于签署 TCO 托管服务的车辆，总部服务工程师会依据车辆的运营情况和工况量身定做全生命周期维护保养计划书，如图 9-7 所示。

陕汽重卡　　　　　德赢天下　服务领先　品质成就未来　

TCO托管车辆全生命周期维护保养计划书

客户单位：天津正威　　　　　　　　　　　　　　　　编号 18-0002

车型	SX4258GV384TLW		发动机型号		WP12NG380E50	协议编号		TG20180625XF0005	数量	74

保养次数	维护保养里程（万KM）	TCO 维护类					TCO 保养类		
		A级维护（安全）	B级维护（常规）	C级维护（清洗）	D级维护（专项）	E级维护（监测）	发动机保养	底盘保养	车桥保养
0	0.5	强制保养							
1	2		●						
2	3.5						●		
3	5	●							
4	6.5						●	●	●
5	8		●						
6	9.5						●		
7	11	●							
8	12.5			●				●	●
9	14		●		●				

图 9-7 陕汽某款托管服务计划书

其主要服务内容包含定期维护保养、易耗损件更换、保修期的定制、主动预防检查四方面。

1）定期维护保养。其内容较常规保养更为全面，如制动系统的空气干燥筒的更换、后处理系统的清洗等，详见表 9-20。

表 9-20　定期保养零部件（部分）

系统	配件名称	系统	配件名称
发动机	机油	桥	桥齿轮油
	机油滤芯		前轮保养
	燃油精滤	转向	转向油罐滤芯
	燃油粗滤		转向液压油
	除水放心滤芯	制动	空气干燥筒
	空滤滤芯总成	后处理	尿素泵滤芯
	气门间隙调整		进液管接头
变速器	变速器齿轮油		尿素箱清洗

　　2）易耗损件更换。在规定的时间及里程对车辆进行主动检查和检测，当判断易损、耗损件性能不符合要求时，及时进行更换处理，易损零部件超过 40 种，参见表 9-21。

表 9-21　易耗损零部件

序号	配件名称	序号	配件名称
1	发动机传动带	23	膜片弹簧制动气室
2	发电机	24	不锈钢金属软管
3	起动机	25	电源总开关
4	发动机右后悬置	26	组合开关（菜单控制）
5	发动机左后悬置	27	组合开关（灯光、刮水器）
6	离合器分泵	28	组合开关（排气制动）
7	离合器总泵	29	排气蝶阀
8	离合器片	30	挠性软管
9	离合器盖总成	31	翻转轴内径衬套
10	分离轴承	32	制动鼓
11	M3000 刮水器片	33	摩擦片
12	刮水器电机	34	制动盘
13	免维护蓄电池	35	摩擦块
14	压缩机总成	36	左组合尾灯（LED）
15	空调传动带	37	右组合尾灯（LED）
16	行车继动阀	38	右前组合灯（昼行灯）
17	驻车继动阀	39	左前组合灯（昼行灯）
18	驻车制动阀	40	减振器总成（前）
19	制动总泵	41	暖风机进风口滤网
20	空气处理单元	42	限位块
21	挂车制动阀	43	橡胶缓冲块（悬置）
22	电磁阀	44	膜片弹簧制动气室

易损件，是指车辆相关运动部件、橡胶件和含橡胶制品的零部件，在车辆运行到一定里程时，应主动进行性能检测。

耗损件，是指针对正常使用过程中磨损的零部件进行定期检查和测量，当发现耗损到更换标准时应进行更换的零件。

3）保修期的定制。对于签署 TCO 托管服务的车辆，其协议期就是整车的保修期，如客户签署的协议为 5 年或 120 万 km，那么车辆上所有零部件的保修期均是 5 年或 120 万 km，如灯泡原有保修期是 3 个月，签署协议后其保修期就是 5 年或 120 万 km。参见表 9-22。

签署 TCO 托管服务协议的车辆，在协议期间车辆的保养、维护、维修和所有零部件的更换（不包括交通事故、人为原因导致和轮胎的正常更换）均由陕汽承担。

表 9-22 零部件延保示例

所属系统	类别	总成及零部件	正常保修期 / 月	保修期（托管）
发动机及相关件	基础件	连杆、气缸盖、气缸体、曲轴、曲轴箱、凸轮轴	36	5 年或 120 万 km
	重要件	飞轮、活塞、机油泵、ECU、缸套、风扇离合器、共轨管等	24	5 年或 120 万 km
	一般件	膨胀水箱、油箱总成、散热器、中冷器等	12	5 年或 120 万 km
	电器件	起动机、各类传感器、发电机、辅助制动线束总成等	12	5 年或 120 万 km
	损耗件	传动带、护风圈、发动机后悬置软垫总成、发动机前支撑等	6	5 年或 120 万 km
变速器及相关件	基础件	变速器壳体、离合器壳体、取力器壳体、上盖壳体	24	5 年或 120 万 km
	重要件	一轴、二轴、中间轴、倒档中间轴、主箱齿轮等	18	5 年或 120 万 km
	一般件	变速器各种阀类、气管、接头、油封、线束、轴承等	12	5 年或 120 万 km
中、后桥	基础件	中后桥壳、轴承座、主减速器壳、过桥箱盖、过桥箱壳体	24	5 年或 120 万 km
	重要件	锥齿轮、圆柱齿轮、行星轮、半轴齿轮、行星架等	18	5 年或 120 万 km
	一般件	调整垫、贯通轴卡环、回位弹簧、螺母、凸缘、油封等	12	5 年或 120 万 km

4）主动预防检查。针对 TCO 托管车辆，陕汽会在车辆运营全生命周期内不同时间段均由不同等级的主动预防检查项目，像 A 级安全类维护项目，主要是车辆的行驶安保部位；E 级检测项目，主要是对车辆的耗损件的损耗情况进行检测。

在车辆的装货间隙或等待时间及时进行车辆主动安全检查，可提前发现问题并解决。

（3）服务保障模式

1）全生命周期维护计划书。

2）专属客户服务经理对接。

3）定点专属保障 + 沿线保障。

4）专属配件投放及总成储备。

5）呼叫中心专线 + 托管保障小组。

针对 TCO 托管车辆的服务保障，陕汽搭建一套完善的保障体系，在客户车辆的聚集地设置实力较强的定点保障服务站，按 5% 的比例进行车辆易损件、耗损件的储备和总成的预投，并配备专属的客户经理进行车辆维护的对接和全生命周期维护计划书的落地实施，在总部设置呼叫专线和保障小组 24 小时服务。

3. 服务增值体现

对于经销商来说，客户黏性的增加和客户满意度的提升，将使竞品无法轻易介入，而TCO 托管服务与整车销售有效融合后，也可为客户提供整体解决方案，丰富了营销手段，促进车辆销售的提升和市场占有率的提高。

专属全生命周期维护保养计划书、主动预防式维修（易耗损件周期性更换），定制化的服务模式和专业性的服务团队，保证了服务的时效性，提高了车辆出勤率。通过 TCO 托管服务预约式服务模式保证车辆维保零延误、主动式预防模式确保车辆零抛锚，以此来提高车辆出勤率，为客户创造最大价值，实现双方共赢。

4. TCO 托管服务运营情况

（1）销售数量 截至 2019 年，陕汽 TCO 托管服务签约车辆 995 辆，全生命周期托管车辆涉及 785 辆、延保车辆涉及 210 辆。

（2）推广情况

1）在产品开发方面，目前已完成牵引车、载货车、智能渣土车和水泥搅拌车等主销车型的 TCO 托管服务产品的开发，并完成相应车辆的 TCO 托管服务的运营。

2）在业务保障方面，在不改变目前报单模式的情况下，DMS 系统完全支持 TCO 托管车辆的识别和服务报单。

3）在产品推广方面，完成陕汽 TCO 托管服务产品手册的发布和宣传彩页的印制和下发。

5. 营销模式创新

现代服务业商业模式创新在纵向上要把产业链做大做长，打造全产业链的服务业平台，横向上要做宽做厚，建立更多的战略联盟，打造集成式服务平台，通过平台来提升客户、商家的共同价值。

TCO 托管服务未来的发展，将是现阶段产品营销模式的创新。TCO 托管服务产品蕴含内容将不断完善轮胎、加气、加油、配件商城、ETC、电子商务的发展，打造致力于服务广大客户的物流和供应链电子商务系统的数据物流大平台。陕汽还将与金融和保险业进行深度合作，推出产品与服务结合的金融产品，将 TCO 托管服务进行普及化，持续为客户创造非凡价值和客户体验，最终目标是成为客户整体解决方案的运力提供商。

本章小结与启示

本章对物流运输业务进行了详细分类。随着社会分工越来越细，货主对产品质量的要求越来越高，对运输质量的要求也会越来越高。这就要求车辆必须满足细分市场的要求。

商用车就是用来运输货物的，因此，所有商用车的从业人员必须掌握物流运输行业的相关知识，提高物流运输管理的效率和质量。

本章学习测试与问题思考

1. 简述物流运输按照运输工具的不同分类及特点。

2. 车辆物流运输，按运输距离如何分类？

3. 举例说明什么是商用车托管服务。

4. 运输业务相关管理制度有哪些？

第十章

二手商用车业务管理[⊖]

学习要点

1. 了解二手商用车的由来及做好二手商用车业务的意义。
2. 掌握关键评估方法：综合成新率法和重置成本法。
3. 掌握二手车整备工作的重要性和二手车销售技巧。
4. 掌握二手车业务管理流程。

第一节 二手商用车市场分析

一、基本概念与分类

1. 二手商用车基本概念

（1）二手车定义 2005 年 10 月 1 日，由商务部、公安部、国家工商行政管理总局、国家税务总局联合发布的《二手车流通管理办法》正式实施，此办法总则第二条，对二手车的定义："二手车，是指从办理完注册登记手续到达到国家强制报废标准之前进行交易并转移所有权的汽车（包括三轮汽车、低速载货汽车，即原农用运输车）、挂车和摩托车"。

（2）本章所讲的二手商用车定义 本章所讲的二手商用车定义：按照国家及政府主管机关的要求，办理完成车辆注册手续，运行一定的时间及里程，还没有达到国家规定的强制报废标准，由于各种原因需要交易的、手续齐全的、按照落户地环保标准可以办理手续的商用车辆。这个定义强调了三点：

1）有原因。

2）手续齐全。

3）符合落户地环保标准。

（3）不能作为二手车经营的车辆范围

《二手车流通管理办法》还明确了哪一些车辆不是二手车，不能进行经销、买卖、拍卖和经纪，具体如下。

1）已报废或者达到国家强制报废标准的车辆。

2）在抵押期间或者未经海关批准交易的海关监管车辆。

3）在人民法院、人民检察院、行政执法部门依法查封、扣押期间的车辆。

4）通过盗窃、抢劫、诈骗等违法犯罪手段获得的车辆。

5）发动机号码、车辆识别代号或者车架号码与登记号码不相符，或者有凿改迹象的车辆。

6）走私、非法拼（组）装的车辆。

7）不具有下述所列证明、凭证的车辆：《机动车登记证书》、《机动车行驶证》、有效的机动车安全技术检验合格标志、车辆购置税完税证明、养路费缴付凭证、车船使用税缴付凭证、车辆保险单。

8）在本行政辖区以外的公安机关交通管理部门注册登记的车辆。

9）国家法律、行政法规禁止经营的车辆。

（4）二手车交易，买卖双方需要交接的凭证

《二手车流通管理办法》还明确了二手车交易完成后，卖方应当及时向买方交付车辆、号牌及车辆法定证明、凭证。车辆法定证明、凭证主要包括以下几种。

1）《机动车登记证书》。

2）《机动车行驶证》。

3）有效的机动车安全技术检验合格标志。

4）车辆购置税完税证明。

5）养路费缴付凭证。

6）车船使用税缴付凭证。

7）车辆保险单。

2. 二手商用车分类

二手商用车分为微型货车、轻型货车、中型货车、重型货车、（半）挂车（含清洁能源车，不包括新能源汽车，下同）二手车。

二、二手商用车的主要来源

二手车的来源，就是二手车产生的原因。商用车作为生产资料，产生二手车的原因很多，与乘用车有很大的区别。有车辆更新换代快的原因、车货匹配的原因、政府调整产业政策导致货源不足的原因、运输公司经营不善的原因、高速公路通行的原因等。下面从两个方面进行探讨。

1. 从车辆本身看二手商用车产生的原因

（1）部分功能不能满足需求（装、固、运、卸、安、防、管）

1）由于货主的装卸方式发生变化，车辆原有的功能不再适应。例如，原来是用叉车装卸，现在要用吊车装卸，那么厢式车、仓栅车的开门方式不适应。

2）由于政府对环保的要求发生了变化，车辆原有的功能不再适应。例如，原来城市渣土运输车没有要求带有防护（防风、防飘洒、防漏）功能，现在的环保要求必须带有防护功能，那么原有的自卸车不适应。

3）动力、速度等性能下降，行驶功能不能满足需求。例如，原有的区域、运输路线是一般的国道、省道，没有高速公路，现在有了高速公路，那么车辆原有的动力、速度不再适应现有的道路状况。

4）有些冷藏厢式车由于时间长、密封件老化，有些自卸车、仓栅车由于使用时间长、货箱变形等，密封性能下降。这些车出现了跑、冒、滴、漏现象，密封功能不能满足货主及

监管部门的要求。

5）原有车辆功能少。新技术、新工艺、新方法、新产品的不断涌现，使新车的功能不断完善和增加（特别是专用车，原先只有一个作业功能，现在有两个以上功能，效率明显提高，作业成本下降），原有车辆的效率下降，失去了竞争力，不能满足车主和货主对车辆效率的要求。

（2）性能不能满足车主、驾驶员的要求　随着运输条件的变化，有些车辆的性能不能满足车主的要求，这些性能主要是动力性能、油耗、速度、出勤率（故障率增加，维修成本提高、性能下降）、安全性能、装载性能、舒适性能等。

（3）配置不能满足需求　随着道路条件、环境条件（治理超载）、收费条件（高速公路按轴收费）的变化，原有车辆的配置（整备质量、后桥、货箱等）不适应。

（4）车辆不符合标准的要求　随着新标准（GB 1589、GB 7258 等）的实施，原有车辆不符合新标准的要求，存在安全隐患（特别是危险品运输车），也就不能满足货主的要求。

（5）车辆不符合当地政府（环保）法律法规的要求　随着政府对大气污染治理力度的加强，有些环境污染较重的城市开始提前淘汰高污染的车辆（如符合国Ⅲ排放标准，但不符合当地排放标准的车辆）。

（6）不符合当地政府管理规定的要求　随着国家对安全管理的加强，一些短途运输车辆由于超载而破坏道路和桥梁的问题暴露出来，这些车辆主要是城市建设用车辆、工厂用原材料短途运输车辆和矿山短途运输车辆等，一些地方政府开始规定车辆的总质量、货箱尺寸等，原有的车辆不符合当地政府的新规定。

（7）车主不是一般纳税人，不能开具运输增值税发票　有些车主（个人客户、个体客户、挂靠在非一般纳税人车队的客户）不是一般纳税人，车辆的增值税不能抵扣，也不能为货主开具运输专用发票，不能满足货主的要求，这些运输业者需要更换车辆，注册一般纳税人的法人公司，或者加盟有一般纳税人资格的法人运输公司。

（8）其他原因　出过重大交通事故、家庭原因导致不能继续经营等，车辆需要出售。

2. 从车辆使用端看二手商用车生产的原因

1）运输的货物发生了变化，车辆不能满足货物（目标市场）的要求。

2）货主的要求（时间、质量）提高了，车辆不能满足货主（顾客）要求。

3）车辆不能满足车主（客户）的要求（油耗、维修成本、出勤率）。

4）车辆不能满足驾驶员（用户）的要求（舒适、方便、省力）。

5）车辆不能满足政府监管的要求。

6）车辆不能满足车队的管理（监控、安全）要求。

7）车主管理不善导致车辆不能继续运营。

8）流动资金不足导致车辆不能继续运营。

9）原经营主体退出运输行业，导致车辆停驶。

10）债务纠纷导致车辆被拍卖。

11）找不到驾驶员导致不能继续运营。

12）其他原因导致车辆不能继续运营。

每一辆二手车，来历必须明确，否则不能收购。

3. 分析二手商用车产生原因的目的

有以下两个目的。

1）从车辆本身看二手车产生原因的主要目的：以确定是否符合二手车定义，确定收购价格。

2）从车辆使用情况看二手车产生原因的主要目的：以确定其未来的销售方向（销售的区域、行业/运输货物、客户）、是否需要整备，确定销售模式（销售、融资租赁、出租），制定销售价格。

三、做好二手商用车业务的意义

1. 市场的需要

1）大量在用车需要更新：随着技术的进步，产品更新换代的步伐在不断加快，新车的效率更高，安全性、舒适性更好，自动驾驶技术更加可靠，驾驶员更省力、舒心，随着劳动力的短缺，一些性能不佳的车辆找不到驾驶员的现象、驾驶员要求更高工资的现象十分普遍，因此，一些长途运输车辆的更新速度越来越快。

2）不论从车辆端还是使用端看，随着社会的进步、产业转型、政府"放、管、服"改革力度的加大，车辆更新换代的速度都在加快。

3）在全国各地出现了自发形成或政府引导＋市场作用形成的二手（商用）车市场，如：江西高安、山东梁山、河北石家庄、内蒙古包头等二手车市场，交易量快速提高。

4）还有一些老客户、老驾驶员随着年龄的增长，体力跟不上，转行也困难，买一辆更便宜的二手车继续干老本行还是十分可行的。

5）有些运输公司手里有一些货源，但不是很稳定（有季节性、时效性、时间不确定等），用新车运输成本高，不划算，二手车则很合适。

2. 竞争的需要

（1）厂家竞争的需要　二手车客户，是新车业务的最主要客户源。

1）随着物流运输市场的规范、产业升级、国家物流基础设施的不断完善，物流运输从业者的数量在不断下降或保持稳定，新进入者越来越少，厂家要想提高销量，就要争夺其他品牌厂家的客户，这些客户新增车辆需求越来越少，等量置换越来越多。因此，没有二手车业务，就很难开发、争取老客户。

2）没有二手车业务，保不住老客户。如果自己没有二手车业务，厂家没有二手车业务支撑，那么自己的客户就很有可能被其他品牌经销商抢去。

（2）经销商竞争的需要　经销商要想保住老客户，开发新客户，就需要有二手车业务。

3. 提高经营能力和盈利水平的需要

二手车市场还是一个相对不成熟的市场，目前大多数经营者还是以个体经营户为主，成规模的经销商较少，这些从业者的资金实力、客户数量、诚信度都有欠缺，也就是说，竞争力不足，他们的利润来源还主要是依靠信息不对称（卖家找不到买家）挣钱，这就为广大经销商朋友开展二手车业务留下了足够大的空间。

没有二手车业务，想不断提高新车销量就越来越困难了，这是提高经营能力的需要。新车、车辆保险、金融服务等传统的经营业务竞争越来越激烈，盈利水平越来越低，运输业务和二手车业务就成为现在经销商增加盈利的蓝海。

4. 二手车业务可以给其他业务带来收益

1）整备是维修业务的主要来源之一，开展二手车业务，车辆多数需要整备（恢复其原有的功能、性能）；同时，二手车由于使用年限相对较长，维修量比新车也要多。

2）二手车也需要精品、保险、金融服务、保养、维修、配件等其他服务的支撑，也就为这些业务带来新的源泉，可以大大增加这些业务的客户量。

5. 二手车本身具有优势

（1）经济实惠　二手车一般都不是现在车市最新的车型，一般要落后两年以上，同一品牌同一车型的二手车，和新车相比，功能、性能相差不大，价格却只有新车的 60% 左右甚至更多，还省去了车辆购置税等费用。

（2）折价率低　任何一辆汽车，只要在车管所登记落户，不管用还是不用，或者用多还是用少，它每年的价值都在不断下降，一般来说，一年后最低要贬值 20%，两年后最低要贬值 35%，三年后最低贬值达 50%。

购买的二手车，再折价时的折价率大大低于新车（三年后二手车年折价率一般不超过 10%），其使用的折旧费用更少，因此相对成本更低。

（3）出勤率要求低　二手车由于价格低、折旧少，所以使用成本低，同等条件下，新车的出勤率达到 80%（每月 25 天）以上才有利润，而二手车可能只要 60% 的出勤率就有利润，这也是很多老客户、年龄大的客户、已经还清贷款的客户，即使车龄较长（超过 4 年），也不愿意更新的原因。

（4）维修方便、成本低　新上市的车一旦出现故障，一般会出现跑了很多地方却买不到零配件的情况。但如果买二手车，就不用为买汽车配件难而担心，因为二手车一般都是两年以前的车型，针对该车型的维修、保养等配件已经非常丰富，车主一般都不用为买不到配件而四处奔波；同时，维修、保养技术已经被大多数社会修理厂和驾驶员掌握，维修成本也低。

第二节　二手商用车业务相关专业知识介绍

一、严谨与专业是二手商用车鉴别的前提

1. 二手商用车鉴别，剔除非二手车

1）不符合标准、法规的车辆（见本章第一节相关知识）不是二手车。

2）不符合货物要求（含没有合适的运输货物）、货主要求，且经过改装也达不到要求的车辆不能成为二手车。

3）手续不齐全的车不能成为二手车。

4）假手续（套牌等）的车不能成为二手车。

5）被抵押、扣押的车不能成为二手车。

6）不能过户的车不能成为完全可交易二手车（只能部分交易——使用权）。

7）发生交通事故没有处理完毕的车不能成为二手车。

8）有违法记录没有处理完毕的车不能成为二手车。

9）没有完税手续的车不能成为二手车。

10）超过 2 年没有年审的车，如果不能重新年审，就不能行驶，不能成为二手车。

11）其他原因不能成为二手车，例如手续不相符：车辆的实际 VIN、发动机、合格证与车辆手续不符等。

2. 鉴别二手车，需进行查询验证

（1）车辆真实性查询　到车辆管理机关查询 VIN、合格证、牌照、抵押、违章记录等。

（2）完税手续查询　到税务机关查验纳税证明的真实性。

（3）营业手续查询　到交通管理部门查验营运证的真实性。

（4）事故未处理查询　到保险公司等机构查验事故处理档案或其他文件。

（5）到执法部门查询　车辆是否被扣押、查封。

3. 进行必要的测量和检查

（1）测量　对照公告所列的项目、指标测量外形尺寸、货箱尺寸及整备质量等。

（2）检查　对照产品公告、照片、使用说明书，进行必要的检查、对照。

1）检查是否加换装灯具、油箱、轮胎等。

2）检查是否减装 ABS、尾气处理器等。

3）检查是否改装过货箱（与照片不符）等。

（3）车辆环保标准查询　跨区域销售车辆时，要注意车辆是否符合当地的环保标准、是否能够过户，所有车辆必须以能够过户为前提。

（4）挂靠车辆查询　挂靠车辆一定要查询挂靠车队，确认是否可以过户，有些挂靠车队不让过户或收取高额过户费。

4. 二手车分热门、冷门品牌和车型

（1）热门品牌　相同车辆类别、相同车型、相同驱动形式、相同动力的车辆，主流品牌（市场占有率前五的品牌）就是热门品牌。热门品牌客户认可度高，销售快，价格相对好。

（2）热门车型　所有品牌，相同车辆类别，销量前五的车型就是热门车型。热门车型销售快，价格相对好。

（3）冷门车型　所有品牌，相同车辆类别，销量后五名的车型就是冷门车型。冷门车型客户接受度低，销售相对困难。冷门车型的收购价格更便宜，利润可能更好，如果销售能力强，经营冷门车型也是不错的选择；冷门车型更适合采用以租代售或租赁的销售模式进行销售，这样客户购买更放心，销售利润更高。

5. 因使用工况不同，二手商用车差异大

二手商用车原来运输的货物、载质量、整备质量、行驶的道路不同，二手车的状况差异很大。

由于运输货物（高密度货物、低密度货物）不同，商用车辆可分为超载车辆、满载车辆、不满载车辆（车辆运输状态总质量大于公告允许总质量的 70% 且小于 100%）、轻载车辆（车辆运输状态总质量小于公告允许总质量的 70%）。

（1）超载车辆　其明显的特征是整备质量尤其货箱 / 半挂车的整备质量明显大于非超载车辆，这些车辆由于超载导致运动部件非正常磨损，车辆状态相对较差。因此，在相同条件下，经营这类车辆时要注意减价。

（2）不满载车辆和轻载车辆　主要是指车辆在不满载、轻载状态下车辆磨损减少，整车状态要好于满载车辆和超载车辆。因此，在相同条件下，经营这类车辆时要注意适当加价。

二、二手商用车的评估方法

1. 档案是否齐全是评估的重要依据

1）按照交通运输部《道路运输车辆技术管理规定》要求：车辆的保养、维修、更换的配件都应有记录和档案，并且要求随着车辆的转移进行移交。道路运输经营者应当建立车辆技术档案制度，实行一车一档。档案内容应当主要包括：车辆基本信息，车辆技术等级评定、客车类型等级评定或者年度类型等级评定复核、车辆维护和修理（含《机动车维修竣工出厂合格证》）、车辆主要零部件更换、车辆变更、行驶里程、对车辆造成损伤的交通事故等记录。档案内容应当准确、翔实。车辆所有权转移、转籍时，车辆技术档案应当随车移交。

2）档案齐全的车辆客户买得放心，也愿意出高价。

2. 主要评估方法

车辆的评估方法有很多种，采用不同的评估方法评估出来的价格差异很大，这也是客户不满意的原因所在。采用合理的评估方法对提高客户满意度十分重要。

不同的车辆建议应采用不同的评估方法相对较为合理。下面介绍几种常见的评估方法，供参考，只要卖家感觉合理就好。

（1）现行市价法 中国汽车流通协会标准 T/CADA 5011—2018《二手商用车鉴定评估技术规范 载货车》给出的"现行市价法的运用方法"如下。

1）评估价值参照为相同车型、配置和相同技术状况鉴定检测分值的车辆近期的交易价格。

2）如无参照，可从本区域近期的交易记录中调取相同车型、相近分值，或从相邻区域的成交记录中调取相同车型、相近分值的成交价格，并结合车辆技术状况鉴定分值加以修正。

（2）重置成本法 以中重型车为例进行介绍。中国汽车流通协会标准 T/CADA 5011—2018《二手商用车鉴定评估技术规范 载货车》给出的"重置成本法的运用方法"如下。

重置成本法计算车辆价值：

1）当无任何参照体时使用重置成本法。车辆评估价值见公式（10-1）

车辆评估价值见公式：

$$W=(R-C_\mathrm{v})yt\gamma \tag{10-1}$$

式中 W ——车辆评估价值；

    R ——更新重置成本，更新重置成本为在评估基准日购置相同型号、相同配置的新车的成本；

    C_v ——实体性减值检查，包括更换零部件或恢复功能必须花费的材料费和工时费等；

    y ——年限成新率；

    t ——技术鉴定成新率；

    γ ——调整系数，根据评估车辆区域、品牌、使用工况等差异情况适当调整评估价值。

2）年限成新率计算方法。采用双倍余额递减折旧法＋平均年限折旧法，即：车辆投入使用的最初 1~2 年采用双倍余额递减折旧法，其他年份采用平均年限折旧法。双倍余额递减折旧法见式（10-2）和（10-3）：

$$y_n=(1-2/N)^n \tag{10-2}$$

$$y_{nm}=y_{n-1}-(y_{n-1}-y_m)\,m/12 \tag{10-3}$$

式中 N ——车辆使用年限，按 10 年计算折旧；

    y_n ——第 n 年末的年限成新率，自卸车、水泥搅拌车第 1 年（$n=1$）按双倍余额递减法，剩余 9 年按平均年限折旧法，其他中、重型载货车前 2 年（$n=2$）按双倍余额递减法，剩余 8 年按平均年限折旧法；

    y_{nm} ——第 n 年的第 m 月的成新率，n 取值第 1~2 年，m 取值第 1~12 月。

区域不同，车型不同，经销商可以自己设定。如：自卸车、水泥搅拌车前 2 年按照双倍余额递减法；其他车型按照第 1 年按照双倍余额递减法；轻型车、微型车所有车型按照第 1 年按照双倍余额递减法，剩余 9 年按平均年限折旧法等。

如何设计年限成新率的关键是客户的满意度。如果客户不满意，就不会出售。

平均年限折旧法的计算见式（10-4）和（10-5）：

$$y_n=y_2-[(y_2-c)/N-n+1] \tag{10-4}$$

$$y_{nm} = y_{n-1} - \left[(y_{n-1} - y_n) m/12 \right] \tag{10-5}$$

式中 c ——车辆净残值率，取值 5%；

$\quad\quad y_n$ ——第 n 年末的年限成新率，自卸车、水泥搅拌车 n 取值第 2~10 年，其他中、重型载货车 n 取值第 3~10 年；

$\quad\quad y_{nm}$ ——第 n 年的第 m 月的成新率，m 取值第 1~12 月。

表 10-1 和表 10-2 为中型、重型载货汽车及中型、重型自卸车、水泥搅拌车使用年限内的成新率速查表。

表 10-1 中型、重型载货车使用年限内的成新率速查表（除自卸车、水泥搅拌车）

评估年	1 年	2 年	3 年	4 年	5 年	6 年	7 年	8 年	9 年	10 年
年限成新率	80.00%	64.0%	56.6%	49.3%	41.90%	34.50%	27.10%	19.8%	12.40%	5.00%
1 月	98.3%	78.7%	63.40%	56.0%	48.6%	41.3%	33.90%	26.50%	19.10%	11.80%
2 月	96.70%	77.30%	62.80%	55.40%	48.00%	40.60%	33.30%	25.90%	18.50%	11.10%
3 月	95.00%	76.00%	62.20%	54.80%	47.40%	40.00%	32.70%	25.30%	17.90%	10.50%
4 月	93.30%	74.70%	61.50%	54.20%	46.80%	39.40%	32.00%	24.70%	17.30%	9.90%
5 月	91.7%	73.3%	60.9%	53.6%	46.20%	38.8%	31.4%	24.1%	16.7%	9.3%
6 月	90.00%	72.00%	60.30%	52.90%	45.60%	38.20%	30.80%	23.40%	16.1%	8.7%
7 月	88.30%	70.70%	59.7%	52.30%	44.90%	37.60%	30.20%	22.80%	15.4%	8.1%
8 月	86.7%	69.3%	59.1%	51.70%	44.3%	37.00%	29.60%	22.20%	14.80%	7.50%
9 月	85.00%	68.0%	58.50%	51.10%	43.7%	36.30%	29.00%	21.60%	14.20%	6.80%
10 月	83.30%	66.70%	57.90%	50.50%	43.10%	35.70%	28.4%	21.00%	13.6%	6.20%
11 月	81.70%	65.3%	57.2%	49.90%	42.5%	35.10%	27.7%	20.4%	13.0%	5.60%
12 月	80.00%	64.0%	56.6%	49.30%	41.9%	34.5%	27.10%	19.80%	12.4%	5.00%

表 10-2 自卸货、水泥搅拌车使用年限内的成新率速查表

评估年	1 年	2 年	3 年	4 年	5 年	6 年	7 年	8 年	9 年	10 年
年限成新率	80.0%	71.7%	63.3%	55.00%	46.70%	38.30%	30%	21.7%	13%	5.0%
1 月	98.3%	79.3%	71.0%	62.6%	54.3%	46.0%	37.6%	29.3%	21.0%	12.6%
2 月	96.7%	78.6%	70.3%	61.9%	53.60%	45.3%	36.9%	28.6%	20.3%	11.90%
3 月	95.00%	77.9%	69.6%	61.3%	52.9%	44.6%	36.30%	27.9%	19.60%	11.3%
4 月	93.3%	77.2%	68.90%	60.6%	52.2%	43.9%	35.6%	27.2%	18.90%	10.60%
5 月	91.7%	76.5%	68.2%	59.90%	51.5%	43.2%	34.9%	26.5%	18.20%	9.90%
6 月	90.00%	75.80%	67.50%	59.20%	50.80%	42.50%	34.20%	25.80%	17.50%	9.20%
7 月	88.3%	75.1%	66.80%	58.5%	50.10%	41.8%	33.50%	25.1%	16.8%	8.50%
8 月	86.7%	74.4%	66.1%	57.8%	49.40%	41.10%	32.8%	24.4%	16.1%	7.80%
9 月	85.0%	73.8%	65.40%	57.1%	48.80%	40.40%	32.1%	23.8%	15.4%	7.10%
10 月	83.3%	73.1%	64.7%	56.40%	48.1%	39.70%	31.40%	23.1%	14.7%	6.40%
11 月	81.7%	72.4%	64.0%	55.7%	47.40%	39.0%	30.7%	22.40%	14.0%	5.70%
12 月	80.00%	71.7%	63.30%	55.0%	46.7%	38.30%	30.0%	21.7%	13.30%	5.00%

3）技术成新率计算方法，见式（10-6）：

$$t=X/100 \qquad (10\text{-}6)$$

式中　t——技术成新率；

　　　X——车辆技术状况鉴定总分值（具体评分方法见标准及其附件）。

鉴定总分（X）=$\sum$评价项目分值，见表10-3。

表10-3　辅助评价分数表

评价等级	评价项目				
	驾驶室外观与内饰	发动机	底盘	起动与路试	上装
优	25	20	20	35	
良	20	16	16	28	
中	15	12	12	21	
下	10	8	8	14	
差	5	4	4	7	

表10-3中的上装分数，见表10-4上装的评分分数设置表。

表10-4　不同车型上装分数设置表

车辆结构类型	评价项目	
	上装最高分数	除上装外其他项目分数合计
牵引车没有上装	0	100
普通货车、厢式货车、仓栅式货车、封闭货车、平板货车、车辆运输车，上装与驾驶室外观合并评估，上装最高占5分	0	100
自卸车	15~20	100
罐式货车	20~25	100
其他特殊结构、特殊配置车辆参照执行	根据具体配置设置比重	100

4）二手商用车的鉴定评估标准推荐使用中国汽车流通协会标准 T/CADA 5011—2018《二手商用车鉴定评估技术规范　载货车》。上述3种评估方法来自于该标准。

（3）综合分析法　综合分析法是以使用年限法为基础，综合考虑车辆的实际技术状况、维护保养情况、原车制造质量、工作条件及工作性质等多种因素对旧机动车价值的影响，以系数调整成新率的一种方法。

成新率 =（规定使用年限 – 已使用年限）÷ 规定使用年限 × 综合调整系数 ×100%

综合调整系数可参考表10-5中推荐的数据，用加权平均的方法确定。

表10-5　综合调整系数表（仅供参考）

影响因素	因素分级	调整系数	权重（%）
技术状况	好	1	30
	较好	0.9	

（续）

影响因素	因素分级	调整系数	权重（%）
技术状况	一般	0.8	30
	较差	0.7	
	差	0.7	
维护	好	1	25
	较好	0.9	
	一般	0.8	
	较差	0.7	
制造质量	进口车	1	20
	国产名牌车	0.9	
	进口非名牌	0.8	
	国产非名牌	0.7	
工作性质	非营运	1	15
	公务、商务（皮卡）	0.7	
	营运	0.5	
工作条件	较好	1	10
	一般	0.8	
	较差	0.6	

二手商用车技术状况分级及成新率参考表（经验，仅供参考），见表10-6。

表 10-6　二手商用车技术状况分级及成新率参考表（经验，仅供参考）

车况等级	新旧情况	有形损耗（%）	技术状况描述	成新率（%）
1	9成新车	5~10	使用1年左右，行驶里程一般在5万~10万km，在用状态很好，车辆没有缺陷，没有修理和买卖的经历，能够按汽车设计要求正常使用	95~90
2	较新车	11~35	使用2年左右，行驶里程15万~30万km，没有经过大修，在用状态较好，故障率低，可随时出车使用	89~65
3	车况良好	36~50	使用3~4年左右，在用状态良好。但需要进行某些修理或更换一些易损部件，可随时出车，但动力性能下降，油耗增加	64~50
4	车况一般	51~65	使用5~6年左右，在用状态一般。部分总成到了大修理年限。可能出现烧机油现象。动力性能下降，油耗增加，维修费用上升，环保有可能不达标	49~35
5	车况较差	66~85	使用7~8年左右，在用状态较差，车辆经过大修。动力性、经济性、工作可靠性都有所降低；油漆晦暗，锈蚀严重，有多处明显的机械缺陷，可能存在不容易修复的问题，需要较多的维修换件，可靠性较差，使用成本增加；但车辆符合《机动车安全技术条件》，在用状态较差	34~15
6	待报废车	86~99	基本达到或已达到使用年限，通过《机动车安全技术条件》检查，能使用但不能正常使用，动力性、经济性、可靠性下降，燃料费、维修费、大修费用增长速度快，车辆效益与支出基本持平甚至下降，排放污染和噪声污染达到极限	<15
7	报废车	100	使用年限已达到报废期，只有基本材料的回收价值	0

《机动车强制报废标准规定》第五条对各类机动车使用年限规定分别如下。

1）小、微型出租客运汽车使用 8 年，中型出租客运汽车使用 10 年，大型出租客运汽车使用 12 年。

2）租赁载客汽车使用 15 年。

3）小型教练载客汽车使用 10 年，中型教练载客汽车使用 12 年，大型教练载客汽车使用 15 年。

4）公交客运汽车使用 13 年。

5）其他小、微型营运载客汽车使用 10 年，大、中型营运载客汽车使用 15 年。

6）专用校车使用 15 年。

7）大、中型非营运载客汽车（大型轿车除外）使用 20 年。

8）三轮汽车、装用单缸发动机的低速货车使用 9 年，装用多缸发动机的低速货车以及微型载货汽车使用 12 年，危险品运输载货汽车使用 10 年，其他载货汽车（包括半挂牵引车和全挂牵引车）使用 15 年。

9）有载货功能的专项作业车使用 15 年，无载货功能的专项作业车使用 30 年。

10）全挂车、危险品运输半挂车使用 10 年，集装箱半挂车 20 年，其他半挂车使用 15 年。

11）正三轮摩托车使用 12 年，其他摩托车使用 13 年。

使用综合分析法鉴定评估时要考虑的因素有：车辆的实际运行时间、实际技术状况，车辆使用强度、使用条件、使用和维护保养情况，车辆的制造质量，车辆的大修、重大事故经历，以及车辆外观质量等。

综合分析法较为详细地考虑了影响二手车价值的各种因素，并用一个综合调整系数指标来调整车辆成新率，评估值准确度较高，因而适用于具有中等价值的二手车评估。这是旧机动车鉴定评估最常用的方法之一。

（4）部件鉴定法 部件鉴定法（也称技术鉴定法）是对二手车评估时，按其组成部分对整车的重要性和价值量的大小加权评分，最后确定成新率的一种方法。基本步骤如下。

1）将车辆分成若干个主要部分，根据各部分制造成本占车辆制造成本的比重，按一定百分比确定权重。

2）以全新车辆各部分的功能为标准，若某部分功能与全新车辆对应部分的功能相同，则该部分的成新率为 100%；若某部分的功能完全丧失，则该部分的成新率为 0。

3）根据若干部分的技术状况给出各部分的成新率，分别与各部分的权重相乘，即得某部分的权分成新率。

4）将各部分的权分成新率相加，即得到被评估车辆的成新率。

在实际评估时，应根据车辆各部分价值量占整车价值的比重，调整各部分的权重，机动车各总成部件价值权重见表 10-7。

表 10-7　机动车各总成部件价值权重表

序号	部件名称	权重（%）		
		轿车	客车	货车
1	发动机及离合器总成	25	28	25
2	变速器及传动轴总成	12	10	15

（续）

序号	部件名称	权重（%）		
		轿车	客车	货车
3	前桥及转向器前悬架总成	9	10	15
4	后桥及后悬架总成	9	10	15
5	制动系统	6	5	5
6	车架总成	0	5	6
7	车身总成	28	22	9
8	电器设备及仪表	7	6	5
9	轮胎	4	4	5

部件鉴定法费时费力，车辆各组成部分权重难以掌握，但评估值更接近客观实际，可信度高。它既考虑了车辆的有形损耗，也考虑了车辆由于维修或换件等追加投资使车辆价值发生的变化。这种方法一般用于价值较高的车辆的价格评估。

（5）行驶里程法　车辆规定行驶里程是指按照《机动车强制报废标准规定》规定的行驶里程。此方法与使用年限法相似，在按照行驶里程法计算成新率时，一定要结合旧机动车本身的车况，判断里程表的记录与实际的旧机动车的物理损耗是否相符，防止由于人为变更里程表所造成的误差。

《机动车强制报废标准规定》第七条，关于行驶里程的限制规定如下。

国家对达到一定行驶里程的机动车引导报废。

达到下列行驶里程的机动车，其所有人可以将机动车交售给报废机动车回收拆解企业，由报废机动车回收拆解企业按规定进行登记、拆解、销毁等处理，并将报废的机动车登记证书、号牌、行驶证交公安机关交通管理部门注销：

（一）小、微型出租客运汽车行驶60万千米，中型出租客运汽车行驶50万千米，大型出租客运汽车行驶60万千米。

（二）租赁载客汽车行驶60万千米。

（三）小型和中型教练载客汽车行驶50万千米，大型教练载客汽车行驶60万千米。

（四）公交客运汽车行驶40万千米。

（五）其他小、微型营运载客汽车行驶60万千米，中型营运载客汽车行驶50万千米，大型营运载客汽车行驶80万千米。

（六）专用校车行驶40万千米。

（七）小、微型非营运载客汽车和大型非营运轿车行驶60万千米，中型非营运载客汽车行驶50万千米，大型非营运载客汽车行驶60万千米。

（八）微型载货汽车行驶50万千米，中、轻型载货汽车行驶60万千米，重型载货汽车（包括半挂牵引车和全挂牵引车）行驶70万千米，危险品运输载货汽车行驶40万千米，装用多缸发动机的低速货车行驶30万千米。

（九）专项作业车、轮式专用机械车行驶50万千米。

（十）正三轮摩托车行驶10万千米，其他摩托车行驶12万千米。

我国各类汽车年平均行驶里程，参考表10-8。按照这个里程判定使用年限，根据使用年限再判定成新率。

由于里程表容易被人为变更，所以在实际应用中，较少采用此方法。

表 10-8 我国各类汽车年平均行驶里程

汽车类别	年平均行驶里程 / 万 km
家庭用车	（1~3）
行政、商务用车	（2~5）
出租轿车	（10~15）
租赁轿车、货车	（5~8）
微型、轻型货车	（3~5）
中型货车	（6~10）
重型货车	（10~20）
旅游客车	（6~10）
中、低档长途客运车	（8~12）
高档长途客运车	（15~25）

注：由于车辆的质量提高，实际的报废里程已经远远超出了报废标准的规定。建议按照发动机 B10 寿命作为报废里程进行计算。

（6）整车观测法　整车观测法主要是通过评估人员的现场观察和技术检测，对被评估车辆的技术状况进行鉴定、分级，以确定成新率的一种方法。

运用整车观测法应观察、检测或搜集的技术指标主要包括：

1）车辆的现时技术状态。

2）车辆的使用时间及行驶里程。

3）车辆的主要故障经历及大修情况。

4）车辆的外观和完整性等。

现在有一些二手车收购商多用此法。

（7）综合成新率法　前面介绍的使用年限法、行驶里程法和部件鉴定法三种方法计算的成新率分别称为使用年限成新率、行驶里程成新率和现场查勘成新率。这三个成新率的计算只考虑了二手车的一个因素，因而就它们各自所反映的机动车的新旧程度而言，是不完全也是不完整的。

采用综合成新率来反映二手车的新旧程度，即将使用年限成新率、行驶里程成新率和现场查勘成新率分别赋予不同的权重，计算三者的加权平均成新率，这样，就可以尽量减小使用单一因素计算成新率给评估结果所带来的误差，因而是一种较为科学的方法。

其数学计算公式如下：

$$综合成新率 N = N_1 \times 40\% + N_2 \times 60\%$$

式中　N_1——机动车理论成新率，$N_1 = \eta_1 \times 50\% + \eta_2 \times 50\%$；

N_2——机动车现场查勘成新率，由评估人员根据现场查勘情况确定；

η_1——机动车使用年限成新率，$\eta_1 = $（机动车规定使用年限 – 已使用年限）÷ 机动车规定使用年限 × 100%；

η_2——机动车行驶里程成新率，$\eta_2 = $（机动车规定行驶里程 – 已行驶里程）÷ 机动车规定行驶里程 × 100%。

综合成新率法和重置成本法，是相对比较合理的方法。

（8）利用第三方评估　买卖双方就价格问题无法达成一致时，利用第三方专业评估机构进行评估，这样双方更容易接受其评估价格。

三、二手商用车整备，以提高性能与质量

《二手车流通管理办法》第十五条规定："二手车经销企业销售二手车时应当向买方提供质量保证及售后服务承诺，并在经营场所予以明示"。为确保二手车的质量及售后服务承诺，应该对二手车进行整备。

1. 二手车整备的目的

1）满足政府（标准、法规）、货主、货物的要求。

2）满足客户求新要求和驾驶员的要求。

3）缩短销售、停驶时间。

4）提高销售利润。

2. 整备的分类（名称）

1）整车和牵引车底盘部分的整备——再制造。

2）上装和半挂车的整备——整备改装。

3）满足驾驶员要求和客户求新要求、以驾驶室为主的外观整备——一般整备。

3. 整备的内容

（1）再制造　再制造主要是恢复车辆性能，即根据客户需要，主要恢复车辆安全（制动、转向）性能、动力性能、变速操纵性能、离合操纵性能及传动效率等。

当车辆性能下降较大（如：动力下降30%）时，不能满足基本要求的车辆应进行再制造（以用再制造的总成换下原来性能不佳的总成为主，大修理为辅）。主要总成是发动机、离合器、变速器、后桥、转向器等。

（2）整备改装　增加功能或改善原有的功能指标。

1）装货功能、货物固定功能、卸货功能、安全功能、预防功能、管理功能等。

2）对货箱或半挂车进行整备改装、降低自重。

（3）一般整备　改善外观及增加舒适性（根据客户需要）。主要针对驾驶室及附件（座椅空调、暖风、增加 Wi-Fi、电视等），主要目的是增加驾驶员的满意度和客户的美誉度。

四、二手商用车销售重在技巧与模式

1. 出口是最好的二手车销售方式

2019 年 4 月 29 日，商务部会同公安部、海关总署三部门联合下发的《关于支持在条件成熟地区开展二手车出口业务的通知》要求，开展二手车出口业务的地方要加强组织领导，建立部门协调专项工作机制，结合本地实际细化完善实施方案，严格甄选出口企业，强化监管，优化服务；要制定二手车出口检测规范，由第三方检测机构出具检测报告，确保出口产品质量与安全；二手车出口企业要做好海外售后服务保障，树立和维护中国二手车出口的海外形象和信誉。

2019 年 5 月，商务部、公安部、海关总署共同举行二手车出口专题会议，正式启动二手车出口工作。首批开展二手车出口业务的地区为北京、天津、上海等 10 个地区。

有条件的主机厂、经销商联合起来，组成联合体，做好二手车出口，是最好的方式。

2. 掌握二手车销售技巧

根据二手车产生的原因，找到销售的方向（往哪儿销）、销售的区域（销到哪儿去）、行业/货物（运输什么合适）、客户（谁能买）。

（1）车辆不能满足政府管理（环保、超载）的要求（车型主要是自卸车）时

1）车辆整备，出口到环保标准低的国家。

2）车辆整备，销售到没有特殊环保要求的地区。

3）车辆整备，沙石料及渣土运输车不改变用途，销售到其他区域或建筑运输业、砂石料及渣土运输客户。

4）车辆整备改装，渣土运输车整备后改变用途，销售到到其他区域、成为矿山剥离车。销售给矿山剥离运输业、从事矿山剥离及开采的客户。

5）车辆整备，渣土运输车改变用途，销售到其他区域、成为道路建设车。销售给道路及桥梁建设运输业、从事建筑基土及砂石料运输的客户。

（2）运输的货物发生了变化，车辆不能满足货物（目标市场）的要求，运输市场发生了变化时

1）车辆整备改装，在原有区域、原有行业，找到运输相似货物的客户进行销售。

如：运输土、沙等没有冲击的货物的车辆变成运输石头等有冲击的货物的车辆，需要加强底板、边板，加装抗冲击角钢等。

2）车辆整备，在原有区域、原有行业，卖给继续运输原来相同货物的客户。

3）车辆整备改装，在原有区域，找新的行业、新的客户进行销售。

如：车辆在原有公告尺寸与外形不变的情况下，对内部改装，改变用途，如仓栏式运输车改成牲畜运输车。

4）车辆整备再制造，在原有区域、原有的行业、继续销售给原来的客户。

如：牵引式半挂运输车更换半挂车，继续销售给原来的客户；或将牵引式半挂运输车更换牵引车，继续销售给原来的客户。

（3）货主的要求（时间、质量）提高了，车辆不能满足货主（顾客）的要求时　主要是部分功能不能满足需求（装、固、运、卸、安、防、管）。

1）车辆整备改装，增加功能满足需求，继续卖给原来的客户。

例如，北京的渣土运输车，没有防护（防风、防雨、防飘洒、防漏等）、管理（车队管理、政府监督管理）功能，整备改装后继续使用。

2）车辆整备，改变销售区域，在新区域、原有行业找到新客户：或卖到不需要这些功能的区域，例如北京的渣土运输车卖到西部地区。

3）车辆整备，销售区域不变，行业不变，卖给不需要这些功能的客户。

例如，运输新鲜蔬菜的车辆由于货主要求运输过程要防止腐烂、保鲜，但原有仓栅车没有这个功能，于是将车辆卖给运输土豆的车主，车辆就满足货主的要求了。

4）车辆整备，改变销售区域，改变销售的行业，找到新客户，卖到不需要这些功能行业。

例如，北京的渣土运输车卖到道路、桥梁建设业，矿山剥离、开采业，水利及电站建设业等。

（4）车辆不能满足客户（车主）的要求时　此处的要求主要是指动力、速度、油耗、维修成本、出勤率方面的要求。

1）车辆整备，卖给买不起新车的新客户。

2）车辆整备，在原有区域，原有行业，卖给有养车经验、有维修能力、运输量不足、运输时间要求不高的老客户。

3）车辆整备，改变销售区域，行业不变，卖到其他区域的上述两类客户。

（5）车辆不能满足驾驶员（用户）的要求（舒适、方便、省力）时　主要是指部分功能如货物固定、防盗抢等功能不能满足，部分性能如空调、暖风、座椅舒适性、驾驶室密封性能、音响性能等不能满足。

将车辆整备，卖给买不起新车的新客户、有养车经验的老客户。

（6）车辆不能满足车队的管理（监控、安全）要求时　将车辆整备再制造，提高性能，增加功能，满足车队的管理要求，继续卖给原来的客户（他们对车辆状况最熟悉）。

（7）由于车主管理不善或流动资金不足导致车辆不能继续运营、原经营主体退出运输行业，导致车辆停驶而成为二手车时　将车辆整备，销售区域不变，行业不变，带着运输合同（包括货主、驾驶员）卖给有经营能力的客户。

（8）车辆由于债务纠纷导致车辆被拍卖、找不到驾驶员导致不能继续运营、其他原因导致车辆不能继续运营而成为二手车时　与上述 7 种原因及技巧对比，找到合适的解决办法。

3. 建立销售模式（出租、融资租赁、销售）

（1）出租（或以租代售）模式　对于使用年限很短（2 年以内）、功能齐全、性能良好、不需要整备，销售区域、行业不用变化就能销售的车辆宜采用此模式。

（2）融资租赁模式　对于使用年限较短（4 年以内）、功能齐全、性能良好（或通过整备达到）、销售区域、行业不用变化，在规定保养状态下继续使用 1 年以上的车辆，宜采用此模式。

（3）全款销售模式　对于使用年限较长（4 年以上）、功能不全、性能一般或较差（通过整备达到安全标准），销售区域需要变化、行业需要变化的车辆宜采用此模式。

4. 确定销售价格

（1）出租（或以租代售）模式下　销售价格可以相对较高（利润很好），因为客户付款较少，不用有处置二手车的担忧。

（2）在融资租赁模式下　销售价格可以相对高一些（利润较好），因为需要经销商担保。

（3）在全款销售模式下　快速销售十分重要。价格要有灵活性。

5. 形成规模、形成市场很重要

二手车销售，由于车队挂靠、经销商没有普遍经营、政府没有全面放开等原因，在全国还没有形成有规模的集中交易市场，这也为我们开展二手车经营业务留下了空间。为此，建议经销商在经营二手车业务时，注意以下 4 点。

（1）从保有量方面分析

1）保有量大的车型要做好，要人气，要量、摊费用。

2）保有量小的车型要做稳，确保销售，要利润。

（2）从品牌、车型方面分析

1）保有量大的品牌、车型要做好，要人气，要量、摊费用。

2）保有量小的品牌、车型要做稳，利用信息不对称确保销售利润。

（3）从维修方便性方面分析

1）维修方便的品牌、车型要做好，要人气，要量、摊费用。

2）维修不方便的品牌、车型要做稳，通过租赁等方式保证客户维修需求，吸引客户，要利润。

（4）从销售区域方面分析

1）当地能销售的品牌、车型要做好，要人气，要量、摊费用。

2）跨区域、跨行业销售的车型要做稳，利用信息不对称，要利润。

6. 联合起来成为集团是未来做好二手商用车业务的关键

（1）联合模式1　当地不同的经销商联合起来，形成市场、规模效应，争取政府支持。

联合的方式：客户信息收集商＋车辆信息查询商＋收购商＋整备商＋销售商＋延保商＋金融服务商＋担保商。

（2）联合模式2　在品牌厂家的参与下，建立跨区域的联合体，在厂家的金融政策、服务政策、整备延保政策支持下，形成规模和竞争力。

联合的方式：主机厂＋客户信息收集商＋车辆信息查询商＋收购商＋整备商＋当地销售商＋承运商＋跨区/跨行业经销商＋延保商＋金融服务商＋担保商。

（3）联合模式3　在厂家的支持下，线上、线下经销商联合起来，形成网上市场，形成规模，扩大销量，进而提升新车销量。

联合的方式：主机厂＋客户信息收集商＋车辆信息查询商＋收购商＋（整备商）＋拍卖商/担保商。

五、重视二手车的整备、延保、保养和维修

1. 关注二手车的保养、维修、配件销售是服务站最重要的工作之一

很多品牌的社会服务站，车辆过了保修期，客户就丢失了，导致服务站经营不下去，或者4S店用其他利润来补贴服务站的亏损，这都是很严重的问题。导致问题发生的根源，是没有关注过了保修期的车辆，特别是形成二手车转手后的保养、维修。

所有的二手车，几乎都需要整备，这个市场不小于事故车维修市场。客户不认可整备的原因，是没有延保，如果自己整备的二手车，清楚车况，提供延保，客户肯定愿意购买！如果只整备、不延保，客户会怀疑把质量好的配件换了下来，怎么会买车呢？

使用年限越长，车辆的故障越多，维修量越大，同时，这些客户对是否是原厂件没有太多的需求，利用社会品牌配件，利润会较好。

2. 在整备的基础上，全面进行车辆检查和定保服务

明确保证车辆的功能、性能，在销售前进行检测线检查，让客户买得明白。

3. 在整备的基础上对关键部件进行延保，彻底消除客户顾虑非常重要

延保的部件包括但不限于发动机机体、发动机曲轴、离合器壳体、变速器壳体、主车架、后桥壳体、驾驶室壳体、前桥轴管、轮辋等。

延保的时间：使用3年内的车辆可以延保1年；5年内的车辆可以延保6个月（仅供参考）。

4. 二手车的其他相关管理法规

见《二手车流通管理办法》和中国汽车流通协会团体标准 T/CADA 5011—2018《二手商用车鉴定评估技术规范　载货车》。

第三节 打好二手车业务管理基础

一、建立业务管理组织

1. 建立组织的重要性
见第二章的相关内容。

2. 建立业务管理组织
（1）建立组织 依据客户需求建立业务组织的原则，设立二手车业务部。

如果业务量较大，建议在二手车业务部下设三个科：二手车收购管理科、二手车整备与仓储管理科、二手车销售管理科。如果业务量较小，按照表10-9设置岗位。

（2）设置岗位 岗位设置与岗位业务管理的主要职责，见表10-9。

表 10-9 二手车业务部岗位设置及岗位业务管理的主要职责

序号	部门名称	岗位名称	主要职责	备注
1	二手车业务部	部长	部门管理、客户开发管理	兼计划员、产品经理、延保经理
2		计划员	计划管理	计划员
3		（收购）信息员	客户信息收集管理	
4		（收购）客户经理	客户管理、客户再开发管理	兼销售客户经理
5		（收购）产品经理	产品设计、产品确认、客户拜访	
6		（收购）商务经理/车辆评估师	收购协议管理、车辆评估管理、车辆收购管理	
7		车辆及档案保管员	库存管理	
8		（销售）产品经理	产品管理、客户拜访、产品推荐	
9		（销售）商务经理	商务洽谈、合同签订、车辆交付	
10		（销售）客户经理	客户管理、客户再开发管理	
11		（销售）信息员	客户信息管理	
12		延保经理	整备管理、延保管理	

3. 聘任干部和岗位人员
（1）聘用原则 见第一章采购业务管理的相关内容。

（2）设置客户经理的重要性

1）解答客户疑问。

2）解决客户问题。

3）为客户提供专业化、定制化服务。

4）可以不断地向客户推荐其他业务产品，提高销售收入。

5）收购客户经理根据同客户签订的收购协议，可以提前联系客户，确定收购时间，通知销售产品经理，提前发布销售信息。这样可以减少库存时间，提高销售效率。

（3）设置整备经理的重要性

1）提前确定车辆是否整备，如何整备（再制造、整备改装、整备）。

2）确定整备项目，降低整备成本。

3）发布整备内容，提前准备配件，缩短整备时间。

4）建立延保，确定延保项目、确定延保价格（加价标准）。

5）专人管理，及时维修、及时赔付。

6）通过延保建立差异化。

（4）设置商务经理/车辆评估师的重要性　即使利用第三方评估机构，也要设置此岗位。

1）在进行客户开发时，向客户讲解评估方法、标准，取得客户认可。

2）在进行客户开发时，可以进行预评估、报价。

3）利用第三方评估机构时，专人管理（评估、检测等）可以提高效率。

4）可以及时发现评估机构的失误，帮助客户减少损失。

二、制定二手车业务管理制度

制定二手车业务管理制度的重要性见第二章的相关内容。

二手车业务相关管理制度包括业务管理制度、部门工作制度、岗位作业制度，见表 10-10。

表 10-10　二手车业务相关管理制度列表

序号	制度名称	制度性质	执行本制度的部门	本制度的管理部门
1	二手车业务管理制度	业务制度	二手车业务部	综合管理部
2	二手车业务部工作制度	业务制度	二手车业务部	综合管理部
3	二手车业务部部长岗位作业制度	业务制度	二手车业务部	综合管理部
4	二手车业务部计划员作业制度	业务制度	二手车业务部	综合管理部
5	二手车业务部销售产品经理作业制度	业务制度	二手车业务部	综合管理部
6	二手车业务部销售商务经理作业制度	业务制度	二手车业务部	综合管理部
7	二手车业务部销售客户经理作业制度	业务制度	二手车业务部	综合管理部
8	二手车业务部收购产品经理作业制度	业务制度	二手车业务部	综合管理部
9	二手车业务部收购商务经理作业制度	业务制度	二手车业务部	综合管理部
10	二手车业务部收购客户经理作业制度	业务制度	二手车业务部	综合管理部
11	二手车业务部延保经理作业制度	业务制度	二手车业务部	综合管理部

注：1. 车辆及档案保管员的作业制度参照采购管理部《配件库管员作业制度》。

2. 上述相关的制度（模板）见佐卡公司网站。

三、建立二手商用车收购标准

建立收购标准，防止"买得进来，卖不出去"。

（1）允许收购二手车的标准　按照适宜运输的行业、运输的货物，以及车辆品牌、车型、驱动形式、动力、燃料类型、排放标准、整备质量等，建立允许收购的二手车明细表。

允许收购的二手车明细表，见表 10-11。

表 10-11 允许收购的二手车明细表

序号	车辆类别	品牌	子品牌	车型	驱动形式	动力	主要配置	车辆名称	燃料类型	执行的排放标准	整备质量	公告载质量	已经使用年限	最长允许使用年限
合计														
1														
2														
…														

（2）不允许收购的标准　按照行业、运输货物，以及品牌、车型、驱动形式、动力、产品建立不允许收购的二手车明细表。

四、确定二手车收购评估方法

（1）评估方法

1）重置成本法：作为主要的评估方法。

2）综合成新率法：作为辅助评估方法。

（2）建立合作的数据平台　现在已有企业建立了二手车大数据及评估、信息查询服务平台，可以找一家合作。

（3）建立评估标准　将中国汽车流通协会商用车专业委员会依据 T/CADA 5011—2018《二手商用车鉴定评估技术规范　载货车》标准，作为评估标准。

（4）聘任评估师　由经过中国汽车流通协会商用车专业委员会培训合格并颁发证书的专业评估师为主。

五、建立二手车业务评价指标

二手车业务，由于影响因素多（法规因素、限迁因素、标准因素、技术升级因素、淡旺季因素、信息因素等），往往做不到评估价格准确、销售每一辆车都有利润。建立起简单、可行的业务评价指标很重要，否则很难开展业务。本书推荐的业务评价指标如下。

1）按照年度考核，业务不允许亏损，利润不能为负数。

2）收购/销售 10 辆车，要求 6 辆有利润、2 辆保本，销售亏损的车辆不多于 2 辆。

3）为新车销售提供置换支持达到 100%。

4）二手车库存时间不多于 60 天。

二手车业务最初开始阶段不是以盈利为唯一目的，而是以促进新车销售为第一目标。

六、确定二手车业务管理范围

1. 确定二手车业务管理的区域

（1）收购管理的区域

1）根据车辆营销业务管理的区域范围，确定二手车收购业务管理的区域范围。其范围不能小于车辆营销业务管理的区域范围。

2）根据（公司已有）客户车辆注册的区域范围，确定二手车收购业务管理的区域范围。

其范围不能小于客户车辆注册的区域范围。

（2）销售管理的区域范围

1）根据车辆营销业务管理的区域范围，确定二手车销售业务管理的区域范围。其范围不能小于车辆营销业务管理的区域范围。

2）没有区域范围限制，积极建立相对欠发达区域的销售业务。

3）积极发展出口销售业务。

2. 确定二手车收购范围

二手车收购范围也是产品的经营范围。

1）产品手续齐全，能够过户。

2）使用年限不超过 6 年。

3）排放标准国四以上。

4）符合国家标准、法律、法规，及销售区域的地方法律、法规要求。

5）没有被抵押、查扣的。

6）没有事故未处理、违章未处理。

7）符合公司收购标准。

8）不在禁止收购的范围内。

3. 确定收购意向客户的范围

1）核心意向客户：没有挂靠的个体客户、个人客户。

2）重点意向客户：第一、第二方物流客户（不超载、对车辆管理严格、车辆档案齐全）。

3）一般意向客户：挂靠客户（过户较困难）。

4. 确定销售的意向客户范围

意向客户如下。

1）运输相同货物，货源不足的客户。

2）运输相同货物，年龄较大的驾驶员，想自己做运输专业户。

3）运输相同货物，年龄较大的、对车辆维修熟悉的车主。

4）运输相似的、密度更低的货物的前三类车主。

5）短途运输相同或相似货物的车主。

6）自己有货源，但不足；雇车不方便，对车辆不挑剔的货主变车主。

7）季节性运输的客户。

8）外地项目施工方（项目完成后再购买，是二手自卸车市场）。

9）场（厂）内物流管理方（通过整备达到使用要求）。

5. 确定学习的标杆

1）确定业务学习的标杆：经销商的二手车业务学习标杆。

2）建立产品学习的标杆：如二手自卸车学习的标杆等。

6. 确定竞争对手

1）确定业务竞争对手。

2）确定产品竞争对手。

七、建立宣传和传播管理

1. 建立传播的内容

（1）自己传播　如品牌传播、业务传播、产品传播、客户满意传播、社会贡献传播及其他。

（2）客户传播　如客户满意传播、客户利益传播等。

（3）传播用语

1）收购传播，如"评估有依据，价格公道，当天换新车"。

2）销售传播，如"质量好，有三包，是新车"。

2. 建立传播的渠道

1）媒体渠道：新媒体（互联网、微信、微博、抖音、视频等）和传统媒体（广播、电视、杂志、报纸等）。

2）传统渠道：年审检测线、加油站、社会修理厂、配件销售店等。

3）客户渠道：口碑传播、客户车辆传播等。

4）其他。

3. 建立传播方法

视频、彩页、易拉宝、礼品、户外广告等。

八、确定营销方案、营销模式和营销方法

1. 制定营销方案

（1）组合产品营销方案　将相关产品（车辆、销售服务、保险、金融服务、维修产品、保养产品）组合起来一起销售（也可以叫打包销售）。

（2）单一产品营销方案　只进行车辆产品的营销。

2. 确定营销模式

1）3年以内的车：租赁模式。

2）5年以内的车：融资租赁模式。

3）超过5年的车：全款销售模式。

3. 确定销售方法

（1）9步销售法　一个组织的不同人员分工合作完成下列销售流程的方法。

1）客户开发。

2）信息收集。

3）信息确认。

4）产品确认。

5）交付（时间、地点、购买方式）确认。

6）价格确认。

7）合同确认。

8）付款。

9）产品交付。

（2）销售顾问法　一个人完成上述9步流程的方法。

九、制定营销政策

1. 组合产品销售政策

对首次购车客户（买不起新车的），应制定组合产品销售政策。

2. 单项销售政策

对年龄相对较大的有经验的老客户，应制定车辆产品单独的销售政策。在其购车后，再

推荐其他产品及其销售政策。

十、确定产品销售价格制定方法

（1）定价依据及计算公式　定价依据见财务管理部制定的《价格管理制度》中的规定。计算公式见《商用车营销红宝书：营销管理篇》第九章第三节的相关内容。

（2）确定定价方法　定价方法有差异化定价法（整备后的产品）、竞争定价法（没有整备的产品）。

（3）销售价格　包括商务经理销售价格、部长销售价格、总经理销售价格、最高销售限价。

1）不同的岗位有不同的价格权限。

2）防止出现价格混乱和乱批价格的行为。

十一、建立业务目标

1. 根据自己的能力和以往的业绩，建立业务目标

业务目标指标如下。

1）销量（辆）。

2）销售收入（万元）。

3）单辆车平均毛利润（万元）。

4）年度业务净利润（万元）。

5）库存数量（辆）。

6）平均库存时间（天）：30天。

7）最长库存时间（天）：60天。

8）亏损销售产品占比（%）：小于总销量的20%。

2. 分产品建立销售目标

销售目标指标如下。

1）牵引车销量（辆）。

2）自卸车销量（辆）。

3）厢式车销量（辆）等。

十二、编制产品销售明细表、价格表，制定销售计划

1. 产品销售明细表、价格表、销售计划编制的责任部门

1）产品销售明细表、销售计划的管理权、批准权在市场管理委员会，由二手车业务部负责编制，报市场管理委员会批准。

2）产品销售价格表按照财务管理部给出的计算公式，由二手车业务部负责编制，报财务管理部审核，总经理批准。

2. 编制产品销售明细表

产品销售明细表是产品推荐的依据，是按照产品完整性原则编制的；在产品名称和产品编号下，是产品的组合。具体明细表模板，与新车相同。

3. 编制产品销售价格表

二手车销售价格表编制模板见表10-12。

表 10-12　二手车销售价格表编制模板

序号	产品名称	实物产品							整备后成本价格/万元	平均单位销售费用		平均单位销售成本		平均单位销售利润		产品销售政策/万元			
		产品编号	产品品牌	功能	性能	配置	公告			单位费用/(元/万元)	产品费用/万元	单位成本/(元/万元)	产品成本/万元	单位利润/(元/万元)	产品利润/万元	经销商销售政策			
																1 老客户再购买销售政策	2 老客户带新客户销售政策	3 团购/批量购买政策	4 挂靠车队带客户政策
1									10	366	0.37	296	0.3	100	0.1	0.15	0.15	0.15	0.15
2																			
⋯																			

十三、建立二手车业务销售资源

1. 建立收购资源管理

建立二手车收购资源明细表，见表10-13。

表 10-13　二手车收购资源明细表

序号	编制资源表的目的	责任人	使用工具
1	找到本业务可以开发的客户	部长	本业务组织意向客户明细表　表1
2	将本业务已经完成（收购）交易的客户列入此表，便于继续交易		客户明细表　表2
3	将本业务（收购）交易失败的客户列入此表，便于继续开发		战败客户明细表　表3
4	当收购价格高于竞争对手时，采用此表进行对比，找到原因，找到提高客户质量的方向 当竞争不过竞争对手时，采用产品对比表进行分析 当竞争不过竞争对手时，采用竞争管理表进行分析		客户对比表　表4
5	为了防止收购不能销售的二手车，建立允许收购的采购标准		允许收购的车辆标准　表5
6	为了防止收购不能销售的二手车，建立不允许收购的采购标准		不允许收购的车辆标准　表6

注：1. 详细的收购资源明细表见二手车业务管理制度附件中的二手车销售资源表。
　　2. 将允许收购的标准和不允许收购的标准都放在资源表中。

2. 建立销售资源管理

建立销售资源，见表10-14。

表 10-14　二手车销售资源明细表

序号	资源内容及目的	责任人	使用工具
1	找到本业务可以开发的所有客户	部长	本业务组织意向客户明细表　表1
2	将本业务已经完成（销售）交易的客户列入此表，便于继续交易		客户明细表　表2
3	将本业务（销售）交易失败的客户列入此表，便于继续开发		战败客户明细表　表3
4	当（单辆）销售利润低于竞争对手时，采用此表进行对比，找到原因，找到改善的方向 当竞争不过竞争对手时，采用产品对比表进行分析 当竞争不过竞争对手时，采用竞争管理表进行分析		客户对比表　表4
5	建立库存管理，为销售人员提供最全、最新的资源，防止无效库存和超期库存发生		库存明细表　表5

注：详细的销售资源明细表见二手车业务管理制度附件中的二手车收购资源表。

经销商的二手商用车业务管理

一、二手商用车业务管理注意事项

1. 建立收购意向客户明细表非常重要

1）知道车辆的状况，知根知底。

2）知道车辆的运营情况，知道是不是事故车、超载车、满载车、不满载车。

3）知道车辆的保养、维修信息。

4）提前判断这辆车的销售方向、目标客户群体。

2. 车辆收购，进行意向客户的开发很重要

1）知道客户什么时候卖车。

2）知道客户是不是置换新车。如果是置换，就能提前准备新车，不影响客户的运输业务。

3）可以提前找到欲购买的客户。

4）可以准确调配资金，不会造成资金闲置或不足。

3. 进行意向客户拜访，了解客户对二手车处置的需求，对开发二手车产品非常重要

由产品经理负责，进行意向客户拜访，了解意向客户对二手车处置需求的信息。这些信息包括但不限于以下几方面。

1）客户有几辆车？了解车辆类型、品牌、车型、驱动形式，发动机品牌、排量、功率，变速器品牌、型号，后桥名称及传动比，行驶路线、装车地点、卸车地点、驾驶员休息地点、驾驶员吃饭地点等。不同车辆分别列出。

2）客户是否需要处置二手车？

3）您认为本公司的二手车评估方法（重置成本法、综合成新率法）是否合适？

4）现场进行评估、报价，您认为本公司对您的车辆进行的评估报价是否合适？

5）您认为本公司在二手车评估方面还应进行哪些改进？

6）您认为哪一家二手车公司的评估标准、收购价格较为合理？为什么？

7）如果本公司收购价格符合您的预期，是否愿意同本公司合作销售您的二手车？

8）您和其他公司有长期的合作吗？有协议吗？

9）他们给您什么置换优惠政策？如有，请列出。

10）我们能签订一个长期的合同或协议吗？

11）我公司还有车辆年审服务产品、车辆运营项目贷款、车辆保险、车辆保养、车辆维修、运输，如果价格合适，您愿意购买我公司的这些产品吗？

12）编制客户调查表（略）。

4. 二手车业务找到合作的平台非常重要

1）有时候客户不相信经销商的评估，而是觉得找一家平台更中立。

2）有时候经销商对车辆信息的查询不能做到全面，找一家平台更省心。

3）找一家平台进行参考，可以纠正不足、减少失误。

4）找一家平台合作，互相学习，能够更快地成长。

5. 客户开发（合同签订、产品交付）**完成，建立客户明细表的重要性**

建立意向目标客户明细表、目标客户明细表、客户明细表，有以下好处。

1）积累客户群体，就是积累财富。一个企业，没有了客户，就没有了一切。

2）掌握客户的基本情况，便于沟通。

3）建立客户车辆档案，（收购时）有利于正确地评估。

4）（销售时）有利于快速找到客户，进行销售。

6. 设置客户经理的重要性

见第二章第三节的相关内容。

7. 客户再开发的重要性

1）增加客户黏性。

2）提高客户满意度。

3）增加经销商收入。

8. 客户回访的重要性

每一个客户开发完成、购买或没有购买产品的客户，都要进行回访。因为：

1）要知道其为什么购买，以总结经验发扬光大。

2）要知道其为什么不购买，以找到不足，进行改善；否则，没有进步。

9. 收集客户车辆手续、资料及信息查询授权书的重要性

1）建立资料、信息收集明细表，以防止客户经理出现遗漏。明细表部分内容见表10-15。

2）销售车辆时，有利于对车辆进行全面的介绍。

3）有利于信息查询的全面性。

二手车收购时需要客户提供的资料及信息，见表10-15。

表 10-15 二手车收购时需要客户提供的资料及信息明细表（部分内容）

信息名称			具体信息
客户基本情况		客户单位名称	
		客户法人姓名	
	客户地址	省	
		市（地区）	
		县	
		乡	
		门牌号	
		单位电话	
		法人电话	
客户准备销售的车辆情况		车辆类别	
		品牌	
		子品牌	
		车型	
		驱动形式	
		动力/（马力）	

（续）

信息名称			具体信息
客户准备销售的车辆情况	主要配置	发动机品牌／编号	
		变速器品牌、档位数	
		前桥型号	
		后桥品牌、型号	
		转向器品牌、型号	
		货箱品牌、尺寸（长 × 宽 × 高）	
		挂车品牌、尺寸（长 × 宽 × 高）	
		整车尺寸（长 × 宽 × 高）	
		整备质量 /kg	
	车辆名称		
	燃料类型		
	车辆数量		
	购买／注册时间		
	车牌号		
	登记证号		
	VIN 号		
	营运证号		
	购置税号		
	行驶证号		
	执行的排放标准		
	车辆已经使用年限／年		
	车辆最长使用年限／年		
	同类车辆平均淘汰年限／年		
车辆运营情况	运输行业细分		
	运输货物名称		
	车辆运输实际载质量／公告总质量 /kg		
	车辆运输实际载方量／公告方量 /m³		
	车辆行驶主要道路		
	年平均行驶里程 /km		
	合作的保险公司名称		
	轮胎合作单位名称		
	加油的石油公司名称		
	保养单位名称		
	维修单位名称		

（续）

信息名称			具体信息
客户、车辆的其他情况	驾驶员信息	驾驶员 1 姓名	
		电话	
		驾驶员 2 姓名	
		电话	
	车辆分类	汽车	
		专用机械	
	车辆性质	营运	
		非营运	
	客户性质	第一方物流客户	
		第二方物流客户	
		第三方物流客户	
	车辆手续	物流公司手续	
		个人手续	
	驾驶员管理方式	员工	
		承包	
	事故车辆维修状况	换过驾驶室	
		没有换过驾驶室	
	车辆使用状况	在用	
		停驶	
	车辆手续	齐全	
		不齐全	
	车辆是否加盟了运输公司	是 / 名称	
		联系人姓名、电话	
		否	
	加盟运输公司的车辆，是否能够过户	可以过户	
		有条件过户	
		不可以过户	

10. 二手车整备，是建立差异化的基础

建立二手车整备管理流程，设计延保产品，建立二手车产品的差异化。

1）需要整备的车辆，编制整备计划。

2）由销售产品经理提出车辆存在的问题、整备需要达到的目标，编列整备项目。

3）延保经理负责编制整备计划。原则上交由车辆维修部负责整备；特殊情况下，可以招标采购。

4）谁负责整备，谁负责延保。整备价格包含延保价格。

5）车辆整备，必须包括定保的所有项目内容。

6）车辆整备完成，由销售产品 / 延保经理负责验收，验收合格后入库。

7）入库的记账价格按照整备后的成本价记账（收购价格＋整备价格）。

8）车辆整备完成，由整备部门出具延保单。延保单必须注明：按照原"三包"手册规定，所有在保修范围内的零部件，保修期为一个月，其中发动机机体、曲轴、离合器壳体、变速器壳体、主车架、后桥壳体、主减速器总成、驾驶室壳体、前桥轴管、轮辋的保修期为半年。

9）车辆整备完成，出具车辆定保检验单。

10）车辆整备完成，进行车辆检测线检测，出具检测合格报告（车辆检测合格报告＋尾气检测合格报告）。

二、二手车业务管理的内容、流程与工具

1. 组织管理

（1）责任部门　综合管理部。

（2）责任岗位　综合管理部部长。

（3）管理方法　评价法（见组织管理制度附件）。

（4）管理依据

1）建立管理制度：组织管理制度、二手车业务部工作制度。

2）综合管理部按照《组织管理制度》《二手车业务部工作制度》对二手车业务部进行管理。

（5）流程与工具（模板）　见表10-16。

表10-16　二手车业务部组织管理流程与工具（模板）

序号	流程节点名称及目的	责任人	使用工具
1	公司组织设计	董事长	按区域进行公司组织规划表　表1
2	按照业务进行业务组织设计	总经理	按业务进行公司组织设置表　表2
3	按照业务不同，进行业务组织岗位设计	董事会总经理	（独立法人的总公司）业务与组织设置　表3
4	对每一个岗位规范作业内容，明确作业项目	部长	岗位作业内容表　表4
5	根据作业量不同，进行岗位人员数量设计	部长	岗位、人员设置（报）表　表5
6	根据部门工作制度，设计部门工作任务	部长	部门任务计划（报）表　表6
7	设计部门会议	部长	部门会议计划管理表　表7
8	为及时了解部门计划工作进度，进行工作计划调度	部长	工作/业务计划实施情况周/月度调度、评价（报）表　表8
9	在计划调度的基础上，为确保任务完成，进行计划分析	部长	月度计划完成情况分析（报）表　表9
10	总结、改善计划工作	部长	持续改善、改进工作计划表　表10

注：具体的组织管理流程与管理工具见二手车业务管理制度附件中的二手车业务部组织管理流程。

2. 收购（意向）客户开发管理

（1）责任部门　二手车业务部。

（2）责任岗位　（收购）产品经理、计划员、部长。

（3）管理方法　流程管理。

（4）管理依据

1）建立管理制度：二手车业务管理制度、二手车业务部工作制度。

2）二手车业务部按照《二手车业务管理制度》《二手车业务部工作制度》对收购意向客户的开发进行管理。

（5）流程与工具（模板）　见表10-17。

表 10-17　二手车收购客户开发管理流程与工具（模板）

序号	流程节点名称	责任人	使用工具
1	找到需要开发的客户	部长	需要开发的意向客户明细表　表1
2	制定开发计划	计划员	（××）月份意向客户开发计划表　表2
3	制定拜访计划		意向客户开发，拜访计划表　表3
4	制定拜访准备计划		意向客户开发，拜访准备计划表　表4
5	拜访客户，收集客户信息	（收购）产品经理	拜访意向客户，信息收集表　表5
6	是否符合收购标准判定		客户车辆判定表　表6
7	推荐收购产品（收购方案）		意向客户开发，二手车产品推荐表　表7
8	就收购方案征求客户意见		向意向客户征求产品意见表　表8
9	修改方案		产品改进（计划）表　表9
10	再次推荐		意向客户开发，改进后产品推荐表　表10
11	客户就收购方案确认		意向客户开发，产品购买确认表　表11
12	确定收购协议		购买客户二手车合作协议书（模板）　表12
13	支付定金		支付定金（付款流程）
14	建立明细表，做好收购准备		意向目标客户明细表　表13

注：具体的收购意向客户开发流程与管理工具见二手车业务管理制度附件中的收购客户开发流程与表格。

3. 二手车收购业务洽谈管理

（1）责任部门　二手车业务部。

（2）责任岗位　（收购）商务经理、（收购）客户经理。

（3）管理方法　流程管理。

（4）管理依据

1）建立管理制度：二手车业务管理制度、二手车业务部工作制度。

2）二手车业务部按照《二手车业务管理制度》《二手车业务部工作制度》对二手车收购的业务洽谈进行管理。

（5）流程与工具（模板）　见表10-18。

表 10-18　二手车收购业务洽谈管理流程与工具（模板）

序号	流程节点名称	责任人	使用工具
1	根据提示，联系客户，明确车辆	（收购）客户经理	意向目标客户，淘汰车辆信息收集表　表1
2	现场确认车辆（状态）	（收购）商务经理	意向目标客户，客户车辆淘汰信息确认表　表2
3	客户提供二手车查询资料	（收购）客户经理	二手车信息，资料提供表　表3

（续）

序号	流程节点名称	责任人	使用工具
4	提供查询授权书	（收购）客户经理	信息查询授权书（模板）授权书编号　表4
5	制定查询计划	计划员	根据客户授权，制定查询计划表　表5
6	查询，确认合格车辆	（收购）商务经理	车辆检测、查询登记表　表6
7	进行合格车辆汇总	（收购）商务经理	合格意向目标客户车辆信息汇总表　表7
8	进行鉴定、评估	（收购）商务经理	鉴定评估委托书（示范文本）表8
9	出具鉴定评估报告（评估价格）	（收购）商务经理	鉴定评估报告（示范文本）表9
10	确定合同	（收购）商务经理	二手车买卖合同（买方）表10
11	支付定金	（收购）商务经理	收购车辆付款数据　表11
12	建立收购明细表	（收购）商务经理	收购目标客户明细（报）表　表12

注：具体的业务洽谈流程与管理工具见二手车业务管理制度附件中的收购客户业务洽谈流程与表格。

4. 二手车收购客户交付车辆管理

（1）责任部门　二手车业务部。

（2）责任岗位　（收购）商务经理、（收购）客户经理、计划员、部长、车辆／档案管理员。

（3）管理方法　流程管理。

（4）管理依据

1）建立管理制度：二手车业务管理制度、二手车业务部工作制度。

2）二手车业务部按照《二手车业务管理制度》《二手车业务部工作制度》对二手车收购客户交付车辆（产品）进行管理。

（5）流程与工具（模板）　见表10-19。

表 10-19　**二手车收购客户交付车辆管理流程与工具**（模板）

序号	流程节点名称	责任人	使用工具
1	根据收购客户明细表，编制交接计划	计划员	收购车辆交接计划表　表1
2	建立交接流程，完成车辆交接	（收购）商务经理	车辆交接流程　表2
3	建立完成交接的客户明细表	（收购）客户经理	收购客户明细表　表3
4	收购车辆入库，建立库存明细表	车辆／档案保管员	二手车库存明细（报）表　表4
5	客户回访，征求客户意见	（收购）客户经理	收购客户回访表　表5
6	根据客户建议，进行问题改进	部长	客户回访，问题、经验总结改善表　表6
7	收购完成后进行计划考核	计划员	（××）月份收购计划完成考核兑现表　表7

注：具体的收购车辆交付流程与管理工具见二手车业务管理制度附件中的收购产品交付流程与表格。

5. 二手车整备管理

（1）责任部门　二手车业务部。

（2）责任岗位　延保建立、车辆／档案管理员。

（3）管理方法　流程管理。

（4）管理依据

1）建立管理制度：二手车业务管理制度、二手车业务部工作制度。

2）二手车业务部按照《二手车业务管理制度》《二手车业务部工作制度》对二手车整备进行管理。

（5）流程与工具（模板） 见表10-20。

表 10-20 二手车整备管理流程与工具（模板）

序号	流程节点名称	责任人	使用工具
1	检查车辆，确定整备项目	延保经理	车辆状况检查表　表1
2	将需要整备的车辆建立明细表		整备车辆明细表　表2
3	招标整备		整备招标书　表3
4	确定整备合同		二手车整备（维修）合同　表4
5	整备车辆出库		整备车辆出库单　表4.1
6	整备完成，进行验收		整备验收表　表5
7	验收合格入库		整备后车辆入库单　表6
8	入库车辆付款		整备付款管理表　表7
9	建立整备后的车辆销售明细表	车辆/档案保管员	整备完成，二手车库存明细（报）表　表8
10	整备车辆，建立延保车辆明细表	延保经理	整备完成，可延保车辆明细表　表9

注：具体的车辆整备流程与管理工具见二手车业务管理制度附件中的车辆整备流程与表格。

6. 二手车销售客户开发管理

（1）责任部门　二手车业务部。

（2）责任岗位　（销售）产品经理、计划员、部长。

（3）管理方法　流程管理。

（4）管理依据

1）建立管理制度：二手车业务管理制度、二手车业务部工作制度。

2）二手车业务部按照《二手车业务管理制度》《二手车业务部工作制度》对二手车销售客户开发进行管理。

（5）管理的流程与工具（模板） 见表10-21。

表 10-21 二手车销售客户开发管理流程与工具（模板）

序号	流程节点名称及目的	责任人	使用工具
1	建立意向客户开发明细表，防止漫无目的地跑客户	部长	意向客户开发明细表　表1
2	建立销售方向表，进行精准目标客户管理		针对二手车产生的原因，建立销售的方向表　表2
3	编制客户开发计划，防止出工不出力	计划员	（××）月份意向客户开发计划表　表3
4	编制客户拜访计划，提高开发有效率		意向客户开发，拜访计划表　表4
5	编制客户拜访准备计划，提高开发成功率		意向客户开发，拜访准备计划表　表5
6	拜访客户，收集客户购买信息，剔除不购买客户（包括不能卖的客户）	（销售）产品经理	意向客户拜访，购买产品信息收集表　表6
7	针对客户购买意向，推荐产品	（销售）产品经理	意向客户开发，产品推荐表　表7

（续）

序号	流程节点名称及目的	责任人	使用工具
8	针对销售的产品（包括其他服务产品），征求客户意见，		向意向客户征求产品意见表 表8
9	再推荐产品，直至客户满意	（销售）产品经理	意向客户开发，产品再推荐表 表9
10	商务洽谈，客户确认价格		意向客户开发，产品、价格确认 表10
11	签订合作意向书		客户购买二手车产品合作协议书（模板） 表11
12	建立意向目标客户明细表		意向目标客户明细表 表12
13	开发计划完成情况考核	计划员	（××）月份意向客户开发计划完成考核兑现（报）表 表13

注：具体的销售客户开发流程与管理工具见二手车业务管理制度附件中的销售客户开发流程与表格。

7. 二手车销售业务洽谈管理

（1）责任部门 二手车业务部。

（2）责任岗位 （销售）商务经理、（销售）客户经理。

（3）管理的方法 流程管理。

（4）管理的依据

1）建立管理制度：二手车业务管理制度、二手车业务部工作制度。

2）二手车业务部按照《二手车业务管理制度》《二手车业务部工作制度》对二手车销售业务洽谈进行管理。

（5）流程与工具（模板） 见表10-22。

表 10-22 二手车销售业务洽谈流程与工具（模板）

序号	流程节点名称及目的	责任人	使用工具
1	根据协议书确定的大体购买时间，收集客户购买信息	（销售）客户经理	意向目标客户信息收集表 表1
2	确认客户购买信息		意向目标客户购买信息确认表 表2
3	确认客户购买其他产品的信息		意向目标客户，还需要购买的产品明细表 表3
4	确认合同	（销售）商务经理	二手车买卖合同 表4
5	签订合同		意向目标客户，商务合同签订表 表5
6	收取货款（定金、首付）		意向目标客户，购买不同产品（订金/货款）收款收据 表6
7	建立目标客户明细表		目标客户明细（报）表 表7

注：具体的二手车销售业务洽谈流程与管理工具见二手车业务管理制度附件中的销售客户业务洽谈流程与表格。

8. 二手车销售产品交付管理

（1）责任部门 二手车业务部。

（2）责任岗位 （销售）产品经理、（销售）客户经理、计划员、部长、车辆/档案管理员。

（3）管理方法 流程管理。

（4）管理依据

1）建立管理制度：二手车业务管理制度、二手车业务部工作制度。

2）二手车业务部按照《二手车业务管理制度》《二手车业务部工作制度》对二手车销

售产品交付进行管理。

（5）流程与工具（模板）　见表10-23。

表 10-23　二手车销售产品交付流程与工具（模板）

序号	流程节点名称及目的	责任人	使用工具
1	建立目标客户交付计划表	计划员	目标客户购买产品交付计划表　表1
2	建立交付流程，完成产品交付	车辆/档案保管员	产品交付（流程）　表2
3	客户确认产品交付	（销售）产品经理	客户购买二手车产品交付确认表　表3
4	建立客户明细表		销售客户明细（日报）表　表4
5	建立延保产品客户明细表		延保产品客户、车辆明细表　表5
6	客户回访，征求客户意见		目标客户，购买/没有购买产品回访表　表6
7	进行改善	部长	目标客户回访，问题、经验总结改善表　表7
8	销售计划考核	计划员	（××）月份销售计划完成考核兑现表　表8
9	置换信息交换统计，兑现政策	部长	置换客户信息统计表　表9

注：具体的销售产品交付流程与管理工具见二手车业务管理制度附件中的销售产品交付流程与表格。

9. 二手车计划管理

（1）责任部门　二手车业务部。

（2）责任岗位　计划员。

（3）管理方法　模板管理。

（4）管理依据

1）建立管理制度：二手车业务管理制度、二手车业务部工作制度。

2）二手车业务部按照《二手车业务管理制度》《二手车业务部工作制度》对二手车业务计划进行管理。

（5）内容与工具（模板）　见表10-24。

表 10-24　二手车业务计划管理内容与工具（模板）

序号	名称	目的	责任人	使用工具
1	收购计划	制定收购计划，明确任务，明细考核内容	计划员	××××年二手车收购计划　表1
2	库存计划	建立库存管理，为销售人员提供最全、最新的资源。防止无效库存和超期库存发生	计划员	库存明细表　表2
3	销售计划	建立销售计划，明确任务，明细考核内容	计划员	××××年××月二手车销售计划　表3

注：具体的业务计划管理模板见二手车业务管理制度附件中的二手车业务计划表。

10. 二手车销售价格管理

（1）责任部门　二手车业务部。

（2）责任岗位　部长、计划员。

（3）管理方法　模板管理。

（4）管理依据

1）建立管理制度：二手车业务管理制度、二手车业务部工作制度。

2）二手车业务部按照《二手车业务管理制度》《二手车业务部工作制度》对二手车销售价格进行管理。

（5）内容与工具（模板）见表10-25。

表 10-25 二手车销售价格管理内容与工具（模板）

序号	编制价格表的目的	完成责任人	使用工具
1			二手危险品运输车销售价格表 表1
2			二手城市专用车销售价格表 表2
3			二手自卸车销售价格表 表3
4			二手半挂牵引车产品销售价格表 表4
5			二手中置轴牵引货车销售价格表 表5
6			二手专用运输机械销售价格表 表6
7			二手栏板货车销售价格表 表7
8	明确销售价格，减少审批、报告，提高工作效率；减少扯皮、抱怨；提高客户满意度	部长	二手厢式车销售价格表 表8
9			二手仓栅车销售价格表 表9
10			二手挂车销售价格表 表10
11			二手罐体运输半挂车销售价格表 表10.1
12			二手集装箱运输半挂车销售价格表 表10.2
13			二手冷藏和保温运输挂车销售价格表 表10.3
14			二手混凝土（砂浆）搅拌车销售价格表 表11
15			二手混凝土泵车销售价格表 表12
16			二手商用客车销售价格表 表13

注：具体的销售价格管理模板见二手车业务管理制度附件中的二手车销售价格表。

11. 二手车收购付款管理

（1）责任部门 二手车业务部。

（2）责任岗位 部长。

（3）管理方法 流程管理。

（4）管理依据

1）建立管理制度：二手车业务管理制度、二手车业务部工作制度。

2）二手车业务部按照《二手车业务管理制度》《二手车业务部工作制度》对二手车收购付款进行管理。

（5）流程与工具（模板）见表10-26。

表 10-26 二手车收购付款管理流程与工具（模板）

序号	流程节点及内容	责任人	使用工具
1	建立流动资金预算	部长	流动资金分类明细表 表1
2	按照规则进行付款		二手车收购付款流程 表2

注：具体的收购付款管理流程与工具见二手车业务管理制度附件中的收购付款流程。

12. 营销过程问题管理

具体见第二章第三节的相关内容。

详细的问题解决看板见车辆营销业务管理制度附件中的客户开发与销售过程遇到问题解决看板。不同业务遇到这些问题，都可以建立同样的看板。

13. 客户再开发

具体见第二章第三节的相关内容。

1）业务洽谈和产品交付流程见本节第二部分。

2）详细的客户再开发流程与工具见车辆营销业务管理制度附件中的客户再开发流程与表格。

本章小结与启示

本章从二手商用车的来源、做好二手车业务的意义入手，介绍了要做好二手车业务必须要注意的事项、主要的评估方法、二手商用车销售技巧及销售模式，为二手车从业人员做好二手车业务建立了业务基础。

本章建立了二手车业务管理的内容、流程和工具，以提高二手车业务管理的效率和质量。

本章学习测试与问题思考

1. 阐述做好二手商用车的重要意义。

2. 简述如何用综合成新率法计算二手商用车价格。

3. 做好二手车业务必须要主要的事项有哪些？

4. 二手商用车不能满足政府管理（环保、超载）的要求（车型主要是自卸车）时，其销售技巧有哪些？

5. 二手车业务相关管理制度有哪些？